〈パワーポーズ〉が最高の自分を創る

エイミー・カディ Amy Cuddy
石垣賀子［訳］

Presence
Bringing Your Boldest Self to Your Biggest Challenges

早川書房

〈パワーポーズ〉が最高の自分を創る

PRESENCE

Bringing Your Boldest Self to Your Biggest Challenges

by

Amy Cuddy

Translated by
Noriko Ishigaki
First published 2016 in Japan by
Hayakawa Publishing, Inc.
This book is published in Japan by
arrangement with
Little, Brown, and Company
New York, New York, USA.

through Tuttle-Mori Agency, Inc., Tokyo.

In order to protect the privacy of some individuals, I have changed their names and identifying details and in some cases created composites of multiple people.

The author is grateful for permission to reprint an excerpt from "Bright as Yellow" by Karen Peris (the innocence mission).

Illustrations in chapter 6 courtesy of Nikolaus F. Troje, from Cuddy and Troje (in preparation).
Illustrations and graph in chapter 8 by Dailey Crafton.

ブックデザイン：鈴木大輔・江崎輝海（ソウルデザイン）

ジョナとポールへ
愛する二人に
「サーフボードの上で立ち上がる」のだと
何度でも、辛抱づよく、教えてくれたことに感謝して

『〈パワーポーズ〉が最高の自分を創る』目次

腕をいっぱいに広げて生きていく
しっかり目を見つめて話す
喜びの声をあげて部屋へ入る
会えてうれしいと
明るく輝く黄色のように
あたたかな黄色のように

——カレン・ペリス（イノセンス・ミッション）

presence

はじめに

私はいま、ボストンの書店にあるお気に入りのカフェのカウンターでノートパソコンを広げて、この文章を書いています。一〇分前にコーヒーとマフィンを買いました。レジを打ってくれた、黒髪で眼鏡《めがね》をかけた明るい笑顔の若い女性が、一瞬間《ま》を置いて、小さな声でこう言いました。「私、あなたのTEDの講演にすごく助けられたんです。それをお伝えしたくて。とても勇気づけられました。二、三年前に大学の授業で先生が見せてくれたんです。いま、メディカル・スクール〔医学専門大学院〕に進むために願書を出しています。それで入学資格試験を受ける前にトイレの個室の中でワンダーウーマンのポーズをとってみたら、本当に自信がわいてきたんです。あなたは私のことはご存知ではないわけですけれど、私が自分の人生で本当にやりたいことは何なのか、それはメディカル・スクールに行くことなんだって気づかせてもらえて、そのためにやるべきことをやれました。ありがとうございました」

目に涙がにじんでくるのを感じながら、私はたずねました。「お名前は？」

「フェテインです」そして私たちは一〇分ほど、彼女がこれまでに乗り越えてきた困難や、新たに見つけた将来への希望について話をしたのです。

私に声をかけてくれるみなさんは一人ひとりがすべて特別で忘れがたいのですが、今日のような交流がこれほどまでにたくさんあるとは思ってもみませんでした。見知らぬ人が温かく声をかけてきて、難しい状況を乗り越えた個人的な体験を話してくれ、その中で私が果たした小さな役割について感謝の気持ちを伝えてくれるのです。それは老若男女《ろうにゃくなんにょ》を問わず、遠慮《えんりょ》がちな人も明るく社交的な人もいれば、裕福な人もそうでない人もいて、じつにさまざまです。でも共通しているのは、みな大きなプレッシャーや不安に直面して自分の弱さを感じた経験があること、そしてごくシンプルな方法でそんな気持ちから自分を解放できたことです。

通常、本の著者というのは、まず先に本を書いて、それから反響が寄せられます。私の場合は逆でした。はじめに一連の実験を重ね、それをもとに二〇一二年のＴＥＤグローバル（世界的なプレゼンテーションのイベント）でトークを行ないました。トークでは、私たちの身体が脳と行動にどう影響を与えるのかについて、私自身の研究やほかの人の研究成果から導いた興味深い知見を紹介し、考察しています（カフェでフェテインが話してくれた「個室でワンダーウーマンのポーズをとる」もここでふれた方法です。詳しい説明は追ってしますが、困難や試練を前にしたとき、こうすると短い時間で自信がわき、不安が和らいでいきます）。私自身がインポスター症候群《しょうこうぐん》（詐欺師《さぎし》症候群）に苦しんだ経験や、どうやって自信をもてるように自分を誘導し、やがて本当に自信をもてるようになったかにもふれました。これについては「本物になるまでふりをし続ける」という表現で紹介しています（じつは、このトークの中で私自身が経験した葛藤《かっとう》の話をしたのはほぼ予定外で、最初は話すつもりはありませんでした。大勢の知らない人たちの前でこれだけ個人的な話を披露《ひろう》するような勇気は自分にはないと思っていたのです。それがまさかこうなるとは……）。こうした話が共感をもってもらえるのか、私にはわかりませんでした。でも、聞いてくれた人には確かに届いたようです。二一分のトークを収めた動画がインターネット上に公開されると、すぐに次々と反響が寄せられました。

もちろん、私のトークを聞いたからといって、先ほどのフェテインがメディカル・スクールの試験に合格するのに必要な知識がぱっと身につくわけではありません。R型菌《がたきん》とS型菌の違いや、仕事・エネルギー定理が運動エネルギーの変化にどう関連しているかがすぐにわかるわけでもありません。でも、フェテインが持っている知識を発揮《はっき》するのをじゃまする、不安や恐怖感を解消することはできたのかもしれません。自信をなくし、自分はだめだと思う無力感は、ときに私たちを圧倒します。信条も知識も感情ものみこまれてしまいます。自分を覆《おお》い隠《かく》して見えなくしてしまいます。本当の自分を遠ざけてしまうのです。

無力の反対は有力、つまり力がみなぎっている状態だ、と思うでしょうか？　確かにある意味では正しいのですが、そう単純な話でもありません。私がこれまで長年続けてきた研究では、現在、「プレゼンス」と呼んでいる状態に注目しています。プレゼンスは自分自身を信じること、信頼することから生まれます。いつわりのない自分の感情、自分の本当の価値や能力を信じることから生まれるものです。これは大事な点です。自分で自分を信じていなければ、ほかの人にも信頼してもらえません。二人を相手に話すとき、五〇〇〇人の前で話すとき、あるいは就職の面接や給与アップの交渉に臨《のぞ》むとき、未来の投資家に事業のアイデアを売り込むとき、自分のためや誰かのために声を上げるときなど、私たちはみな、自信を失いそうになるさまざまな場面を経験します。自分を肯定的《こうていてき》に受けとめて前へ進むためには、自信のないときでも普段どおりに落ち着いて目の前の状況に向き合わなくてはなりません。プレゼンスはそんな場面を乗り越える力をくれるのです。

私があのＴＥＤトークの場に立ち、新しい世界へ踏み出すまでの道のりは、ひかえめに言っても長い回り道でした。その始まりには、ある大きなできごとがありました。

まず覚えているのは、ホワイトボードに友人たちが残していった励ましの絵と温かいメッセージの数々でした。大学二年生のときです。私は病室で目を覚まし、まわりを見回しました。カードと花であふれています。私はぐったりとしていました。そして不安と動揺を感じていました。目を開けていられない。経験したことのない感覚。何がどうなっているのかわからない。でも状況を理解するエネルギーがない。やがてまた眠りに落ちる。

これを何度も何度も繰り返しました。

病室で目覚める前の記憶で覚えているのは、仲のよいルームメイトの友人二人とモンタナ州ミズーラからコロラド州ボルダーまで車で帰る途中だったこと。モンタナ大学の学生と共同でカンファレンスの運営を手伝い、三人でミズーラを訪れた帰りでした。ミズーラを出たのは日曜の夕方六時くらい。朝までに大学のあるボルダーへ戻り、午前中の授業に出るつもりだったのです。ミズーラからボルダーまでは車で一三、四時間の距離ですから、いま思い返せば（とくに親となったいまでは）なんと無茶な計画だったのかと思います。でもあのときの私たちは一九歳でした。

計画はこうでした。三人でそれぞれ三分の一ずつを運転し、一人は助手席で起きていて、運転する人が眠くならないように相手をする。もう一人はジープチェロキーの後部シートを倒して寝袋で寝る。いい考えだと思っていました。たしか最初に運転したのが私でした。それから次に助手席に座って、隣で運転する友人の相手をしました。じつになつかしい思い出です。本当に平和だった。一緒にいた二人が大好きだった。アメリカ西部の広大な景色が、大自然が大好きだった。ハイウェーには目印になるようなほかの車のヘッドライトは見当たりません。私たち三人だけ。そして私が後ろの席で眠る番になりました。

あとで聞いた話では、ことの顚末《てんまつ》はこうだったようです。最後の三分の一を運転するのが一番大変でした。世界中で起きているのは自分だけのような気がしてくる、真夜中の時間。ただの真夜中ではなく、見わたす限り荒野が続くワイオミングの真夜中です。ひたすら暗闇で、何もなく、荒涼とした土地が続くのです。眠るまいとしても難しいでしょう。明け方四時ごろ、車は道を大きく外れました。路肩の段差舗装《ほそう》に気づくと、運転していた友人は反対側にハンドルを切ったものの、行き過ぎて車は数回転し、屋根を下にして止まりました。前の席にいた二人はシートベルトをしていましたが、後ろでシートを倒して眠っていた私は外の暗闇に投げ出され、頭の右前部を道路に打ちつけたのです。身体は寝袋に入ったままでした。

私は外傷性脳損傷《がいしょうせいのうそんしょう》を負いました。もう少し詳しく言うと、びまん性軸索《じくさく》損傷（ＤＡＩ）と呼ばれる損傷です。ＤＡＩでは多くの場合、急激な回転加速度により、脳に剪断力《せんだんりょく》といわれる力が加わります。自動車事故でよくある現象です。スピードを出して走っていた車が衝突すると、どうなるでしょうか。衝撃によって速度が突然大きく変化し、身体はいきなり停止する一方、脳は動きが止まらず、頭蓋《ずがい》内で回転したり、振動で頭蓋骨の前後にぶつかったりする場合もあります。いずれも脳にとっては想定外の衝撃です。道路に頭部を打ちつけた衝撃で私の頭蓋骨は損傷を受けたわけですが、その衝撃で事態は深刻になったのでした。

脳は本来、安全な場所にあるべきで、頭蓋骨で保護され、髄膜《ずいまく》という複数のうすい膜の層と脳《のう》脊髄液《せきずいえき》がクッションの役割を果たしています。脳と頭蓋骨は切り離せない関係ですが、互いに触れあうものではありません。脳が損傷を受けたときの剪断力により、神経細胞とその神経線維《せんい》（軸索）が脳全体で引き裂かれたり引き伸ばされたりします。電線と同じように軸索も衝撃から守る保護膜で覆われていて、それを髄鞘《ずいしょう》（ミエリン鞘）と呼びます。軸索が無傷でも、髄鞘が損傷を受ければ、脳の神経細胞の間で行なわれる情報伝達のスピードが大きく落ちることがあるわけです。

ＤＡＩの場合、脳全体がダメージを受けます。たとえば銃弾を受けた場合のように、ごく限定的な部分だけがダメージを受ける局所性《きょくしょせい》の脳損傷とはその点が異なります。脳のはたらきはすべて神経細胞のやりとりによるものです。脳全体の神経細胞が損傷した状態では、細胞同士のやりとりにもダメージがおよびます。そのためＤＡＩと診断された患者に対し、医師はたとえば「あなたの脳がダメージを受けたのは運動をつかさどる領域なので、運動機能に問題が生じるでしょう」とか「発話《はつわ》にかかわる領域なので、言葉を発して話すことが難しくなるかもしれません」などと説明することができません。回復するかどうかも、するとしてもどの程度回復するのかも、また脳のどの機能に影響が出るのかも、予測できないのです。記憶に障害が出るのか、それとも感情か、空間認識か、手指を使う細かな動作なのか。ＤＡＩのメカニズムについては解明されていない点が多いため、医師が予後《よご》を正確に予測するのは困難だといっていいでしょう。

ＤＡＩを負うと、それまでの自分ではなくなります。さまざまな点でそれは現れます。思考、感情、自己表現のしかた、反応、人とのやりとりなどのすべてが影響を受けます。中でももっとも影響が大きいのが、自分自身を理解する力かもしれません。そのため、自分がどう変わってしまったのかを自分で把握することが難しいのです。そして誰にも――誰にも――この先どうなるかが予測できないのです。

事故のあと、私の頭の中で何が起きていたのか、当時の私になって再現してみると――こおろぎの鳴き声だけが聞こえている、とでもいえばいいでしょうか。

そんなわけで私は病院にいました。当然、大学の授業には出られず、担当の医師からは大学に戻れるくらいの認知機能が回復するかどうかの見通しは非常に厳しい、と告げられました。私が重度の脳損傷を負ったことと、似たような損傷を経験した人の過去のデータから判断して、医師はこう言いました。「大学を卒業するのはあきらめたほうがいいです。あなたは元気になれます。つまり身体的には『高機能』です。でも別の目標を探すことを考えたほうがいいでしょう」私のＩＱは三〇ポイントも下がりました。標準偏差《ひょうじゅんへんさ》二つ分です。これを知ったのは医師から説明を受けたからではなく、言われて受けた二日間にわたる神経心理学のテストの中にＩＱテストが入っていて、長い結果報告書の中に書いてあったのを見たからです。医師はとくに説明する必要はないと思ったのでしょう。あるいは説明しても私が理解できないと思ったのかもしれません。ＩＱという数値に必要以上に意味を持たせるつもりはないですし、ＩＱはその人が人生でどんな成果をあげられるかを示す指標だと言うつもりもありません。でも当時の私は、自分の知性を数字で示すデータだと考えていました。そのため、医師によれば私はもう頭のよい人間ではないのだと受けとめ、それを痛いほど実感していたのです。

　作業療法を受け、認知療法を受け、言語療法と理学療法と心理カウンセリングを受けました。事故から半年後の夏、家に戻っていた私に、事故のあと明らかに私から距離を置いていた、親しかった別の二人の友人がこう言いました。「あなたはもう前とは違う」誰よりも私をわかってくれていたはずの友人に、私はもう以前の私ではない、と告げられるとは――。いったい自分はどう変わってしまったのか。二人はもう私が見えなくなったと言ったけれど、私は自分すら見えませんでした。

　脳に損傷を受けると困惑し、不安になり、いらだちを覚えます。医師にはこの先どうなるかわからないと言われ、友人にはあなたは別人になってしまったと言われれば、困惑も不安もいらだちも間違いなく増幅します。

続く一年はもやの中で過ごしました。不安で、状況がわからずに困惑し、判断を誤り、次に何をすればいいのかわからないまま生きていました。その後、大学に復帰しました。が、まだ早すぎたのです。ちゃんと考えることができない。聞いた情報をうまく理解できない。たとえて言えば、半分はわかる言語で、あとの半分は知らない言語で話しかけられているような感覚でした。結果、いらだちと不安はさらに増すばかりです。単位をいくつも落とし、休学せざるを得ませんでした。

事故で何カ所か骨折し、いくつか傷跡が残ったものの、身体的には問題がないように見えたことでしょう。また、外傷性脳損傷は他人からは見てもわからない場合が多いため、「あなたは本当に運がよかったね！　首の骨が折れててもおかしくなかったんだから」などと言われることもありました。運がよかった？　そんなわけないでしょう？　そう思ったあとで、善意で言ってくれた相手にいらだった自分を恥じ、自己嫌悪《じこけんお》を覚えるのでした。

ものの考えかたや知性、情緒、人格などは変わらないものだと私たちは考えています。当たり前のものだととらえています。私たちは事故に遭って身体が麻痺《まひ》したり、不自由になったり、視覚や聴覚を失ったりするのを心配します。でも、事故で自分が自分でなくなるとは考えません。

脳損傷を負ってから長い間、私は事故に遭う前の自分と変わらない自分としてふるまおうとしました。といっても、前の自分というのがそもそもどうだったのかもわかりません。自分を偽者《にせもの》のように感じていました。自分の身体の中に偽者が潜んでいるような感覚です。物事を経験して修得する過程をもう一度やり直さなくてはなりませんでした。また学校へ戻ろうと何度も試みました。いろいろな人から無理だと言われるのが受け入れられなかったのです。

人よりずいぶん努力が必要でした。やがて、ゆっくりとながら、もやが晴れてはっきりした思考が戻りはじめ、言葉にならない安堵《あんど》を覚えたものです。そして事故前の同級生から遅れること四年、大学を卒業することができました。

私がやり通すことにこだわったのは、学びたい分野が見つかったのも理由の一つでした。心理学です。卒業後は、ちゃんと頭が機能していなくてはできない仕事になんとか就《つ》くことができました。アナトール・フランスがこんな表現をしています。「すべての変化は寂《さび》しさをともなう。私たちが捨ててゆくものは私たちの一部なのだ。新しい生活に入るためには、それまでの生活に対して死ななければならない」ここへ至るまでの道のりのなかで、プレゼンスやパワー、自信や不信などについて探究したい気持ちが、ある意味、自然なこととして、とても大きな意味をもつようになっていたのです。

プレゼンスの科学を研究することになったのは事故によるケガがきっかけでしたが、それが世界で広く求められていると実感したのはＴＥＤトークのおかげでした。事実、私たちのほとんどが、なんらかのストレスがかかる状況と日々向き合っています。世界中のあらゆる場所で、さまざまな立場にいる人が、勇気や気力を奮《ふる》い起こして教室で発表し、新しい仕事を得るために面接に臨み、役を手にしようとオーディションを受け、日々の困難に立ち向かい、自分の信条を守るため立ち上がって行動し、あるいはありのままの自分と和解しようとしています。ホームレスの人でも、従来のものさしで言ういわゆる大きな成功を収めた人でも、これは同じです。フォーチュンの企業番付に載る世界的な大企業の役員も、連戦連勝の法廷弁護士も、才能に恵まれた芸術家や音楽家も、いじめや偏見や性犯罪の被害者も、政治的に迫害された難民も、心の病や大きなけがに苦しむ人も、すべて、こうしたチャレンジに向き合っています。それは、闘う彼らを周囲で支え助けている親や子、配偶者《はいぐうしゃ》、カウンセラー、医師、仕事仲間、友人なども同じです。

その大部分は研究者ではありませんが、こうした人々のおかげで、私は自分の研究を新たな視点で見つめ直すことになりました。こうした一人ひとりが、私の目を研究の外へ向けてくれると同時に、研究の細部へ向けてもくれました。一人ひとりの話を聞くうちに、社会科学の研究成果が現実社会でどう役立つのかを考えなければと思うようになったのです。人生を前向きに変えるような研究をしたい、そう考えるようになりました。また一方で、研究室にこもって文献にかじりついているだけでは決して思いつかなかったような、基本的な疑問を抱くようにもなりました。

はじめのうちは、TEDトークへの反響の大きさに圧倒され、自分の研究と個人的な体験について話したのは間違いだったのではないかという気持ちに襲われました。あれだけ多くの人の目にふれるとは思ってもいませんでしたし、自分をさらけ出してひどく無防備な気持ちになるなどとは考えてもみませんでした。インターネット上で注目され、またたく間に世界中で知られるようになった人はみな同じ経験をしているのでしょう。外にいて誰かに気づかれることもあります。知らない人にワンダーウーマンのポーズで一緒に写真を撮ってほしいと頼まれたり、三輪タクシーから「あ、TEDガールだ!」と大きな声が聞こえてきたり（テキサス州オースティンでの話）、そういうことに慣れなくてはいけませんでした。

とはいえ、総じていえば私はこの上なく恵まれていると思っています。自分の研究と自分の話をこれだけたくさんの人と共有する場を持てたのもそうですし、それを受けて多くの人からそれぞれの体験を聞かせてもらえたことは、さらに恵まれていると思っています。私は学術研究の世界が好きですが、インスピレーションの多くを得られるのは教室の外であり研究室の外です。ハーバード・ビジネス・スクールの研究生活ですばらしいのは、研究者と実際に社会で動いている人との垣根《かきね》を積極的に越えるよう奨励《しょうれい》している点で、私も以前から研究をどう応用し、どこがうまくいっていてどこに問題があるかといったことを、学外のさまざまな人と話し合っていました。ですが、あのTEDトークが公開されたあと、それぞれに深い思いを抱く大勢の人が私に思いを伝え、体験を話してくれるとは予測していませんでした。

こうしたみなさんを私は大切に思っていますし、この先もずっと共感を忘れず、誠実であり続けようと思っています。あきらめずに何度も挑戦しようとする姿勢や、ほかの人の挑戦を支える行ない、そして自分の葛藤や苦しみを見知らぬ私にメールで伝えてくれたり空港やカフェで直接話してくれたりした人の心に敬意を抱いています。スピーチは音楽に似た面があると感じています。聞いた人がそれぞれ自分に置き換えて受けとめ、共感し、自分のほかにも同じように感じている人がいるのだなと確認する。フー・ファイターズのデイヴ・グロールはこう表現しています。「音楽のすごいところはそこなんだ。八万五〇〇〇人に向かって曲を歌うと、聞いた人が八万五〇〇〇とおりのそれぞれの理由で反応を返してくれる」ホームレスの若者を支援するシェルターで話をしたとき、そこで暮らす若者に、一番難しかったことは何でしたかとたずねたことがあります。一人の一〇代の子は「このシェルターの入口まで来ること」と答えました。別の女性はこう言いました。「電話をかけて、支援や福祉サービスを受けたいと自分から言うことでした。たぶん長い間待たされて、電話に出た人は迷惑そうに私のことを決めつけたり批判したりしてくるだろうとわかっていたので」するとまた別の女性が続けてこう話してくれました。「私は以前、コールセンターで働いていたので、こう答えようと思っていました。相手がいらいらして怒りをぶつけてくるとわかっている電話を取ることです。こちらが次から次へと鳴る電話に対応している間、長いこと待たされていたお客さんの電話です」

数えきれないほどの人が、自分の経験したさまざまな困難について語ってくれました。驚くほど多岐《たき》にわたり、こんなことにも私の研究が応用できるのか、と思うような場面もありました。私のもとへ届いたメールはたいてい「あなたのトークのおかげで……」という一文で始まります。メールを寄せてくれた人の例を少し紹介してみましょう。アルツハイマー病患者の家族、消防士、私と同じく脳損傷を負った人、人生最大の商談をまとめた人、住宅売買の交渉をした人、大学入試の面接を受けた学生、障害をもつ人、「尊厳を失ってしまった」第二次世界大戦の退役軍人、心の傷から立ち直った人、世界的なヨットの大会に出た人、いじめを受けた子、サービス産業で働きながら自分に対する自信について考えた人、数学が苦手な小学校五年生、自閉症《じへいしょう》の子をもつ人、厳しいオーディションに臨んだプロのオペラ歌手、上司に新しいアイデアを提案した人、声を上げるべき場面で自分の声を伝えられた人——。これはほんの一部にすぎません。

私のＴＥＤトークに寄せられた反響は、この研究がなぜ、どのように人々に共鳴するのかを教えてくれた大切な贈りものです。言い換えれば、寄せられた一つひとつのストーリーが、本書をどう書くべきかを示してくれ、書き上げようという思いを支えてくれたのです。ストーリーは世界中のさまざまな職業や立場の人から届きました。本書の中で折にふれて紹介し、みなさんと共有するつもりです。その中に、あなた自身のストーリーを映し出すものがあるかもしれません。

presence

第1章

プレゼンスとは何か

私たちは自分自身の存在《プレゼンス》で説得する。

――ウォルト・ホイットマン

感じればわかるし、見ればわかるといいますが、プレゼンスを定義するのは難しいものです。一方、どういう状態がプレゼンスのない状態かを説明するほうが簡単かもしれません。私の経験を例にお話ししてみましょう。たくさん経験したなかの一つの例です。

二〇〇四年秋、教授の職に就くことをめざして（博士課程の学生はみなそうですが）、私はアカデミックな世界における就職活動の第一歩を踏み出しました。社会心理学を専門にする博士課程学生の場合、運がよければ、著名な社会心理学者が顔をそろえる小規模な学会などで、「デビュー」する場を担当教官が設けてくれます。お互いにライバルともいえる博士課程五年目の学生たちにとっては、いわば集団デビューの場であり、どこかで受け入れてもらえる立場につけるかもしれない機会です。これは「できるふりをして相手をだましているような気持ち」を強く実感させられる場でもあります。学生はアカデミックな場にふさわしい服装に身を固め、次の年に自分を雇ってくれるかもしれない、トップレベルの研究を進める大学の教授陣と接触する機会をもつのです。普段と変わらない服装でやって来る教授の側にしてみれば、新しい才能を見いだす場でもあるわけですが、たいていはほかの教授と顔を合わせて近況を報告しあうために来ている、といったところです。

ある意味、学生はこのときのために四年や五年を費やして訓練を積んできたといってもいいでしょう。準備万端に整えてやってきます。自分の研究計画と目的について、一分半ほどで説得力をもって伝えられるようにまとめておくのです。相手の時間を取りすぎてうっかり礼を失することなく、かつ興味をもってもらえるよう、簡潔に伝えなければなりません。短い時間で相手に自分を売り込み興味をもってもらうこうしたトークは、学術界でもビジネス界でも「エレベーターピッチ」として知られていますが、学生たちはこれを磨いてチャンスに臨むのです。

この学会に臨んだときの私が抱えていた不安は、尋常《じんじょう》ではありませんでした。

よくある中規模都市のよくある会議用の中規模ホテルで、学会は始まりました。オープニングに開かれる夕食会の会場へ向かうため、私はエレベーターに乗り込みました。乗り合わせたのは三人の教授でした。みな、その分野では名が知られていて、私にとっては長年、雲の上の人として尊敬してきた人たちです。たとえていえば、私はどこかの地方都市から出てきたインディーズロックバンドのサイドギタリストで、ドラマーの実家の地下室で録音したＣＤを手にエレベーターに乗ったら、ジミー・ペイジとカルロス・サンタナとエリック・クラプトンがいた、という感じでしょうか。私だけが胸に大きな名札をつけていました。

とくに自己紹介もないまま、大御所《おおごしょ》ギタリストの一人、私がこんなところに採用されたらいいなと以前からあこがれていた名門大学に所属する教授が、いきなりこう言ったのです。「さて、ちょうどエレベーターに乗ってることだし、君の研究について聞かせてもらおうか」

私の顔はかっと赤くなりました。口が渇くのを感じます。狭い空間で三人もの権威ある教授に囲まれている事態を強烈に意識しながら、私は短いスピーチ《ピッチ》を始めました。というより、実際は言葉が勝手に口から出てきました。そして最初の一文を言い終わらないうちに、ああ失敗した、という気持ちに襲《おそ》われました。「それで……ええと、いや、その説明をする前にこっちの話をしないと……」と口走っています。自分が何を言っているのか自分でもわからない状態です。まずい、失敗だ、と焦《あせ》る気持ちがつのり、不安に圧倒されてますますほかのことを考えられなくなっていきます。三つの大学でチャンスをつぶしたのは確実だ、いや、ここと連携して研究しているほかの大学だってもうだめだ——そう思うとパニックに身をまかせるしかできません。何か言うたびに修正し、言い直そうとしました。が、エレベーターが会場のある二〇階につくまでに形にするのは到底無理です。[1]私は居並《いなら》ぶ教授に一人ずつ目を走らせ、少しでも理解を示してくれていないか、ほんのわずかでも励ましか賛同か共感か、何でもいいから見せてくれていないか、すがるような気持ちでした。

　そこでエレベーターが止まり、ドアが開きました。二人の教授は視線を落としたまますっとその場を離れていきました。もう一人、私の話を聞こうと声をかけてきた教授は、エレベーターを降りるとひと呼吸おき、まだ中にいる私のほうを向いて一言こう告げたのです。「これまで聞いたエレベーターピッチの中で最悪の出来だったな」（一瞬にやりと笑みを浮かべたような気さえしました……）

　ドアが閉まり、私はエレベーターの壁にもたれかかると、しゃがみこみました。そのまま再びロビーへと下りていきます。明らかに酷評《こくひょう》されたのに、つかの間、かすかな安堵の気持ちを覚えました。

　が、すぐにそれは消えました。ああ、最悪だ。なんてことしたんだろう。四年以上かけてやってきた研究なのに、まともな、気の利いたことの一つも言えないなんて。何をどうすればこんなことになっちゃうの？

エレベーターを出ると、練習してきたスピーチがぼんやりしたもやの向こうから徐々によみがえってきました。そう、こういう話をしたかったんだ。エレベーターに飛び乗って三人の教授をつかまえ、もう一度やらせてくださいと頼みたい気持ちでした。

しかし実際にはそんなことはできず、それから三日間の学会の間、私は何度もあの場面を振り返っては、こうすればよかった、こう話せばよかったと思い返し、三人の教授はきっと私をろくに話もできないだめな学生だとあざ笑っているだろう、滑稽《こっけい》な見ものだったとすら思っているかもしれないと考え、苦しい気持ちにさいなまれていました。

私はあえて、あの場面をあらゆる角度から細部にいたるまで分析しました。そして自分のアピールに失敗しただけでなく、それまで何年も私を指導し、今回の学会に私を参加させて自身の評判を投資してくれた、担当教官の立場を台無しにしてしまったという思いがずっと消えませんでした。わずか一分ほどの失敗がぐるぐるぐるぐると頭の中を巡って離れません。三日間、学会に参加はしたものの、心はその場にいないのと同じでした。

後日、親しい友人のエリザベスにこのときの苦い経験を話すと「それ、『階段の機知』じゃない！」という言葉が返ってきました。

「何、それ？」

そこで教えてくれたのが、エリザベスが大学の哲学の授業で聞いたという話でした。

一八世紀、フランスの哲学者であり作家でもあるドゥニ・ディドロは、夕食会の場で自分の得意なテーマの議論に加わっていました。ところがその日はいつもの調子が出ません。どこか人の目を気にして落ち着かず、愚かな自分をさらすのではと臆病になっているところがありました。そして誰かに議論を挑まれると、言葉に詰まり、その場でぱっとうまく切り返すことができなかったのです。ディドロはほどなくその場を後にしました。

外に出て階段を下りながら、ディドロは屈辱的だった先の場面を思い返し、無駄と知りながら完璧な切り返しについて思い巡らせました。そして階段の下まで来たとき、ひらめいたのです。もう一度階段を上って会場へ戻り、いま思いついた気の利いた切り返しをすべきでしょうか。当然、もう遅すぎます。その瞬間その場面はもう過ぎ去ってしまっています。必要なときに落ち着いてふさわしい言葉を思いつくことができればよかったのに。

このときの体験を振り返り、ディドロは一七七三年、こう記しています。「私のように繊細な人間は、面と向かって議論をしかけられると圧倒されてしまい、混乱して、階段の下まで来てようやくちゃんと思考できるようになる」[2]

こうして、フランス語で「l'esprit d'escalier《エスプリ・デスカリエ》」、つまり「階段の機知」という語が生まれたのです。イディッシュ語では「trepverter（階段の言葉）」、ドイツ語では「treppenwitz（階段のジョーク）」というそうです。「エレベーターの機知」という言いかたもあって、こちらは私には苦い響きのある呼びかたです。個人的に好きなのは「afterwit（あと機知）」でしょうか。どれも指しているものは同じです。事が過ぎたあとでぴったりくる言葉を思いつくこと。あとになって思いつく気の利いた受け答え。行き場のない切り返し。後悔や失望、屈辱感が入り混じっています。できることならやり直したい。でもその機会はやってきません。

あの日私が学会のエレベーターで味わったようなみじめで悔しい思いは、誰もが経験しているといってよさそうです。一八世紀のフランスの哲学者さえそうなのですから。

私のＴＥＤトークが公開されて間もないころにメールを寄せてくれたラジブという男性は、こんなふうに書いています。「人生のいろいろな場面で、自分を出しきった、できることは全部やった、と思えずにその場を終えるケースが大半でした。あとになって頭の中で何度も分析するうちにそうした思いがじわじわと襲ってきて、無力感や挫折感を覚えるのです」

私たちの多くが、それぞれの形で同じ経験をしているのではないでしょうか。仕事の採用面接を受けたとき、オーディションに臨んだとき、デートに出かけたとき、何かアイデアを売り込むとき、会議や教室で発言したとき、夕食会で誰かと議論になったとき。

でも、なぜそうなってしまうのでしょう？　周りの目に自分がどう映っているかを気にしながら、実際のところ相手がどう思っているかはもうわかっているんだと考える。自信がなく不安で、その気持ちを受け入れてしまう。結果を重視しすぎて、そこに至るまでの過程に目を向けない。これらの不安がないまぜになって、自分で失敗を招いてしまう。こうした道筋があるのです。

大事な場面に立つ前から、心の中を不安や恐怖心でいっぱいにして、まだ決まったわけではない未来から不幸を引っ張り出してくる。[3]プレッシャーのかかる場面にそんな心理状態で臨んだのでは、「うまくできなかった」と打ちひしがれてその場を終えるのも必然といえるでしょう。

あのときこう話していれば、こうしていれば、本来の自分を出せていれば――。結果論で自分を振り返り、ハムスターが回し車を回し続けるように、自己不信におちいりながら頭の中で分析するのに忙しくしていたのでは、目の前の今に集中して力を発揮することはできません。自分が大きなプレッシャーの中にいることを強烈に意識している状態です。そして目の前の機会をだめにしてしまいます。落ち着いて本来の自分を出せなくてはいけないときほど、それが難しくなってしまうのです。

アラン・ワッツは著書『不安であることの知恵（*The Wisdom of Insecurity*）』で「音楽を理解するためには、耳を傾けて聞かなければならない。だが『いまこの音楽を聞いている』と意識している間は、実際には聞いていない」と述べています。[4] 採用面接を受けているときも「いま、自分は面接を受けているんだ」と意識しているうちは、相手の面接官を理解して一〇〇パーセント相手に向き合うことはできませんし、その場で表現したい本当の自分、頭の切れる堂々とした自分、肩の力を抜いたありのままの自分を出すこともできません。

このように不安を抱いて先を思い描くことを、ワッツは「つねに消えていく幻」の追求であり、「すばやく追いかけるほどすばやく消えてゆく」と書いています。[5] こうして思い描く未来の瞬間は幻影です。私たちはこれにとりつかれて、未来がやってくる前にも、その瞬間にも、過ぎた後にもその幻影にさいなまれてしまうのです。

そこで、次にこうした緊張する場に臨むときは、自分への不信や恐怖心を脇において、自信やわくわくした気持ちを意識してみてください。エネルギーに満ちた穏やかな気持ちで、ほかの人が自分をどう見るだろうという不安から解放されてください。そしてやるべきことがすんだあとは悔いなく、結果がどう出てもできるだけのことはした、と満足した気持ちで終えるのです。現実ではない幻を追いかけることもなく、階段の下で悔いることもありません。

ニューオーリンズ生まれのティナはこんな経験を書いてくれました。ティナは高校を中退していて、報酬の高い安定した職になかなか就けず、自分はそのような仕事に就く資格がないのだという気持ちを抱いていました。いくつもの仕事をこなし、一日の大半を働く日々を何年も続け、三四歳のとき、ついに大学を卒業しました。やがて、小さな変化を少しずつ重ね、「本当に大変な場面でも、自分はこんなこともできるんだ、自分には価値があるんだと新たに示す機会だと思って」向き合うことをみずから学んだといいます。

こんなふうに意識してみてください。これがプレゼンスなんじゃないかという気がしてくる話です。

プレゼンスをかなえる要素

数年前、学部の研究室ミーティングで、プレゼンスの心理学を解明したいという思いを強く意識する、ターニング・ポイントになった瞬間がありました。

その日、客員学生のラクシュミー・バラチャンドラが、新しく取ったデータを示して、意見を聞かせてほしいともちかけました。起業家が未来の投資家に自分たちのビジネスをどうプレゼンテーションしたかと、投資家がそれにどう反応したかを追った調査でした。起業家がベンチャーキャピタルに対して行なったプレゼンテーションの動画一八五本を、言語面、非言語面の両面から詳しく分析したところ、意外な結果が出てきたというのです。資金を得る大きな決め手になった要素は、その人のこれまでの実績やプレゼンの内容ではありませんでした。投資家から出資してもらえるかどうかをもっとも左右した要素は、**自信、安心感、強い熱意**といったその人の特性だったのです。投資家からの支援を取り付けた起業家は、自分はちゃんとやれているだろうか、相手はどう思っているだろうかと思い悩むことに貴重な自己アピールの時間を費やしたりはしていませんでした。あとになってこうすればよかったと思い返す、階段の機知も必要なかったはずです。ベストを尽くせたと感じているからです。つまり、その場で十分に自分を出しつくし、それが明白に相手にも伝わったということです。それを伝えたのが、声の質《しつ》、身ぶり、表情などの非言語表現だったのです。[6]
その場にいた少なからぬ人がこの結果にとまどいました。巨額の投資が、本当にプレゼンテーションする人の印象だけをもとに決まっているのだろうか？　つまりカリスマ性ということ？　ラクシュミーの報告を聞きながら、私はまったく違う感想を抱いていました。ここで挙がった自信や安心感、情熱や意気込みといった特性は、その起業家が投資に値する人物かどうかを、言葉よりも端的《たんてき》に説得力をもって示しているのではないかと感じたのです。これらの要素が、その人が自分のアイデアの価値や一貫性、そしてそれを実際に形にして成果を出せる力をどれだけ本当に信じているかを示していて、それがひいてはビジネスプランそのものの質を示すことになったのではないかと考えたのです。

私たちはときに、落ち着いた、熱意のこもった自信をごく自然に表に出せる場合があります。ラクシュミーの調査やほかの研究からは、これが大事な要素であることがうかがえます。どの起業家が投資家の援助を得られるか、または採用面接なら、面接官に評価されて最終面接に呼ばれ、採用に至るかを左右する要素のようです。[7]でも、こうした特性をそこまで高く評価して大丈夫なのでしょうか？　単なる表面的な好感ではないのでしょうか？　先の投資や採用面接の結果を見ると、表面的な好感ではないといえそうです。自信に裏打ちされた熱意は、高い確率で成功につながる指標になります。起業家を対象にした調査では、自信をともなう熱意は、やる気、熱心に取り組む意欲、みずから進んで動く力、壁にぶつかったときの粘り強さ、充実した精神活動、創造性、チャンスと目新しいアイデアを見抜く力があることを示すという結果が出ています。[8]

それだけではありません。起業家の根拠ある熱意は周囲にも伝染し、高いレベルのコミットメントと自信、情熱、そしてパフォーマンスを、一緒に働く人からも引き出します。逆に、こうした資質のない起業家や面接応募者は多くの場合、自信に欠ける、信用度や効果的なコミュニケーションの点で劣る、そしてパフォーマンスが低いとみなされてしまいます。[9]

自信や情熱、意気込みを感じさせる人を私たちが信頼するのには、別の理由もあります。こうした要素は演技でつくることが難しいのです。自信や勇気を感じられているとき、私たちは声の高低や大きさを自在に変化させて、力《りき》みのない豊かな表現ができます。逆に不安や心配で身構《みがま》えているとき——交感神経系《こうかんしんけい》がはたらいて闘争《とうそう》・逃走《とうそう》反応を引き起こしているとき——は、声帯《せいたい》が狭まって横隔膜《おうかくまく》が収縮し、本当の熱意は封印されてしまいます。[10]ステージの上で歌うときにあがってしまった経験のある人なら、この感覚に覚えがあるでしょう。音声を作り出す筋肉が思うように動かず、詰まったような小さな声しか出なくなって、頭でイメージする自分の声とはかけ離れてしまうのです。

自信や熱意のあるふりをしようとすると、相手は正確にどことは指摘できなくても、何かが違うと感じるものです。たとえば採用面接に臨んだ人が、好印象を与えようと無理に笑顔をつくるなどの非言語行動をとるのは逆効果になります。面接官の側は作為《さくい》的で誠実でない態度と受け取るのです。[11]

ここで断っておかなければいけないのですが、私の専門である社会心理学ではこれまで、事実に反する、ごく限られた誤った第一印象をもとに、人がバイアスのかかった意思決定を繰り返していることを示す例を多数指摘してきました。第一印象は概して浅く危険だという事実は立証されていて、それに異議を唱えるわけではありません。私の研究でもこうした有害なバイアスの指摘と理解に力を入れています。[12]ここでいいたいのは、熱意、情熱、自信といった資質が基盤にある第一印象は意図的に演出するのが難しいため、かなり信頼できるといっていいかもしれない、心ここにあらずで本当の自分を出せていなければ、それは相手に伝わります。本当の自分を表現できれば、相手は応えてくれます。

ここでいったん立ち止まって、みなさんを誤解させていないか確認させてください。この本は起業家や企業のエグゼクティブに限定してアドバイスする本ではありません。部屋を埋めつくす投資家を相手にプロジェクトへの投資を説得するのに必要なプレゼンスと、自分もミーティングで発言していいんだと自分の背中を押したり、昇給を掛けあったり、尊厳ある扱いを要求したりするのに必要なプレゼンスは同じです。

いま、これを書きながら、自分の体験を私に話してくれたたくさんの人たちが頭に浮かびます。家族の中で初めて大学へ進み、自分に自信をもとうと格闘しているスリランカのニマンティ。癌《がん》で妻を亡くし、自身も健康に問題を抱えながら、自立していたいと懸命に努力しているアラバマ州のセドリック。健全でない関係に終止符を打ち、自分を立て直そうとしているドイツのカタリナ。身体の障害を理由に、授業に参加することに消極的になっていた自分を克服しようとしているナイジェリアのウドフォヨ。ダウン症をもつ成人向けの教室で、積極的に参加してもらう効果的な方法を模索《もさく》するカリフォルニア州のニコル。かつて自分には望めないとあきらめていた教育の機会を手にし、大切に活かしていこうと決意するパキスタンのファリハ。思い切って小さな家族経営の事業を始めようとしているブラジルのマルコス。外傷性脳損傷を経て、自分のアイデンティティを取り戻そうとしているニューヨーク州のアレタ。まだ若い家族を亡くす経験をし、人生をもう一度軌道に乗せて歩き出そうとするインドのカメシュ。この本はそうした一人ひとりのためにあり、あなたのためにあります。[13]

私に勇気や気づきを与えてくれるのは、昨日よりも少しだけ明るく前向きに、尊厳をもって新しい一日と向き合うという大きな挑戦をしている人たちの話です。持っている資源は限られていて、権力や地位とは無縁で、その多くが厳しい困難を経験しながらも、自分はまだやれるはずだとあきらめない人たち。自分のため、そして愛する人、尊敬する人のためにも、いまと向き合ってせいいっぱい自分を発揮しよう、パワーに満ちた自分でいようとする人たち。きらびやかな仕事を目指しているわけでも、ベンチャーに巨額の投資をしようというわけでもありません。自分のパワーを大切にし、日々の挑戦の中で、そのパワーを使って自分らしさを発揮する道を模索している人たちです。

これでプレゼンスがパワーに満ちた状態であることがわかってきました。でもまだ大枠《おおわく》の疑問は残っています。プレゼンスとは具体的に何なのでしょう？　どうすれば手に入るのでしょうか？

■■■プレゼンスは身近なところから

プレゼンスとは、判断、壁、仮面を取り払い、ほかの人々や経験と真の深いつながりを作り出すこと。

——パム　米ワシントン州

プレゼンスとは、周囲の人を愛し、その人のために喜んで何かをすること。

——匿名　クロアチア

プレゼンスとは、ありのままの自分でいることと、何があっても自信を失わないこと。

——アブデルガニ　モロッコ

「あなたならプレゼンスをどう定義しますか」という私の問いかけに対して、世界中から大勢の人が答えを寄せてくれました。紹介したのはその中の一部です。さまざまな幅広い回答がある中で、私はその違いと共通点の両方にはっとさせられました。

プレゼンスの概念はまだ漠然としたものに思えるかもしれません。人によって違う意味があるのは確かです。物理的なものなのか、心理的、あるいは精神的なものなのか。個人の中で完結するのか、他者との関係で成り立つのか。変わらない性質なのか、それともそのときどきの瞬間的な体験なのか。

「永久不変で超越的なプレゼンス」という概念は、哲学的で精神的な基盤から生まれます。ブログ「ブレイン・ピッキングス（Brain Pickings）」で知られるブロガーのマリア・ポポーワは次のように述べています。「このプレゼンスという概念は東洋のマインドフルネスの思想に根ざしています。すなわち、明快な気づきの状態で人生を歩む力、経験のなかに一〇〇パーセント身をおく力です」[14] この概念は、西洋では二〇世紀半ばに英国生まれの哲学者アラン・ワッツが紹介したのをきっかけに広まりました。ポポーワはワッツが「人が抱くフラストレーションと日々の不安の根源は、私たちが未来というわば抽象《ちゅうしょう》概念のために生きていることにあると指摘しています」と説明し、また「私たちがプレゼンスを手放すとき、基本的に肉体を離れて精神の世界に引きこもっています。つねに計算し、評価を下し、渦巻く思考や予測、不安、判断、そして直接の経験から絶えず派生するメタ経験がそれにあたります」と述べています。

哲学的に「今この瞬間」を生きる姿勢をつねに保つのは高尚《こうしょう》な到達点ですが、私が検証し追求しているプレゼンスはそれとは違います。現実世界の現実はそうではないから、といえばいいでしょうか。不変の「明快な気づきの状態」を追求するためには、自分の時間とエネルギーをどう使うか、ひいては人生そのものをどう生きるかを自分で決められる手段と自由が必要です。誰もがそうした自由を享受できればいいですが、大半の人にはそれはかないません。家族を食べさせなくてはいけないし、面倒をみなくてはいけない、仕事もある、払わなくてはいけない請求書もあるという理由に加え、人の心はあれこれ浮かぶ考えをずっとシャットアウトし続けることはできないからでもあります。本を一ページ読む間でも、誰かとほんの五分話をする間でも、ほかの考えに一切じゃまされずに貫くのは難しいものです。それが現実なのですから、ほかのやりかたでプレゼンスを達成しパワーに満ちた自分でいられるようにするのが賢明でしょう。

この本でいうプレゼンスとは、「**自分の真の気持ちや考え、価値観、可能性に耳を傾け、自然にそれを表現できている状態**」を指します。そう、そういうことなのです。永久不変の超越した状態ではありません。そうなるときもあればならないときもあります。その瞬間、瞬間で移り変わる現象なのです。

プレゼンスを実現できるのは自分が個人的にパワーを感じているときです。いつわりのない真の自分らしくいられているのを実感できている状態です。この心理状態でいられれば、落ち着きや自信をなくしがちな大きなストレスのかかる状況でもプレゼンスを維持できます。本来の自分でいられていると感じるとき、私たちの話しかた、表情、姿勢、動きは連携します。シンクロし、一つになるのです。こうした内面的に一致した、調和した状態は感じ取れますし、共鳴します。本物だからです。こうして説得力や人をひきつける力が生まれます。自分と格闘するのでなく、自分自身でいるのです。プレゼンスを追求するとは、カリスマ性や外向性を身につけようとすることでも、他人にいい印象を与えようと計算してふるまうことでもありません。いつわりのない、力強い自分自身との結びつきを内面に確立することなのです。

ここでいうプレゼンスは小さな変化を通して到達できるものです。長い巡礼の旅も、スピリチュアルな悟りも、内面の一大転換もいりません。こうした行動が悪いわけではありませんが、取り組むには気力がいります。「壮大」なのです。大半の人にとって、とらえづらく、抽象的で、現実的ではありません。それよりも、目の前の瞬間に目を向けてみましょう。困難に挑戦する場面、いちかばちかという場面、いろいろなものがかかっている重要な場面に向き合っている間だけ、心理的なプレゼンスを達成できていればいいのです。採用面接や難しい対話、プレゼンテーション、助けがほしいと声をあげること、公の場でのスピーチ、パフォーマンスなどがそうです。プレゼンスは日常の話です。あえていえば、何も特別でない、平凡なものともいえます。誰だってできるのです。ただ、人生の大事な場面でふと見失ってしまったときに、どうすれば取り戻せるのかを知らない人が多いのです。

科学的根拠のある数々の研究が、そのときどきで変わるプレゼンスの心理学的、生理学的メカニズムについて考察しています。中でも希望のもてる発見が、このメカニズムはコントロールがきくという点です。自分で自分を誘導したり、表情や身ぶり、ものの考えかたをちょっと変えてみたりすることで、本来の自分を取り戻せるのです。自分でプレゼンスを導けるのです。これは心が身体についてくるという話でもあるのですが、このテーマについてはのちほどお話ししていきましょう。

こうしたプレゼンスによって、いわゆる従来の概念でいう成功が手に入るのでしょうか？　おそらくそうでしょう。でももっと大事なのは、ストレスのかかる状況に不安や心配、恐怖心をもたずに臨め、終わったときにも悔いや不信やフラストレーションを感じずにいられることです。できるだけのことはした、と納得して前に進めるのです。ありのままの自分と自分の力を十分に発揮できた、と思えます。自分らしい自分を相手に見せられた。自分らしい自分を自分にも見せられた。そんな気持ちになれるのです。

新しい挑戦や居心地《いごこち》の悪い状況、新たな役割などはつねにやってきます。私たちを不安定な状態に追いやり、不安を引き起こして、自分が何者なのか、他者とどう通じ合えるかについて再考を迫られる場面は次々に訪れます。真の自分を発揮するためには、こうした場面は機会だととらえることです。プレゼンスはオール・オア・ナッシングではありません。ときには見失って一から始めなければならないときもありますが、それでいいのです。

それをふまえて、これがどう科学的に分析できるのか、そして壮大な意味での人生全体ではなく、目の前に控えた大事な場面でどう実践できるのかを考えていきましょう。仕事や入試の面接に臨むとき、勝敗のかかったペナルティキックを蹴るとき、友人や同僚に言いにくい話をもちかけるとき、期待と不安の入り混じった気持ちで新しい企画を発表するとき――どれも自分の真価が試されるときです。それはすなわち、本来の自分でいることの強み、プレゼンスを実現できる強みが発揮される場なのです。

■■■ プレゼンスとはどんなもの?

プレゼンスとは、傲慢にならずに自信をもつこと。

――ロハン　オーストラリア

プレゼンスは二つの形で表れます。一つは、先に挙げた起業家のプレゼンの分析で見つかった特性、情熱と自信、好感のもてる熱意という形。オーストラリアのロハンの言う「傲慢ではない自信」と言い換えてもいいかもしれません。二つ目に、プレゼンスは私がシンクロニー（同調性）と呼んでいる形で表れますが、これについてはもう少し後でみていきましょう。

投資家の話に戻ります。ベンチャーに投資する彼らは、プレゼンスがどんなものかを考える際、じつに興味深い対象です。投資家は、事業のアイデアと、さらに重要なそのアイデアを実行する人の双方が、投資するに値するかどうかを短い間に判断しなければいけません。投資に成功した投資家はどこを見て判断しているのでしょうか。どれもよさそうないくつかの事業計画を比較したとき、あの人ではなくこの人に投資してみよう、と気持ちを傾けさせる決め手はどこにあるのでしょう？

私がこれまでの調査で集めた、投資に成功したベンチャーキャピタリストが挙げた所感には次のようなものがありました。

私は、起業家自身が、自分の売り込んでいるものを一〇〇パーセントいいと信じていないことを示す要素がないかを注意して見ています。売り込んでいる人がいいと思っていないのなら、その人が売り込んでいるものを買おうとは思いません。

向こうは私にいい印象を与えようという点ばかり意識している気がします。それより自分が売り込んでいるアイデアへの思い入れを見せてほしいところです。

彼らは積極的で前のめりすぎて、ちょっと押しが強すぎる感じです。自分を守ろうとしている印象を受けます。私は別に彼らが答えを全部わかっているとは思っていません。というより、答えを全部わかっていてほしくはありません。

相手が少々緊張していても別に問題ありません。大きなこと、彼らにとって大事なことをやっているんですから、少し緊張するのは当たり前だと思います。

コメントを一つずつ分析してみましょう。

私は、起業家自身が、自分が売り込んでいるものを一〇〇パーセントいいと信じていないことを示す要素がないかを注意して見ています。自分が売り込んでいるものを信じていない人から何かを買おうとは思いません。

投資を依頼してきた人が自分の企画に自信を持っていなければ、投資家も自信をもって信じるのは無理でしょう。経営学者のジョナサン・ヘイは「自分が真に思っていることを言うのが、まさにプレゼンテーションの本質である」と述べています。[15] 誠実でない人が発信するアイデアは生き残れません。

プレゼンスは自分のストーリーを信じること、自分の思い、信条、価値観、能力を信じることから生まれます。好きではない製品を売ったり、いいと思えない考えを人に納得させなくてはいけなかったりした経験がある人もいるかもしれません。そんなときは投げやりになり、やる気がなくなります。隠しても伝わってしまうものです。また、誠実じゃないな、と感じます。実際、誠実ではないのですから。

自分がいいと思えないものを人に売り込むことはできないと私は思います。万が一できるとしても、その方法を伝授するのは私のやりたいことではありません。そういうヒントを求めている人にはこの本は応えられません。

それと同じく、自分にないスキルを売り込むこともできません。私の主張はときに、ない力をあるように見せようと説いているのだと誤解される場合があります。[16]プレゼンスとは能力があるように見せかけることではありません。自分が持っている力を信じ、発揮することです。本来の自分を発揮するのをじゃまするものから自由になることです。自分にはできる力が実際にあるということを受け入れるように自分を仕向けるのです。

ときにはあえて自分の枠《わく》から出ることで、本来の自分になれる場合があるのです。

最近、大学院生のキャロライン・ウィルマスとニコ・ソーンリーと共同で、被験者に本番さながらの就職模擬面接を受けてもらう実験を行ないました。[17]被験者には、これからあこがれの仕事の採用面接を受けると仮定して、面接で一番よく聞かれる（かつ一番困る）「わが社があなたを採用すべき理由は何ですか」という質問に五分間のスピーチで答える準備をしてもらいます。自分を偽らず、誠実に話してください、とも伝えておきます。そして容赦《ようしゃ》なさそうな二人の面接官を前に、なぜ自分が採用されるべきかを五分間で話してもらいました。緊張を高めるため、面接官役は被験者が話している間、話に応じたり、肯定的な反応をみせたり、話を促したりは一切しません。とにかく五分間ずっと、一切反応しないのです。それほどやりづらくはないんじゃないか、と思うかもしれませんが、ただ黙ってこちらを見つめ、メモを取り、自分を値踏みしている二人の前で、私を採用すべきですと相手を説得する場面を想像してみてください。自分が話している間、相手は終始、まったく感情のうかがえない表情をしているのです。さらに、模擬面接はビデオで録画していて、あとで別の審査員が評価することも伝えてあります。

面接の映像は六人の審査員が評価しました。まず二人の審査員が、面接を受けた人がどれだけプレゼンス、すなわち自分らしさを示せていたか、言い換えればどれだけ自分のよさを表現でき、肩の力を抜いて、自信と熱意を感じさせたかを五段階で評価します。次の二人は信頼度、つまりどれだけ信用できるか、見せかけでなく誠実だと感じたかを五段階で評価します。そしてさらにもう二人が、被面接者のパフォーマンス全体と採用されるべきか否かを評価します。面接全体を通してどうだったのか、採用するに値する人かどうかの評価です。

結果は、先の起業家のプレゼンテーションのときと同じく、プレゼンスを示せた被験者ほど高く評価され、採用に値する人物だと判定されました。プレゼンスの効果が実際の決定に影響したのです。が、ここにからくりがあります。審査員がプレゼンスを重視したのは、それがその人が本物であること、信用できること、見せかけではなく誠実であることを示唆したからです。相手が信頼できること、相手について自分が抱いている印象は正しいこと、自分が理解したとおりだということを審査員に伝えてくれたのです。つまり、プレゼンスを特徴づける特性——自信、熱意、安心感、人をひきつける魅力——が、その人が本物であることを示す証拠だと受け止められたわけです。これは自然なことです。私たちは自分らしくいられるほど、本来の力を発揮できます。そしてそのおかげで説得力が生まれるのです。

さらに終了後、模擬面接を受けた人にベストを尽くせたと思うかを聞いてみました。プレゼンスを発揮できた人ほど、面接での自分のパフォーマンスに満足し、できるかぎり自分を出せたと答えています。結果のいかんにかかわらず、後悔はなく、満足して終われたのです。

先へ進む前に、プレゼンスに関するよくある誤解についてここでふれておきましょう。プレゼンスを達成できるのは外向型《がいこうがた》の人だ、という誤解です。はっきり断言できますが、プレゼンスは外向性とは無関係です。内向型《ないこうがた》の人も外向型の人と変わらず人をひきつけるプレゼンスを示すことができますし、過去一〇年間に行なわれた研究でも、内向型の人にはリーダーや起業家として力を発揮できる特性があることを示す結果がはっきりと表れています。例としては、物事を長期的にとらえる力量、組織全体を崩壊させかねない偏《かたよ》った意思決定を阻止する力、第三者から自己イメージを確認してもらう必要が少ないこと、聞く能力、観察する能力、物事を総合して扱う能力などが挙げられます。ハーバード・ロー・スクール出身で、従来の文化に一石を投じる内容でベストセラーとなった『内向型人間のすごい力——静かな人が世界を変える』の著者、スーザン・ケインは次のように語っています。「生来、内向型の人は生涯において一つか二つ、三つ程度のことに情熱を燃やします。……そしてある一つのアイデアに情熱をかけると、そのために外へ出向き、人と連携してネットワークを築き、必要な知識や技術を集めて、実現させるためにあらゆる行動をとります」熱い思いを持ち、いい結果を出すためには、よくしゃべったり、いつも人に囲まれて社交的でいたりしなくてもいいのです。本当の自分を無理なく出すには、少し静かなほうがうまくいくくらいなのです[18]。

向こうは私にいい印象を与えようという点ばかり意識している気がします。それより自分が売り込んでいるアイデアへの思い入れを見せてほしいところです。

他人に与える印象を意識して操作しようとすると、不自然に自分を演出することになります。これはなかなか難しい作業で、認知の面でも感情の面でもうまくやってのける力は私たちにはありません。その結果、表面的につくろっているという印象を相手に与えてしまいます。

にもかかわらず多くの人が、言葉上のやりとりと身ぶりや表情などの非言語コミュニケーションの両方を準備したり演出したりして、相手に与える自分の印象を思うように操《あやつ》ろうとします。どんな状況でも、印象はある程度コントロールできるはずだという思い込みがベースにあるのです。でも、そもそも印象操作はうまくいくものなのでしょうか。

この疑問は、主に採用面接でのパフォーマンスと採否の結果を分析する形で、学問的にも研究されてきました。たとえば面接を受ける人が、何かと機会をとらえてはこれまでの実績をとうとうと披露する、笑顔を作る、積極的にアイコンタクトをとるなどして、面接官に対してプラスの印象を打ち出そうとする場合があります。ところが総合的にみると、こうした印象の操作は基本的にうまくいきません。じっくり時間をかけた面接や体系的によく練られた面接を、適切な訓練を受けた面接官が行なった場合はとくにそうです。面接される側がいい印象を持ってもらおうと意識して手段を講じるほど、面接官は口先だけで表面的につくろっていると感じ、結果的に採用に至らないのです[19]。

ただし、これは評価される側の人だけにあてはまるわけではありません。人と人が一緒に何かをすれば、必ずどちらの側も相手を評価し、相手からも評価されます。採用面接では面接を受ける側が評価される側だと考えがちですが、面接を受ける側が面接官を見極める場でもあります。

これは、私たちが人と接すると自動的に相手の印象を頭の中で形成するからという側面があります。ですが、もっと現実的な側面もあります。面接官は組織を代表してその場にいるわけですから、面接を受ける側は面接官からその組織を知るのに役立つ情報がないかと探るのです。

その結果、面接官が、面接を受ける側が聞きたがっているだろうと考えるイメージに合わせて、自身と所属する組織をいわば「売り込む」形になりがちです。組織行動学を専門にするジェニファー・カーソン・マーとダン・ケーブルは最近の研究で、面接官が自身とその組織とを候補者によく見せたいと思う心理が（これは候補者を正確に評価して採否を決めたいという目的と対立するのですが）、候補者の評価と採用可否の決定の質に影響するかを探りました。現場でのフィールドスタディと実験の結果を分析したところ、面接官が候補者を引きつけようとするほど（つまり候補者に「好かれようと」するほど）、採用後に仕事のパフォーマンス、社会の一員としての責任感、組織が大事にする価値観への適応の各点で優れた人材を結果的に選べなかった傾向がみられました[20]。

まとめてみましょう。**自分が相手にどんな印象を与えているかにとらわれるより、自分が自分についてどんな印象をもっているかに意識を向けること。**後者は前者に影響します。考察していくにしたがって、この点は明らかになっていきます。

彼らは積極的で前のめりすぎて、ちょっと押しが強すぎる感じです。自分を守ろうとしている印象を受けます。私は別に彼らが答えを全部わかっているとは思っていません。というより、答えを全部わかっていてほしくはありません。

残念なことに、自信と自信過剰はよく混同されます。私が投資家に聞いた話からもわかるとおり、本物の自信はただむやみに信じるのとは違います。自分たちの案に本当に価値があり可能性があると思うのなら、欠けている点があれば修正してさらによくしようと思うはずです。強みも弱みも認め、正当に把握できています。案を人に押しつけるのが最終目的でなく、ほかの人にも正しく把握してもらい、一緒にいいものにしていきたいのです。本物の自信は真の愛情から生まれ、長い目で見て育てていこうというコミットメントにつながります。見せかけの自信は自己中心的な熱意から生まれ、人間関係を損ない、失望や不満をもたらします。

自尊心については込み入った文献があるのですが、これが自信と自信過剰を混同する傾向についてヒントになるかもしれません。以前、自尊心はあらゆる社会病理を解決する鍵と考えられていましたが、近年、自尊心を高めようという動きは以前ほど支持されていません。一つの理由として、自尊心は明確に計るのが難しい点が挙げられます。自分は肯定的な自己イメージを持っていると言い切れる人は、実際に持っているのでしょう。一方でいわゆる脆弱《ぜいじゃく》な自尊心を抱いている人もいます。一見、自己を前向きにとらえているように見えても、つねに外部から認めてもらわなくては保てない、現実よりも願望に基づいた自己像です。自身が持つ不安定な自己評価を揺るがすような人物やフィードバックには耐えられません。自信があるように見えても、脆弱な自尊心を持つ人は自分を脅《おびや》かすとみなした人や状況に出会うとたちまち守りに入り、それを拒否しようとします[21]。

反対に、安定した高い自尊心の根拠は内面にあります。外部から認めてもらわなければ揺らぐわけではありませんし、少し脅かされそうになったくらいでは崩れません。揺るぎない自尊心を確立している人は、自尊心を試される難題や人間関係にうまく健全に対処しながら、自尊心をより強く柔軟で開かれたものにしているのです。
自尊心と自分に対する自信は同一ではありませんが、共通する点はあります。本物の自信がある人は傲慢になる必要がありません。傲慢は不安をカモフラージュする手段にほかなりません。自信がある人、自分の本質が何かを知り、その価値を信じている人には、武器ではなくツールがあります。他者より優位に立とうとする必要もありません。自信のある人はありのままの自分で他者に接し、その声に耳を傾けて取り入れ、誰にとっても価値あるものを作り出すことができるのです。
本当の意味で自分自身を、自分の考えを信じられるのは、基礎があるからです。脅かすものがあっても恐れずに対処できるのです。

相手が少々緊張していても別に問題ありません。大きなこと、彼らにとって大事なことをやっているんですから、少し緊張するのは当たり前だと思います。

重要なアイデアや企画があって、どんな反応をもらえるかが今後を左右するような相手にそれを発表するとき、人は不安で緊張するものです。自信はあるけれど同時に少し不安もある、というのはあり得ることです。チャレンジが必要な状況で、コントロールできるぐらいの適度な緊張を感じるのは、進化論の観点からみれば適応的であるともいえます。現実に存在する危険を警戒しているわけですし、場合によっては相手に対する敬意を表すこともあります。多少心配しているくらいのほうが実際にうまくいかないことがあれば気づけ、取り返しのつかない事態を未然に防げます。ある程度の緊張は相手に対する熱意の表れという場合もあるでしょう。つまるところ、どうでもいいことでは緊張しないわけです。うまくいくかどうかにすべてをかけている、というくらいの真剣さが相手に伝わらなければ、自分の案を買ってもらうよう投資家やクライアントを説得するのは難しいものです。[22]

以上を踏まえれば、緊張をみじんも見せないよう痕跡《こんせき》を消さなくては、などと考える必要はないのです。無理に落ち着こうとしても本来の自分を発揮できることにはなりません。とはいえ、不安がつきまとっている状態では消耗《しょうもう》してしまいますし、集中できません。大事なのは緊張している状態にとらわれないことです。「自分はいま緊張しているんだな」と認め、そのまま続けるのです。不安になっていることを不安に思い始めると、不安でがんじがらめになってうまくふるまえません。矛盾するようですが、不安を感じると私たちは自己中心的になります。強い不安を感じると自分に意識が集中し、ほかの人が自分をどう思うかばかりが気になってしまうのです。[23]

プレゼンスは、傲慢でない自信のもとに成り立つのです。

シンクロする自己

プレゼンスとは、すべての感覚が同時に一つに一致した状態。

――マジド　アラブ首長国連邦

「本当の自分」に関する理論、または広くいえばプレゼンスに関する理論ではどれも、なんらかの一致や連携が必要であると説いています。私がシンクロニー（同調性）と呼んでいる状態です。真の自分を発揮するためには、自身のさまざまな側面、感情、思考、表情、しぐさ、行動などが一致していなくてはなりません。行動が自分の価値観と一致していなければ、自分に忠実ではないと感じます。感情と身体表現が相反《あいはん》していると、違和感を覚えます。

カール・ユングは、意識と無意識、気質と経験、一致と不一致など、自己の中の別々の要素を統合することが人間の発達の中でもっとも重要な過程だと考えました。これを、生涯をかけて続く「個性化」の過程と名づけています。個性化の過程では、根本的に自身の「本当の人格」と向き合うことになり、この過程は心理的にも身体的にも「深い治癒《ちゆ》効果」をもたらすとユングは論じます。個性化を通じて「人は調和がとれ、平静を得、成熟し、信頼できる人間になる」のです[24]。ユングの分析的心理療法では、個性化は目指すべき目標です。私たちが目指すゴールにあてはめてみると、こうした内面の要素が連携した状態なら、本当の自分を発揮できるようになるといえるでしょう。

困難な状況でもプレゼンスを保てているとき、言語面でも非言語面でもコミュニケーションは自然にとれます。混乱した精神状態におちいったりはしません。教授に囲まれてエレベーターに乗ったときの私のように、相手は自分をどう思っているのか、いまの自分の発言はどうだったのか、この場が終わったあと相手はどう思うのかなどをいっぺんに分析しながら、相手の望みどおりの印象を持ってもらわなくてはと、必死に自身の言動を調整したりする必要はないのです。

一般的に、言葉をコントロールするのは難しくありません。覚えた言葉や表現を鏡の前で練習し、それを本番で言えばいいだけです。しかし言葉以外の伝達手段、つまり表情や身ぶりや全体的な態度や物腰《ものごし》を意図して操作するのはずっと難しく、不可能に近いかもしれません。こうした言葉以外の要素こそが非常に重要なのです。

偉大なバレリーナだったマイヤ・プリセツカヤの言葉に次のような一節があります。「私が確信しているのは、最初にくるのは言葉ではなくて身ぶりだということです。身ぶりは誰でも理解できます。ほかには何もいりません。言葉もいりません」

特定の文化の中だけで通じるしぐさや動作もありますが、プリセツカヤの言葉は真実です。動きの多くは文化を問わず、する側と見る側の話す言語にかかわらず、同じように解釈されます。真の感情をありのままに表しているとき、非言語表現の多くは共通するパターンにあてはまるといっていいでしょう。

半世紀以上にわたって人の感情を研究し、この分野の草分けであるポール・エクマンは、心理学者キャロル・イザール、ウォーレス・フリーゼンとともに、感情表現における普遍性を見いだした画期的な研究を行なっています。エクマンらはボルネオやパプアニューギニアなど世界各地をまわり、文字を使う文化も使わない文化も含め、世界のどの文化の人も共通して、高い確率で表情を正しく認識することを発見しました。言い換えれば、私たちは言葉で説明しなくても、表情から相手の気持ちを読みとれるということです。

現在、少なくとも九種類の感情（怒り、恐れ、嫌悪、喜び、悲しみ、驚き、侮蔑《ぶべつ》、恥《はじ》、誇り）について、文化を超えた普遍性があることが確認されています。表情や発声、姿勢や動きといった要素が一体になって、その人が信頼できる人物か避けたほうがいい相手かなど、重要な社会的情報を伝えます。こうした感情表現は普遍的で、世界中ほぼどの社会でも共通しているのです。

たとえば友人に今日の仕事はどうだったかとたずねるとしましょう。友人は職場でかなり頭にきたことがあった、と話しはじめます。そのとき、友人は言葉で話をするのと同じく、身体でも怒りを表現しているはずです。眉《まゆ》を寄せ、目はにらむように怒りを浮かべ、唇《くちびる》はぎゅっと結んでいます。声は低く、かつ強い調子を帯びているかもしれません。上半身は前のめりぎみになり、不自然に速い、緊張した動きをしているかもしれません。

これが子守唄《こもりうた》を歌っている人だったら、外から見た様子も声の調子もだいぶ違うでしょう。もしそうでなければ、その人が心の中に抱えているなんらかの葛藤や対立（その子守唄を歌うのがあまり楽しくないなど）が無意識のうちに表れていると考えられます。否定的なものも肯定的なものも、感情はいつわりのない真正なものであり、その表出は言語面でも非言語面でもシンクロするのです。

自分に忠実でいるときに起きるシンクロニーを理解するには、そうでないときに生じる逆の状態、アシンクロニー（非同調性）に目を向けてみるのも方法です。たとえばうそをつく行為を分析してみると、プレゼンスの状態にあればふるまいがシンクロしてくる理由がみえてきます。

まず、誰かがうそをつくとき、みなさんならどこで見抜くでしょうか？ 多くの人がまず挙げるのが、「うそをついている人は目を合わせない」というものです。六三カ国の二五二〇人を対象にした調査では、七割の人がそう答えています。[25] ほかに、そわそわする、神経質になる、むだに歩き回るなどが、相手がうそをついていることを示すサインと考えられています。うそに関する研究で知られる心理学者のチャールズ・ボンドはニューヨーク・タイムズ紙のインタビューで、うそをついている人がこうした行動を見せるというステレオタイプが「正しいと言える理由がもっとあれば、われわれはここまで悩まされないだろう」と述べています。[26] すなわち、いわゆる「ピノキオ効果[27]」は実際にはなく、うそをついていることが特定できる単独のしぐさは存在しないのです。相手が誠実かどうかを判断するには、そわそわしているとか目をそらすなどのステレオタイプな「サイン」だけでは十分ではありません。それより、表情や姿勢、動き、声、話しかたなど、複数のコミュニケーション要素がどうはたらいているかを総合して判断できるものなのです。

自分に忠実でないとき、言い換えれば本当の気持ちを隠したり思ってもいない気持ちを発信したりしているとき、私たちの言語行動と非言語行動にはずれが生じます。言っていることと表情がずれている。声と姿勢が合っていない。言葉としぐさが一致せず、ばらばらになって不協和音《ふきょうわおん》が生じます。

これはとくに新しい発見ではありません。ダーウィンも指摘しています。「いくらか怒っているとき、あるいは激怒しているときでも、人は身体の動きを意図して操作できるかもしれない。だが顔の筋肉は意思のとおりには動かしがたく、ふとした感情をわずかでも表してしまう場合がある[28]」

うそをつくとき、人はいくつものストーリーを同時に操らなくてはいけません。本当の話、本当はこうであってほしい話、相手に本当だと見せかける話、そしてそれぞれにともなう懸念や怒り、罪悪感、願望といった入り混じる感情。それらを操りながら、信用に値する自分のイメージをアピールしようとしますが、これは非常に難しいものです。考えも感情もそれ自体が矛盾していますし、それぞれが衝突して成立しません[29]。こうしたあらゆる矛盾や衝突――意識しているもの、無意識のもの、心理的なもの、生理的なものを含め――を抱え、うそをついている人は落ち着きを失い、注意が散漫になります。

このように、うそをつくこと、不誠実でいることは大変な作業なのです。真実を押し隠しながら別の話をするだけでも複雑ですが、大半の人はこれに心理的な罪悪感を覚え、そのことも同じように隠そうとします。これをすべて、表に出さずに、外に漏らさずにやり通す能力は私たちにはありません。うそをつくことと漏らすことは表裏一体です。うそをついているサインだと昔からいわれる手がかりを理解するヒントになるのは、それがうそを外に漏らしているサインでもあるという点です。うその研究で知られる社会心理学者のリアン・テン＝ブリンクは次のように説明します。

うそをついている人は、うその内容に合致させた偽の感情表現をし、かつ本当の感情を押し隠すことで、相反する自身の二重性を守り通す必要が生じる。たとえば会社で休暇願いを申し出るとき、伯母の葬儀で遠方に行くため仕事を休まなくてはいけない、と上司を納得させるように悲しい表情を作りながら、一方で友人との休暇を少し長くするという本当の計画にわくわくする気持ちを隠さなくてはならない。[30]

感情研究を専門にするポール・エクマンは著書『暴かれる嘘——虚偽を見破る対人学』で、うそは必ず漏れるものであり、専門の訓練を受けた人であれば、表情やそのほかの非言語行動を観察すれば漏れたうそを見抜けるようになると述べています。なかでも注目すべきなのが、言葉と動作の不一致だといいます。[31]

これを分析するため、テン＝ブリンクはほかの研究者と共同で、実際に犯した罪や違反行為について本当の悔恨《かいこん》とうその悔恨を述べる人の映像を三〇万本近く分析しました。本心から後悔の念を述べた人は、言語行動、非言語行動の双方を通して自然に感情を表現しましたが、本当は感じていないうその後悔を述べた人は表現行動がばらばらで一貫性がありませんでした。矛盾するさまざまな感情が表れ、不自然な間や言いよどみがみられたのです。こうした表れをテン＝ブリンクらは「感情が乱気流《らんきりゅう》にある状態」と考察しています。[32]

うその心理に関して、ハーバード大学の心理学者ナンシー・エトコフらによる優れた研究があります。私たちは自分はうそを見抜くのが得意だと思いがちですが、実際にはそれほど正しく見抜いてはいないことがわかっています。[33]その理由として、うそを見抜こうとする際、私たちが言葉、すなわち相手が話していることの中身に気をとられすぎているからではないかとエトコフは仮定しました。そこで、言葉を解釈することが難しい、失語症《しつごしょう》（言葉を理解する脳の機能が働かない言語処理の障害）をもつ人を対象に観察を行ないました。[34]

この研究で観察した失語症患者は、いずれも左大脳半球に障害がありました。言語の理解と表出に強く結びついている脳の領域です。研究ではこの失語症患者群と、右大脳半球（言語の理解、表出との関連がみられない）に損傷のあるグループ、そして脳に損傷のないグループとの比較を行ないました。

被験者には、一〇人の人が話をしている映像を見てもらいます。映像の中の人は二回話をし、一回はうそを、もう一回は本当のことを言っています。すると、話し言葉をうまく理解できない失語症患者のグループが、ほかの二グループよりもうそを見抜く確率が著《いちじる》しく高いという結果が出たのです。逆説的なようですが、言葉にだけ注目するとうそに気づきにくくなる可能性を示す結果です。

こうした研究例と一致する結果が、テン＝ブリンクらによる最近の研究でも出ています。人間以外の霊長類と同じく、人は心の中の無意識の部分を通してのほうがうそに気づきやすいというものです。[35]心の中の意識している部分は当然ながら言葉に意識を集中し、その結果、うそを信じてしまうのです。これらの知見からみると、うそは言葉に表れるはずだと考えて相手が発する言葉に意識を向けるほど、実際にうそであることを示す非言語的な手がかりに気づかなくなるといえそうです。

私たちにとっては、言葉にともなう身ぶりや手ぶりでうそをつくより、言葉でうそをつくほうが明らかにずっと簡単です。反対に、本当かうそかを示す手がかりを意識して探っているときは、相手の言葉にばかり注目し、状況を伝える非言語形態の全体像にはあまり目を向けていないのです。自分をどう表現するかを考える場合も同じです。何を話すかばかりに意識が向き、自分の身体がどうなっているかには注意を払いません。そこでシンクロニーが失われてしまうのです。細かな点まで意識して操るのをやめると、非言語形態は一つにまとまっていきます。自然にふるまうために身体を意識するというのは矛盾するように思えますが、このあと見ていくとおり、両者は互いに結びついているのです。

真実は言葉よりも動きにはっきりと表れます。アメリカの偉大な舞踏家マーサ・グレアムは「身体は言葉では表せないことを表す」「身体はうそをつかない」と表現しました。本当の自分を出せない状態は意図して人をだますのとは違いますが、結果は似たようなものです。本来の姿とは違う自分を見せるのは、意図的に欺《あざむ》くのと同じような印象を相手に与えます。どちらも非言語行動がシンクロしないためです。本来の自分でなくなればなくなるほど、力を発揮できなくなります。プレゼンスとパフォーマンスは補強しあっているのです。

意図的にシンクロニーを妨《さまた》げることで、聞き手を前に自信を失い、満足できるパフォーマンスができなくなる状況をつくって実験した研究が実際にあります[36]。音楽家は演奏しながら聴覚でフィードバックを得、これを大きなよりどころにしています。つまり演奏しながら自身の演奏を自分で聞いているのです。このシンクロニーをイヤホンを通して人為的に操作すると、音楽家は自分の腕に自信がなくなり、同調できていない状態をなんとかしようとして集中力を欠き、よい演奏ができなくなります。

このセクションの最初でマジドが定義したように、プレゼンスは「すべての感覚が同時に一つに一致した状態」といえます。**プレゼンスは共鳴するシンクロニーのもとに実現できるのです。**


ここまででわかったことをまとめてみましょう。プレゼンスは自分が語るストーリーを信じることから生まれます。自分のストーリーを信頼できていないとき、私たちは本物ではありません。ある意味、自分も他人もだましている状態です。自分をだましているのはほかの人から見てもわかります。自信がなくなり、言葉と言葉以外の非言語行動が一致しなくなるためです。はっきりと「この人はうそをついているな」とわかるのではなく、「何かが違う気がする。この人に全幅《ぜんぷく》の信頼を寄せることはできない」と感じるものです。ウォルト・ホイットマンの詩にあるように「私たちは自分自身の存在《プレゼンス》で説得する」のです。相手を説得するには、自分が自分に確信をもっていなければなりません。

では、どうすれば自分のストーリーを信じられるようになるのでしょうか？

presence 第2章

自分のストーリーを信じ、受けとめる

プレゼンスとは内なる自分が現れること。

――パディ スペイン

いつわりのない「本物」でありたいし、人からもそう見られたいという気持ちは人間の基本的な欲求なのかもしれません。だからこそ、近頃「本当の自分」という言葉がここまでもてはやされているのでしょう。大晦日《おおみそか》のパーティで舞う紙吹雪《かみふぶき》かと思うくらい、ちまたにあふれています。でも「本当の自分」とはいったい何でしょう？　自分に忠実であるというのはどういうことを指すのでしょうか？　友人が励ましてくれるときに「いつものあなたでいれば大丈夫」という「いつものあなた」がそうなのでしょうか。「自分に正直になる」というときのあの感じを指すのでしょうか。どんな状況のどんな瞬間でも、変わらない自分でいることはできるのでしょうか。何パターンかの自分がいるとすれば、どの自分を表に出すかはどう決めているのでしょう？

この問いに答えていく前に、もう少し範囲を広げて考えてみましょう。そもそも自分とは、自己とは何なのでしょう？

これまでも多くの心理学者がこの問いに答えようと試み、一〇〇年以上をかけて理論や研究を積み重ねてきました。その前にもさまざまな哲学者が同じ試みを重ねた何千年もの歴史があります。そうして得られた知見の数々をここでうまくまとめるのは難しいのですが、とくにプレゼンスにかかわる点、「真の自分を発揮する」という観点から見て、私が自己を定義する要素として大事だと考えるのは次の三つです。[1]

自己とは、

一．一つの側面しかないのではなく、多面的である
二．思考、感情、価値観、行動を通じて表され、映し出される
三．絶えず柔軟に変化し、動かず固定化されたものではない。状況を反映し状況に応じて変わるが、カメレオンのように変わるというよりは、状況に応じて成長する用意がつねにある。根底にある価値観が変化するのではなく、自分の中のどの価値観や特性を表に出すかを選んで、そのときどきの状況や自身の役割に自分を適応させることもある

自己が多面的で変化するものだとすると、その中に動かない単一の「本当の自分」は存在するのでしょうか？　ひと昔前はそのような非現実的な説を唱える学者もありましたが、現在では心理学者と哲学者の多くが「完全に統合された不変の本当の自分は存在しない」と意見が一致しています。[2]

私は現実的な見かたをしています。本当の自分とは経験の総体である、というものです。そのときどきの状態であり、不変の特性ではありません。この一時的な現象を心理学者のアリソン・レントンは「真の自分でいられているという主観的な感覚」[3]「いま、自分が『本当の自分』と一

致しているという瞬間的な感覚」[4]と表現しています。私はこれを「ありのままの勇気ある自分でいられていることを自覚し実感する経験」と考えます。みずから主体的に、正直に、自身の行動を通して自分の価値を表現することです。できるときもできないときもありますが、できているときは「しっくりくる」ためにわかるのです。自分らしくいられていると感じた瞬間はときかれて、あのときがそうだなと思い浮かべられる人は多いと思いますが、つねにそう感じているといえる人はあまりいないのではないでしょうか。私たちはそのときごと、置かれた状況ごとに、自分が務める役割（親、妻や夫、教師など）に応じて自分自身のとらえかたを柔軟に変えていきます。[5]したがって、自分らしくいられていると感じているときでも、そのときの自分、その場面で表に出ている自分は状況に応じて違ってくるわけです。

　では真に「最高の」自分は、真に「本当の」自分とイコールなのでしょうか？　当然ながら、人のさまざまな側面の中には、自分で（そして周囲の人にとっても）あまり好きだと思えない部分、あるいは害だとさえ思える部分もあります。私たちの多くは、こうした自分、たとえばむやみに不安になったり、すぐかっとなったりする自分を変えてみようとします。また、人には見せず自分の中だけにとどめておこうとする部分もあるでしょう。とくに害になるからではなく、個人的な内面をすべて外の世界と共有する必要はないからです。

　そして他人に害はないものの、自分では必要以上に恥ずかしいと感じていて、変えたい、あるいは隠したいと思っている部分もあるかもしれません。私にメールを寄せてくれた人のなかにもこんな例がありました。

　私はトルコで医学生をしています。成績はかなりよく、医学の勉強も、サイエンスについて考えるのも、新しいアイデアを知るのも好きです。自分にはポテンシャルがある、自分の中には何か大きな可能性がある、と思っています。でも問題があります。

言葉がつかえてしまうのです……。

そのせいで授業にも積極的に参加できずにいます。ディスカッションができないし、質問もできません。四年間、このことを知られないように隠してきたのです。

何かがじゃまをして一〇〇パーセント自分を信じられない、自信がもてない、勇気をもって挑戦できない――。そんな自分を押しとどめている障害と向き合うたくさんの人が、私にメッセージを寄せてくれています。私たちはみな、こういうところは変えたい、人に見せたくない、理想の自分はこうではない、と感じている性格や特徴を抱えているものです。

この障害は現実です。そして、苦痛です。できれば決別して生きていきたいかといえば、おそらくそうでしょう。ですが、こう考えてみることもできます。確かに、いま、立ちはだかっている障害は、私たちが思い描く理想の自分には含めたくない側面かもしれません。でも、それも真の最高の自分をなす大事な一面なのです。それに悩むこともありますが、まぎれもなく自分の一部分なのです。学生時代に負った脳損傷が、私がいま何かをするときの足かせになることはもうありません。それでも、その事実はまぎれもなくいまの私の一部です。脳と神経系への物理的な影響だけでなく、ケガをして以降のあらゆる私の経験に――人間関係、意思決定、ものの考えかた、学びかた、感じかた、つまりは私の世界観すべてに――さざなみが広がるように無数の影響を与え、それを通していまの私があるのです。長い間、それはほかの人に見せるのを恥じていた私の一部でした。長い間、ふとしたときに私の足を止め、私をおとしいれる、私自身の一部でした。

身体や心に訪れる逆境は私たちを形づくります。私たちは困難を通じて、そこでしか得られない経験と、物事を見抜く力を手に入れます。そして――口先だけで簡単に言っていると思ってほしくないのですが――それは受け入れなくてはいけないだけでなく、喜んで受け止め、自分の強みだとさえ思えるようにならなくてはいけないのです。自分が進んで自分の一部にしたいと選んだわけではなくても、事実私たちの一部なのですから。そうであれば、存在を受け止める以外にできることがあるでしょうか？

さて、だいぶ近づいてきましたが、まだ答えにはたどり着いていません。真の意味での最高の自分とは何なのか、そしてどうすれば必要なときにそうなれるのか。職場における満足度やパフォーマンスの質を研究している人なら、何かヒントになる見解があるかもしれません。そうした研究が追求しているのは「働く人が幸せになれ、存分に成果を出すためにはどうすればいいか」ですから。

組織行動学が専門で、職場における前向きなアイデンティティ形成の研究で広く知られるローラ・モーガン・ロバーツは次のように説明します。私たちはみな、自分がいきいきとして自分らしくいられ、持っている力を出しきったと感じるような瞬間をそれぞれ経験していて、そのときの記憶は鮮明に残っています。そして「時間の経過とともにそうした経験を集め、最高の自分とはどんな自分かという自己像を形づくる」というのです。[6]

ロバーツはこの自己像を作り上げる過程を示し、達成の助けになるものと妨げになるものを認識すること、すなわち最高の自分を引き出す姿勢、信条、行動と、逆に最高の自分を発揮する妨げになる要素とをそれぞれ認識することを勧めています[7]。たとえば私の場合なら、助けになるのは「まったく異なるばらばらのアイデアの中から主題を見つけるのが得意」な点、妨げになるのは「一つのプロジェクトの完成までどれくらいの時間が必要かを見積もるのが非常に下手」な点をそれぞれ挙げるでしょうか。自分の最高の部分とはどんな部分なのかを認識する指針として、ロバーツをはじめとする組織行動学者が提案するのは、以下のような問いに答えていくことです。いくつか例を挙げますので、自分について答えを書き出してみてください。職場での自分だけに限りません[8]。

・あなたを三つの言葉で表すとしたら何ですか。
・自分のどんな特徴や個性が、高い満足感を味わえたり最高のパフォーマンスをしたりすることにつながると思いますか。
・職場もしくは家で、自分が「自然に」「無理なく自分らしく」いられていると感じた場面を思い浮かべてみてください。そのときの自分を今日再現するにはどうすればいいでしょうか。
・自分らしい強みとは何で、それをどう生かせるでしょうか。

ただし、最高の自分を表す価値や特性や強みをただ挙げるだけでなく、それを自分で確信し、その答えに自信を持てなければ意味がありません。信じなくてはいけないのです。ここで挙げた答えはあなたが歩んできた人生のストーリーの大切な一部です。自分のストーリーを自分で信じることができなければ、ほかの人に信頼してもらうのは無理な話です。

人生における最大の困難は、このストーリーが脅かされることです。もう少し詳しく言うと、ストーリーが表すその人の能力や価値に疑問符がつけられることです。自己が脅かされる場面というのは、自分が社会で認められなかったり拒絶されたりしたと感じる瞬間に多く結びついています。大学の入学試験に落ちた、失業した、恋人と破局した、観衆が見ている前で失敗した、心のうちを話したところ相手から一方的に批評されたなど、誰でも思い当たることがあるでしょう。こうして敵に包囲されたようなとき、私たちは本能的に脅威に意識を集中させ、心理的なエネルギーを全力で傾けて自分を守ろうとします。心理学者のジョフリー・コーエンとデイヴィッド・シャーマンはこうした脅威に対する人間の反応を「警戒を促し、自分を再確認させようとする内面からの警告」と表現しています。[9]

スタンフォード大学の著名な社会心理学者クロード・スティールは、私たちの内面には脅威が生じる前からそれを排除しようとするシステムがあると指摘しました。自己が脅かされそうな状況になる前に、揺るぎない自分の価値、自分の最高の部分をみずから確認するのです。スティールはこれを自己肯定理論と名付けました。

ここで大事な点にふれておきましょう。「自己肯定」という言葉を聞くと、米国の人ならテレビ番組「サタデー・ナイト・ライブ」で人気を博した、自己啓発番組を模したコーナー「スチュアート・スモーリーのデイリー・アファメーション」を思い浮かべるかもしれません。アル・フランケン演じるホスト役のスモーリーは鏡に向かって「私はすばらしい、私は賢い。そしてみんなに好かれている」「私は価値のある人間」といったセリフを繰り返します。もちろん、そうやって自分に言い聞かせれば言い聞かせるほどむなしく、いたたまれなくなって、やがて「私は恥のスパイラルにおちいっている」「自分はいったい何をしてるんだ。番組は打ち切られる。金も家もなくなって肥満体になって誰にも愛されずに死ぬんだ」と言い出します。見ている人は、感覚的に、もしくは経験から、この種の自己肯定はたいてい逆効果だとわかっているから笑うのです。

私がここで取り上げるのはスティールらが効果を確認している自己肯定であり、鏡の前で抽象的なフレーズをつぶやくことでもなければ、自慢したり自分を誇大にみせたりすることでもありません。自分にとって何が大事なのか、さらには自分が何者なのかを、改めて確認する行為なのです。自分のストーリーの中にある真実に、自分自身の基礎を見いだすこととも言えます。自己肯定ができれば、他者から認めてもらうという裏付けに依存しなくなり、たとえ認められなかった場合でも穏やかに受け入れられるようになるのです。

自己肯定化の効果についてはこれまで多数の研究があり、大半がシンプルな課題を課す形式で行なわれています。ある例では、人のよりどころになる大切な価値観を列挙したリストを用意しました。家族、友人、健康と体力維持、創造性、勤勉、仕事上の成功、宗教、優しさ、他者への奉仕などです。参加者は自分のアイデンティティの中心にあると思うものを一つか二つ選択します。自分の本質に一番近いものといってもいいでしょう。そして選んだ価値観がなぜ大切なのかと、それを大切だと感じた経験について短いエッセイを書いてもらいました[10]。

たとえば奉仕の心を大事にしている人なら、このように書くかもしれません。「人に奉仕するのは私にとって何よりも大切なことです。奉仕することに熱意を持っていますし、みんながお互いを気遣《きづか》い大切にすれば、誰もがもっと幸せになれるはずだと思っています。人のために何かすると私自身にも深い満足感があり、満たされます。自分が楽しんでいますし、自然にそうできていると思います。高校生のとき、地元の老人ホームへよく通っていました。入居者の多くは配偶者を亡くし単身で暮らしている人たちです。私は入居者のみなさんの隣に座り、話を聞き、手を取ることもありました。ここで過ごした時間はとても満たされたものでした。自分が大切に思っていることを実践していたからです」

自己肯定にどんな効果があるかを示す実験をみてみましょう。デイヴィッド・クレスウェルとデイヴィッド・シャーマンらは、参加者に事前準備なしで審査員のグループに向かってスピーチをしてもらいました[11]。人前で話すだけでもストレスがかかる状況ですが、審査員は厳格な表情を崩さず近寄りがたい雰囲気を見せるように指示されています。さらに参加者はスピーチをした後、二〇八三から一三ずつ引き算した数を五分間声に出して答えるという課題を与えられます。その間、審査員は目の前で繰り返し「もっと早く！」と声を上げます。

私なら自分がこの場にいたらと想像するだけで心拍数が上がりそうな状況ですが、そこがまさにこの実験のポイントです。この課題は社会的ストレステスト（ＴＳＳＴ[12]）と呼ばれ、ストレスを極限まで引き上げたときに人がどう反応するかをみるのが目的です。社会不安を体験させるテストなのです。

でも、これが自己肯定とどう関係するのでしょうか？　じつはスピーチをしてもらう前に、参加者には二つの課題のうちどちらかがランダムで与えられています。一つは自分の大切にしている価値観について書き（少し前に説明した課題です）、もう一つは自分にとってとくに大切というわけではない価値観について書くというもので、こちらは自己認識には影響しません。

スピーチと暗算の課題が済んだら、参加者の心の状態を測定しました。唾液中のコルチゾールを測定する方法です。コルチゾールはストレスを感じたときに分泌《ぶんぴ》されるホルモンで、中でも社会的な評価をともなうストレスに反応します[13]。一般に社会的ストレステストを実施するとコルチゾールレベルが上昇することが多くの研究でわかっています。しかしクレスウェルとシャーマンの研究では、事前に自分が大切にする価値観について書いた参加者は、そうでないグループと比較してコルチゾールレベルがかなり低いという結果が出たのです。事実、自己肯定化を行なったグループにはコルチゾールの上昇がまったくみられませんでした。いわば「真に最高の自分」を確認したことで――自分が大切にしている強みを確認して思い起こしたことで――不安を感じずにすんだのです。

数年後、クレスウェルとシャーマンのチームは、実社会でのストレス源を対象に同じ結果が得られるかをみるため、再び実験を行ないました。今回は大学の中間試験を受ける学生を対象に、エピネフリン、別名アドレナリンのレベルの変化を測定しました。アドレナリンは交感神経の作用（闘争・逃走反応）を示すホルモンです[14]。その結果、試験の数週間前に自己肯定化の課題を行なった学生はアドレナリンレベルに変化がなかった一方、行なわなかった学生は試験が近づくまでの間に著しい上昇がみられました。

さらに、実験の冒頭では、各学生がネガティブな社会的評価をどの程度不安に思っているかをあらかじめ調査しておきました（「大学では、よい成績が取れないと知的能力が足りないと思われるのではと不安に感じる」「人に嫌われているのではないかとよく不安になる」などの文を提示し、どれだけそう思うかを数字で示す方式）。そして不安が大きかった学生ほど、自分が大切にする価値観を確認することによる効果があったのです。

これまで数多くの実験が行なわれ、実験室の内外で自己肯定の効果を検証してきました。一部の例を挙げると、学校での学習成績を上げていじめを減らす、禁煙し健康的な食生活を心がける、ストレスを軽減し夫婦で受けるセラピーの効果を上げる、交渉能力を高めて仕事のパフォーマンスを上げるなど、ほかにも多くの場面で効果が確認されています。プレッシャーがかかる、重要な場面ほど自己肯定の効果は高いようです[15]。

これらの結果を総合すると、大事な点が見えてきました。難しい場面に立ち向かう前に、自分が一番大切にしている真に最高の自分といえる部分はどこなのかを再確認することで、不安を軽減できるのです。自分について安心感を持っていれば、自己防衛に走る必要もぐんと減り、第三者からのフィードバックを受け入れる余裕が生まれ、効果的に問題を解決できるようにもなります[16]。

この結果で注目すべきなのは次の点です。実験の参加者が確認したのはその人が大切だと考える本質的な価値観でした。そのあとで取り組む、ストレスを与える課題の内容に直結する価値観や能力ではありません。人前でスピーチをする場面に自信をもって臨むために必要なのは、自分は人前で話すのが上手なんだ、と言い聞かせることではなかったのです。「自分にとって大切なのはクリエイティブであることと、アートを作り出すこと」のように、自分の一番いい部分、大切な部分を思い出して確認することにこそ効果があったのです。自信をつけたり具体的な何かをするときのパフォーマンスを上げたりする以上に、自分自身をしっかり把握することによって、さらに人生の意義は豊かになるのです[17]。ある別の研究では、参加者があらかじめ「本当の」自分を表す特性と「他者の目を意識した」自分の特性を選択しました（ウィットがある、親切で優しい、知的、忍耐強い、冒険心がある、など）。その後、それぞれの特性が「自分である」か「自分ではない」かをすばやく判断するよう指示されます。本当の自分の特性を即座に「自分である」と判定した人ほど（そういう人ほどありのままの本当の自分とは何かをよくわかっていると考えられます）、自身の人生の意味や目的を高く評価する傾向にありました。

同様の実験では、「表向きの自分」を表す言葉と「本当の自分」を表している言葉（多くの人にとって両者の間にはいくらか違いがあるものです）では、無意識のうちに後者の言葉にふれるようにした人のほうが、意義や目的意識をより強く持てるという結果が出ています。

こうした結果を総合してみると、自分はどんな人間なのかという自己像を少しの間振り返ってみる、あるいは書いてみるだけで、自分の本質を確認でき、体現できることがわかります。自己肯定が効果を発揮する鍵は、真実に基づいていることです。真に最高の自分、一番果敢《かかん》な自分とは、ただ気合いで自分を奮い立たせたり、「自分は誰よりもこの仕事ができる」「私は勝つ」と唱えたりすることではありません。自分の価値観、特性、強みをフルに発揮でき、それを自身の行動や人とのかかわりの中でみずからありのままに表せるとわかっている――こうした経験を通じてこそ人は自信に満ちた果敢な自分を出せるのです。自分のストーリーを信じるとはそういう意味です。自己肯定とは、突き詰めると自分のストーリーを自分の中で明確にとらえる行為であり、それによって、素《す》の自分が自然と言葉や行動に表れていると思えるようになるのだといえます。

自分のストーリーを自分の中でどう語るのかも重要です。ナラティブ《物語的》アイデンティティ（人生で起きるできごとの受け止めかた）に関して、五〇代と六〇代の人を対象に聞き取りを行なった最近の研究があります。五〇代から六〇代といえば、仕事や家庭、健康面で変化が訪れるステージであり、自分の人生について深く考える時期です。聞き取りのほかに、参加者の身体面と精神面の健康状態を四年間かけて調査しました。

聞き取りでそれぞれの参加者に自分のライフストーリーを話してもらったところ、物語としてのテーマは四つに分けられました。主体性（自分の人生を自分で舵《かじ》を取って動かしていると感じている）、共同性（人生を人との関係でとらえる）、救済（困難があってもそのおかげで考えかたが進化した、新しいことを学べたなどと感じる）、汚濁（ポジティブな状態がネガティブな状態に暗転したと感じる）です。

すると、肯定的な三つの枠組み（主体性、共同性、救済）にあてはまる形でストーリーを話したグループは、その後の調査で前向きなメンタルヘルスを維持したという結果が出ました。反対に自分の人生を汚濁の文脈で話した人は、そうでない層にくらべ精神面の健康に不安定な面がみられました。そしてライフストーリーの語りかたと健康の相関性は、大きな病気や離婚、大切な人との死別といった苦しみを経験した人ほど大きかったのです[18]。

本当の自分を発揮するには、自分はこういう人間であるという自己認識のストーリーを把握するのに加え、そのストーリーをどう話すのかも大切です。自分にとって大事なものは何かを問いかけることは必要ですが、自分を表すストーリーを自分に、そして他者に、どう語るかも同じように大切なのです。

真に最高の自分を表現する

真に最高の自分を知り、信じることで、大きなチャレンジを前に自信を失うような脅威に見舞われても、乗り越える力が生まれます。ただし、それだけで困難な状況でも本当の自分を発揮できるわけではありません。最高の自分とは何かがわかったら、それをどうすれば表現できるかを見つけなくてはいけません。

若い日本人女性、マリコの例を紹介しましょう。マリコは大手企業に勤め、国連が支援する会議で講演をすることになり、準備を進めていました。普段は自分に自信を持っているほうですが、「いつもと違ってストレスに押しつぶされそうになり、心臓が激しくドキドキしていた」といいます。そこで、もっとスピーチを練習しなくてはと考え、これでもかというほどひたすら練習を繰り返しました。それでもわきあがる不安は消えません。すがるような思いで、信頼しているアドバイザーに助けを求めると、こう言われたのです。「どうしてずっと発表の練習を繰り返しているの？　プレゼンテーションで一番大事なのは、普段どおりのあなた自身でいることでしょう」そう言われて、マリコは準備をすることにエネルギーを使い果たしている自分に気づきました。念入りに準備をしても不安が消えないどころか、本来の自分でいることに心理的なエネルギーを注げなくなっていたのです。

「念入りに準備しているつもりが、空回《からまわ》りしていたのです。どうすれば自分らしくいられるかというのが、ほかの人に対しても自分自身に対しても、一番大きな伝えるべきメッセージなのだと思います」そう話してくれました。

本当の自分を発揮するためには、自分を知り、他者に向けて自分を表現するだけでなく、その自分に忠実に行動しなくてはなりません。一九九二年、心理学者のウィリアム・カーンは職場におけるる心理的なプレゼンスについての研究で、達成には四つの側面が必要であると指摘しました。正しく状況に向き合い受けとめること、相手に心を寄せ共感すること、自分のなかのさまざまな側面を一つにして対処すること、そして相手や状況に対して自分のすべてを注ぐことです。[19]

カーンはこう書いています。「これらの側面がひとつになったときに、真の意味でいきいきと仕事をするとはどういうことかが明確になり、仕事上の自分の役割を果たせる。その結果、その人にとって仕事が自分のものになり（自身のアイデアや労力で貢献できる）、他者とわかりあえ

（心を開き共感できる）、自分自身も見いだせる（成長と学びが得られる）。こうしたありかたは、仕事に積極的にかかわる行動として表に表れる」[20]カーンは次のような例を挙げています。

建築事務所でプロジェクトマネジャーをしている女性が、製図担当者と一緒に仕事をするケースを例に考えてみたい。あるとき、比較的難しくないはずの図面に製図担当者がてこずっていることにプロジェクトマネジャーが気づいた。期限が迫ってきたので、製図担当者のところへ出向いて話をしてみることにした。マネジャーは話をしながら、手にぐっと力を込めている自分に気がついた。いらだちとフラストレーションを感じているしるしだ。製図担当者にだけでなく、厳しい仕事の納期と、それを求めてきた副社長に対してもそう感じていた。担当者に仕事の件をたずねてみると、てこずっていらだっているのはその業務についての情報不足が関係していると言いたいようだった。そこでマネジャーはさらに担当者に質問してこれまでの過程を整理させ、システム全体で情報が不足している（クライアントと副社長が作ったものだった）ことを冗談めかして指摘して相手の気持ちを和ませ、担当者の言うことにももっともな部分があると認めたうえで、見落としている関連情報もあることを伝えた。そして問題の全体像をとらえる方法を提案し、ここまでの進捗についてフィードバックを返した。このやりとりの間、マネジャーは自然体で、伝えたいことは率直に伝えられ、相手に心を寄せていた。[21]

真に最高の自分で臨むと、いい成果につながります。会社は社員が安心して最高の自分を発揮できる環境をつくる重大な役割を担います。ダン・ケーブル、フランチェスカ・ジーノ、ブラッドレイ・スターツによる研究では、参加者にある作業を始めてもらう前に、自分の個性について考える場を設けました（たとえば「これこそ自分の得意分野」と、水を得た魚のように何かをできた経験を思い出してもらい、その上で自分のロゴをデザインしてもらう）。すると、「自分らしい自分」でいられているのをより強く実感できたといいます。[22] その結果、のちに取り組んだ作業でも満足できる結果を出せ、かつ効率よくこなし、ミスも少なかったのです。

新しい従業員を迎えたとき、組織のアイデンティティや要求ばかりを強調して組織になじませようとし、個人のアイデンティティや要求には目を向けようとしない組織があります。働く個人がその人らしさを表に出すのをよしとしない組織さえあります。ですが、先の研究結果は、働く人がそれぞれの個性を仕事で発揮できると満足度が高まり、よい結果が出せることを示しています。

目の前の状況に自分が主体的にかかわっていることを実感する利点は、西洋的な個人主義の文化以外でもあてはまります。同じくダン・ケーブルらがインドのコールセンターで行なった研究では、新しく入るスタッフに半日の研修を受けてもらいました。研修は三つの種類を用意し、最初のグループは新人たち自身の「最高の自分」に焦点を当てたワークショップに参加します。具体的には、この仕事に自分ならではの強みをどのように発揮できるかを考えて書き出し、各自の答えを一五分間でほかのスタッフと共有します。そして自分の名前が入ったフリースとバッジを受け取ります。もう一つのグループの研修は、新しく一員となる組織に誇りをもってもらうことに主眼を置いた内容です。企業文化について講義を受け、会社のどんな部分に誇りを感じるかを書き出し、それぞれの回答を同じように一五分間で共有します。最後に受け取るのは会社名の入ったフリースとバッジです。三つ目のグループは比較対象とするため、通常の基本的なオリエンテーションを受けました。

結果は、最高の自分を発揮して強みを生かすよう研修を受けたグループが、ほかのグループよりも高いパフォーマンスをみせ、顧客満足度調査で高い評価を得ました。また、勤続期間も長い傾向にありました。離職率の高いコールセンターの仕事では大事な点です。

さて、プレゼンスとは何であり、実際の生活でどう生きてくるのかについて、だんだん実際的な中身のある定義ができてきました。真に最高の自分を知り、信じ、表現し、主体的にそうあろうとすること、とりわけチャレンジが必要な場面に臨む前にそうすることで、社会的に拒絶されることへの不安が和らぎ、他者に対してオープンな姿勢でいられます。それが、真に自分を発揮することにつながるのです。

プレゼンスをもって「ふるまう」?

これまで、大きなチャンスや重大な場面を前にしたときに、周りから「普段どおりのあなたでいれば大丈夫」と言われた経験のある人は多いのではないでしょうか。私たちは直感的に「確かにそのとおりだろうな」と思います。自然にふるまえればいい結果が出せるし、相手もいい反応をみせてくれるでしょう。でもここで鍵になるのが「ふるまう」という部分です。突き詰めれば、「そのままの自分でいる」といっても、他者がそこにいる時点で、それ自体が人に見せること、見られることを前提にしたパフォーマンスだともいえます。パフォーマンスというと巧みな技巧《ぎこう》と結びつけて考えがちですから、ありのままの自分でいる状態、プレゼンスと相反するように感じるかもしれません。とはいえ、卓越《たくえつ》した音楽家や踊り手がパフォーマンスの最中、こちらが圧倒されるほど自分自身を存分に発揮しているのは間違いありません。まるで電荷《でんか》を帯びているかと思うほどです。こうした卓越したパフォーマーが、プレゼンスについてなんらかのヒントを示してくれそうです。

私はライブで音楽を聞くのが大好きです。今までにどれだけの時間をライブやコンサートに費やしてきたか、ちょっとここでは明かせないくらい、ごく小さなバーから巨大スタジアムまで、そして無名のインディーズバンドから伝説のロックスターまで、とにかくたくさん足を運んできました。ぴたりとはまる瞬間は本当に夢中になります。私にとって、ライブ会場でのこれ以上ない一体感ほど至福を感じるときはありません。このこれ以上ない一体感はどこからくるのでしょうか？　ミュージシャンがすべてを注ぎ込んで演奏しているとき、頭や身体のわずかな動きも含めた動作のすべてが、リズムとメロディはもちろん、音楽の真髄《しんずい》と調和しています。断片をつなぎ合わせながら自身の動きをとらえているのではありません。「ここはGコード、頭はやや左に傾けて、左足に体重をかけ、そのままで四カウント」などと考えてはいません。演奏する人が素のままの自分を表現しているとき、聞く者は心動かされ、夢中になり、深く納得します。ミュージシャンがありのままの自分を表現していると、私たちも一緒にありのままの自分になれるのです。

ミュージシャンの友人、ジェイソン・ウェブリーは以前、いい演奏とは何回でも再生して見直せる映画みたいに感じるのではなく、いま、自分のためにここで初めて披露されたような気がするものだ、と表現しました。「プレイしている人が少し不安そうに見えたって構わない。自分がしてることが好きでやっている、そういう人が見せてくれるリアルなものを見てる、ってことを感じたいんだ。そうすると自分がいま見ているもの、聞いているものが本物なんだって思える。

プレイしている人を信じられるんだ」

　踊りの世界も同じです。卓越した技術だけでは、バレエ団のトップダンサー、プリンシパルまで登りつめることはできません。ファーストソリストやセカンドソリストとして華やかな実績をあげるところまではできるかもしれません。でもプリンシパルになると、完成されたテクニックにとどまらず、自身と音楽、役柄、パートナー、ステージに立つほかの踊り手、そして観客までをも一体にします。ただ演じ、見る人を楽しませるだけではないのです。見る側もそれを感じとりります。でも観客はなぜそう感じるのか説明できないかもしれませんし、技術的にずば抜けているからだろう、とテクニックの問題だと受けとめてしまう場合もあるでしょう。プリンシパルは、共に踊る踊り手や観客を含む、あらゆる人を納得させなければいけないのです。

　ミッコ・ニッシネンはボストン・バレエ団の芸術監督を務めています。フィンランドで生まれ育ったミッコは、九年間プリンシパルを務めたサンフランシスコ・バレエ団をはじめ、世界のさまざまなバレエ団で踊ってきました。私自身がかつてバレエをやっていたこともあり、プレゼンスについてぜひ彼に話を聞きたいと思っていました。「新しい、慣れない経験をすると、疑問が生まれ、疑念が頭をもたげて、そうなると心がその場から離れてしまう。プレゼンスを手にして本当の自分でいられれば、それはその場にいるという強さになるんだ。バランスのとれた安定した状態でその場にいられる。自分を守ろうとしていないからだ。ただそのままの自分でそこにいる。その意味ではそれが自分の本当の姿だといっていいかもしれない」ミッコは例として、偉大な振付家ジェローム・ロビンスが振り付けた作品をミハイル・バリシニコフが踊るのを見たときの話をしてくれました。ミッコはその一年前、バリシニコフが同じ作品を踊るのを見ていました。バリシニコフにとってはまだ踊りだして日が浅い、新しい作品だったころです。技術的には完璧でした。が、一年後に再び見たときは、それを超える境地に達していたといいます。「何というか……それまでの概念を大きく変えるような瞬間だった。すばらしい踊りで、それは一年前もそうだった。でも一年後のそのときは――ミハイルのプレゼンスの力で、エネルギーが満ちていたんだ、その――」ミッコは言葉を探すように口を開いたまま、両手は宙に止まっています。どこにエネルギーを感じたのでしょう？　バリシニコフと観客の間に？　バリシニコフと音楽の間？「彼が観る者をつなげてくれたんだ……そう、すべてと！　空に届く橋をかけたようなものだ！とにかく信じられないような体験だった。今この瞬間に存在することの境地を、プレゼンスを完全に自分のものにしていたんだ」

先日、直感的なプレゼンスの達人だと私が思っている、ある女優と話す機会がありました。「直感的」といっても、たとえばプレゼンスの境地に達するまでの過程で直感的に体得できた部分があったとしても、初めから難なく実現できたという意味ではありません。経験を重ねながら、自然にできるようになっていったのです。そこに至るまでの過程は、私たち誰もが学べるものです。

私がこのテーマについて研究し、思いを巡らせるようになって数年が経《た》っていましたが、改めて彼女と話し合ってみると、それまで検証してきた研究結果をまさに体現している人と話しているように感じました。頭が切れて鋭くかつ温かく、話していると表情が輝き、私の方へ身を乗り出す。目の前の会話に心を注いでいるのが目に表れ、共感し合えた喜びにうなずき、笑顔がこぼれる。私たちには共通する認識がありましたが、彼女は私にはできなかった形で、プレゼンスの本質を引き出してくれました。

話をしたのは彼女の自宅のキッチンでした。話している間も、家族がたびたび行き来し、お皿を洗ったり、残りものを食べたり、外へ出してほしいと犬が吠えたり近所の人がやってきたりします。あまりに普通の日常の光景で、話の内容が違っていたら自分が偉大なハリウッド女優と話していることを忘れてしまいそうなくらいでした。

どんなときもありのままの自分を表現できるジュリアン・ムーアに敬意を抱いているのは私だけではないでしょう。この二カ月後、ジュリアンは若年性アルツハイマー病を発症した女性を演じた「アリスのままで」でアカデミー賞主演女優賞を受賞しました[23]。

タイム誌に寄せた同映画のレビューで、リチャード・コーリスはジュリアン・ムーアをこう評しています。「日々記憶を失っていく悲しみを描いた話を、アメリカが誇る女優は勇敢な戦いの物語にしてみせた……主人公のアリスはムーアという完璧な演じ手を得た。ムーアはどんなときも恐れず、かつ完璧にきめてくる[24]」また、二〇一二年に出演した「メイジーの瞳」で監督を務めたデイヴィッド・シーゲルはこう述べています。「ジュリアンは演じる際、目の前の今に集中することを非常に大事にします。……でも演じ終わるとそこで切り替え、引きずらないのです[25]」恐れず本番に臨み、不安にとらわれずに演じ、悔いなく去る、ということなのでしょう。

ジュリアンとの対話は四時間におよびました。女優という仕事におけるプレゼンスの意味について聞くのが目的でしたが、少し話すとすぐに、彼女がプライベートでも同じようにプレゼンスを体現していることに気づいたのです。フランネルのシャツにレギンス、ウールの靴下という姿の彼女が、変わらない美しさでそこにいました。前夜に自宅でパーティを開いたときに使ったというキャンドルホルダーを洗いながら、朝食前にカップケーキを食べるべきかどうかについて夫と娘と茶目っ気たっぷりに議論をかわし――「そもそもカップケーキってパンケーキとそんなに違う？」と言いながら（カップケーキは勝利を収めたのでした）――、高校卒業を控えた息子とはどの大学を見学に行こうかと話し合い、そして子育て中の親ならではの情けないエピソードを私と披露しあい、一緒になって笑う。そんなふうに時間は過ぎていきました。

後日、インタビューの書き起こしを読んだ私は焦りました。四時間のうち半分は、他愛《たあい》ない世間話をとりとめなく話しているのです。しかもジュリアンと同じくらい私もしゃべっています。まず頭に浮かんだのが「どうしてこんなに話が脱線できるんだろう」、そして「彼女の時間をこんなにむだにしてしまった」という思いでした。が、やがて納得したのです。こうして自然に会話が流れていくのも、目の前の今に向き合う力、そして周りの人もそこになじませてしまう力の表れなのです。

プレゼンスとは何かを話し合っている場面では、どちらが本を書こうとしているのかわからなくなることもありました。

私はたずねました。「人と一緒にいて本当の自分でいられなくなるのは、何が妨げになっているときだと思いますか？」

ジュリアンの答えはこうでした。「自分らしくいられていると実感できないのは、見られているのを感じられないときじゃないかしら。誰も自分を見ていないときに自分の存在を実感するのは不可能です。そしてこれは無限ループになってしまいます。他者に認められなければ、ますます自分が存在していないような気持ちになるからです。自分の居場所がないというか……。反対に、一番自分の存在を感じられるのが注目されているとき……いつでもほかの人の存在が自意識を裏付けているんです」子どものころ、ジュリアンは自分に注目が集まるのが好きではなかったものの、誰でもそうであるように、存在には気づいていてほしい、自分をわかってほしいと思っていたそうです。当時、彼女の家は引っ越しが多く、新しい環境に身を置くたびに必ず、先生やほかの生徒に自分は気づかれていないという感覚を抱いたといいます。そして新しい場所へ行くたび「ここで私が何者なのかがわからない。自分でみつけなきゃいけないんだ」と言い聞かせていたそうです。

見知らぬ土地へ移ることは、新たなチャレンジでした。そして新たなチャレンジをするたびに、真に最高の自分を見つけ、確認する必要がありました。自分がそうできなければ、誰の目にもとまらないままです。

私はもう一つたずねてみました。「見られることのほかに、俳優にとってプレゼンスとは何ですか？　どうやってその場で素の自分を出せるようにするのでしょうか？」

「プレゼンスの鍵は——学校でも言われることですが——リラックスすることです。でも、たとえば今あなたが一八歳で、演劇学校に通い始めたばかりだったら、リラックスしてと言われても、『そんなこと言っても緊張と不安しかないのに——怒り、苦悩、涙があふれそうで……』と思うはずです。そして一八のときのそこからスタートして、何年か経つうちに、感情や気持ち、ニュアンス、プレゼンスを自然に表現できる鍵は何なのかに気づくんです。リラックスすることなんだ、って」

事前の準備についてもたずねてみました。ジュリアンが事前の準備を大切にしているのは明らかです。役作りをしていく中で、演じる劇中の人物のさまざまな身ぶりや細かなしぐさを事前に確かめておきます。こうした動きがその役柄の性格やそのときの心情を表していることを、心理学を学んだジュリアンは承知しているのです。「カメラの前で実際にそれが出せるように準備していきます。準備できていないと、すごくうろたえてしまいます。自分を見失ってしまうんです」ただ、準備していくことがすべてではないのも承知しています。トーク番組「アクターズ・スタジオ・インタビュー」で彼女はこう語っています。「演技の九五パーセントは現場で決まります。……この役がどんな人物なのかの感覚をつかんで、それで撮影現場へ行って、カメラの前で体現したいんです[26]」

ここで、準備するという点について広くとらえてみましょう。ときどき、私が事前に準備するのはやめてぶっつけ本番でいくのを勧めていると誤解されるのですが、そうではありません。伝えたい、表現したいことの中身について考えてみなければ、自信をもってその場で本当の自分を出すことはできません。『イノベーション・オブ・ライフ――ハーバード・ビジネススクールを巣立つ君たちへ』の共著者カレン・ディロンは、面接に臨む際に意識すべき点について、ハーバード・ビジネス・レビュー誌の記事で次のように書いています[27]。一つには、面接でよく聞かれる（かつ、思わずいらだってしまうほど漠然とした）一〇ほどの質問について「短い物語」をまとめてみること。たとえば「あなたを採用すべき理由は？」「この職に自分がふさわしいと思う理由は？」などに対してです。また、できれば聞かれたくない質問への答えも念のため用意しておくこと。台本のように答えを用意して暗記するという意味ではありません。答えの中身、話す内容について認識しておくことで、どんな展開になるのだろうという不安にとらわれず、目の前の状況に合わせて対応できる、というわけです。

つまり、事前の準備は当然大切です。ですが、ある程度までできたら、内容の準備をするのはやめて、気持ちの持ちかたを準備してみるのです。言い換えれば「何を話すか」から「どう話すか」へ移行するということです。

とはいえ、何を期待され求められるのか方向性が見えない状況もあります。不安になりますし、準備のしようもありません。うまくやりたいと思う、大事なことであればなおさらです。こういう場合はどうすればいいのでしょう?

ジュリアンは一瞬考えてからこう答えました。「トッド・ヘインズ監督の『SAFE／セイフ』のオーディションを受けたときのことです。台本を読むとすごく心に響いてきて、絶対にこの役をやりたい、と思ったの」でも監督がその役をどうとらえているのか、ジュリアンにはわかりません。監督が望んでいるイメージに合わせて準備したうえでオーディションに臨むことができません。「ブロードウェイを歩いてオーディションへ向かったことを覚えています。ホワイトジーンズに白いTシャツを着て――色のついていない、まっさらな状態でいたかった。それでこう考えました。『私の演技を監督がいいと思わないなら、私は役に合っていないってことだ。監督がイメージした声とは違うってこと。私にはこう聞こえたんだもの。監督も同じ声を聞いていれば、私を演じ手に選ぶ。監督が違うものを求めるなら、それは私にはできないということだ』って」心からそう思って受け入れていたこと、そこにフラストレーションはなかったことが伝わってきました(結果は、映画を見た人なら知っているとおり、ジュリアンとヘインズ監督は同じ声を聞いていたのです)。

このように、役を演じる「器」になるときでも、ジュリアン自身がいつわりなく自分に誠実でいられてこそ、いい仕事ができるのです。

準備のしようがない課題については、こんな話もしてくれました。「『自分のベストを尽くせばいい』っていうでしょう。あれだってじつは足かせかもしれない」そもそもどういう意味なのか、というのです。ベストになれ、つまり「最高であれ」? 何を期待され求められるのかわからなければ、ベストになりようがありません。「私は、つまるところ、一番真実な自分でいる、自分という存在そのものでいる、ということだと思う。やりきるの。自分自身をぶつけるの」
「ありのままの自分でぶつかって、それでうまくいかなかったときはどうなりますか？」私は聞いてみました。

一九九九年の映画「ことの終わり」の撮影の終盤で、ジュリアンが泣きながら恋人に身体をあずけるシーンを撮ることになっていました。「でも、できなかったの。どうしてもできなかった。何回もやろうとして、だめで、またやり直して、それでもできなくて。撮影はほとんど終わっていて、それがラストから二番目くらいのシーンだった」

監督のニール・ジョーダンは、いったん外して休憩したらどうかと言ったそうです。「君は一本の映画を最初からほぼ最後まで撮ってきたんだ。このシーンが今うまくいかなくても、ここまで見せてくれた演技がだめになるわけじゃない」そう言われ、ジュリアンは気づいたといいます。「ときには壁にぶつかる、ってこと。それでいいんです。落ち込んだ気持ちになったとしても、なるがままにしておけばいいんです。だっていずれその気持ちはなくなります。気持ちというのはそれほど長く持続するものではないし」

後悔も、考え込むこともしない。恥だとも思わない。この次うまくできないかもしれないという不安も持たない。そしてもちろん、そのシーンは後にしっかり形になっています。

インタビューが終わりに近づいたころ、ジュリアンはこう言いました。「泥の中で足をとられてもがいているような気がするときもあります。どこにもたどり着けなくて、でも逃れられない。かと思えば、『力を出せてうまくいった』と感じることもある。そうじゃない？　すごくいきいきした気持ちになってくる」

「だからやるの。だから俳優は演じる。こういう瞬間って——大げさに言うわけじゃないけれど、何か超越したように感じるんです」

でも「自信を失って心が弱っているときは、不安でいっぱいで本当の自分を発揮できません」とも言います。「それにすごく自分を守ろうとしてしまう。心が傷ついたり屈辱を受けたりしないように自分を守っていたら、プレゼンスは実現できません。自分を固めて守っているのだから」

そしてひと呼吸おいて、こう言いました。「パワーね。やっぱりパワーを持てるかどうかなんじゃないかしら？」

パワー？　プレゼンスとは、結局は「力」を言い換えたものなのでしょうか？　そうだとすると、いろいろと説明がつきそうです。

私はたずねました。「自分はありのままの自分でそこにいて、これからその場面に臨む準備ができていても、共演者がそうでない場合はどうしますか？」

「これからやることがもうわかっていて、それをとくにほかの人と一緒にやるわけではなく個別にやる、そういう人もいます。そういう人と目で通じ合うことはできないし、わかりやすい形でわかりあうことはできません。演じるというのはやりとりの連続でしょう？」

「何かわくわくするようなことが起きる場面、次に何が起こるかわからないような場面というのは、人が二人いて、どちらもありのままの自分でいて、つながり合い、何かを持ち寄る、そういうときです。それが……そういう場面が、超越するってことなの」一緒に演じる相手が積極的にかかわってこない場合でも、プレゼンスの力はそれを乗り越えられる。ジュリアンはそう言います。

「自分がプレゼンスを体現してありのままの自分でそこにいれば、ほかの人も本当の自分をあなたに見せたいと思うものです。こちらから聞けばいいだけ。誰も秘密にはしません。誰もね。初めは抵抗があっても、やがて心の内を、人生を語ってくれるようになる。それは、人にはほかの人に見てほしいという気持ちがあるからなの」

それを聞いて、私は答えました。「あなたが本当の自分でいることが、ほかの人にもそうさせる、そんな気がします。プレゼンスというのは、自分がその場を支配して優位に立つことではなくて、むしろほかの人の声に耳を傾けられるようになることなんですね。そして相手は聞いてもらえていると感じる。だから相手も本当の自分を出せる。相手がパワーを感じられるように後押しできるんですね。何か形のある権威や権限を与えるのでなくても」

一瞬、間をおいて、ジュリアンの顔がぱっと輝きました。「そう！　そうなったとき――ありのままの自分がありのままの相手を引き出したとき、自分のプレゼンスが相手のプレゼンスを引き出したとき――すべてがいきいきとまわり出すの」

presence 第3章

説教をやめ、耳を傾けよう——プレゼンスがプレゼンスを呼ぶ

みずからの光を輝かせることで、私たちはほかの人を輝かせることができるのです。そしてみずからの恐れから解放されることで、私たちの存在《プレゼンス》はほかの人も解放できるのです。

——マリアン・ウィリアムソン

一九九二年春、ある日の夕方、ボストンの小さな教会に続々と集まる牧師の姿がありました。街でギャングによる暴力と殺人が急増していて、対策を話し合うために集まったのです。一年で七三人の若者が命を落とし、その数は三年前とくらべて二三〇パーセントも増加していました。人々は憤《いきどお》り、打ちひしがれていました。街全体をのみ込む暴力の渦中《かちゅう》で、わが子の命が奪われないかと恐れながら暮らしていたのです。課外プログラムを増やす、安全確保のため保護者主導で学校を封鎖する、警備を強化するといった策を講じても、改善のきざしはみえません。集会が開かれた前の週には、殺された一〇代の若者の葬儀が同じ教会で行なわれていたところを一四人のギャングが襲撃し、青年が九回も繰り返し刺される事件があったばかりでした。

この集会に参加していた一人が、バプテスト派の若手牧師、ジェフリー・ブラウンでした。地域に来てまだ日が浅く、起きている問題にもなじみがありません。アラスカ生まれで陸軍士官を

父にもつ牧師は、基地を転々とする子ども時代を過ごしました。ペンシルベニア州中部の大学を出た後、神学校に進むためボストンへ移ってきました。その夜、ジェフリーは三〇〇人を超える牧師とともに集会に参加しました。ボストン全体がそうでしたが、自身のコミュニティが危機にあったからです。しかし牧師はギャングも犯罪も扱ったことはありませんし、なぜそれらがここまで広がっているのかもまったくわかりません。

集会の後どうなったのか、ジェフリーはこう振り返ります。

「どうなったかというと、牧師が大勢集まれば必ずこうなる、という展開ですよ。とにかく話し合う。次の火曜日にまた集まって話し合おう、と決める。その次の火曜日も集まる。それから地域の人も呼ぼうということになって、教師、保護者、警察も一緒に現状を話し合う。で、二カ月が過ぎてどうなったかというと、いくつかの委員会に分かれようっていうんですよ！　ああ、これはだめだ、と思いました。何も決まらないし進まないから委員会を立ち上げようと言い出したら、これはもう別の方法を探さなきゃいけないときなんです」

「そこでユージン・リヴァース牧師がこう指摘したんです。『待てよ、まだ話を聞いてない人がいるんじゃないか？　いま、何がどうなってるのか、若者本人の口から話を聞いていない』そうしたらほかの連中が『わかった、じゃユージンをストリート委員会の委員長に推薦しよう』と言ったんです。これはからかっていたんですが、ユージンはひるまなかった。『わかった、じゃ金曜日に僕の家でやろう』と。そして金曜日、一三人が集まりました。ユージンが住んでいたのはフォーコーナーズといって、当時まさに問題の中心、ボストンでもかなり治安の悪い、暴力沙汰《ざた》の絶えない地域でした。みんなが集まるとユージンは『よし、行くぞ！』と言うんです。『どこに行くんだ？』と聞くと『外にだよ！』」

この「外」は、当時のジェフリーにとって、あまりかかわりたい場所ではありませんでした。ジェフリーは大学でコミュニケーションを専攻し、聖職についてからは大規模な教会の牧師になることを目指していました。当時全米で数を増やしていた、大勢の信者を抱える郊外の教会で、牧師として成功と繁栄の教えを説くのです。この少し前に、ジェフリーに牧師として何がほしいかとたずねたら、「信者を何千人も抱える教会と、自分の説教を流す専用の番組、そのほかとにかく何でもです」と答えただろうと振り返ります。ギャングの抗争はジェフリーが見ている世界の外にありました。

もちろん、毎週日曜のミサでは、地域で起きていることにふれないわけにはいきません。「教会の説教壇の上で、暴力はいけないと説きましたよ。で、説教を終えると車でさっとそこを離れて、安全な地域にある安全な家に帰るんです」

しかし流血の暴力は身近に迫り、絶望が広がっていきます。ある日、ジェフリーは殺された一六歳と一七歳の若者の葬儀を執り行なうことになり、何か意味のあることを話したい、何かを変える力のある、心に届く言葉を伝えたいと悩みました。「若い牧師として私が学んできた知識は無力でした。死について考える講義を受け、儀式の意義を学び、人のなぐさめになる言葉とは何かを学んできました。でも若者が銃弾に倒れたとき、何もできることがなかったのです。そのショックをさらに大きくするのが、目の前に若者が大勢座っていて、みんなこうした殺人事件をすでに身近で経験してきているという事実です。だから不安でした。こうした若者に語りかけて、彼らと心を通わせようとするのが。とにかくうまくいきませんでした。葬儀で何か言っても、彼らの耳には届いていなかった。ただぼんやりとうつろな顔をした子もいました。現実に起きたことに動揺しているんです。怒りを抱えている子もいました。そういう怒りが集まって表に出てくることもありました。復讐という形で表れるんです」

同じように悩んでいた牧師仲間たちが、自分も何かしたいと声をかけました。ジェフリーはまだ若く、暴力でコミュニティを崩壊させている当人たちや、その暴力で命を落としている若者たちとそれほど歳も離れていません。彼らと関係を築くことはできなかったのでしょうか。若者たちを理解する糸口はつかめなかったのでしょうか。「なかなかできませんでした。私にとっても、仲間の牧師にとっても同じように未知で異質の世界だったんです」

そんなころ、ジェフリーは夢を見ました。夢のなかでイエス・キリストがオレンジ色のスーツに赤いシャツ、紫のネクタイという姿で現れたのです。イエスはジェフリーを立派なオフィスに案内したあと、大きなベンツに乗せて邸宅へ連れて行きました。そして彼のほうを向いて「どう思う？」とたずねたそうです。「すごいですね」と答えると、イエスはじっと見つめて言いました。「これが本当に私だと思うか？」そこで目が覚めました。

「同じ夢を何回か見たんです。だから、何かがおかしいんだなと思いました。これは何かのメッセージなんだろう、何か方向性が間違っているのを伝えているんだろう、と。でもすごく重い気持ちでしたよ。どうしたら問題の若者と気持ちが通じるのかわからない、自分は何をしているんだろう、と思っていましたから」

ともかくもっと必死になって地域の問題に取り組まなくてはいけない、とジェフリーは気づきました。助けを必要とする若者に向けて、教会のプログラムを新たに立ち上げました。「ラップのリズムで説教をする、というのも試してみましたよ」と笑いながら振り返ります（若い信者の一人が親切に「あれはもうやらないほうがいいですよ」と言ってくれたとか）。地域の高校生と会って話す場もつくりました。でもギャングのメンバーや麻薬の売買をしている若者はそもそも学校へ来ないため、接触することができません。ほかにできることは何だろう？　ジェフリーは行き詰まりました。

牧師たちが最初に集会を開く少し前、ジェシー・ミッキーという二一歳の青年が教会の近くの通りで殺されました。ギャングの若者らがジェシーを呼び止め、着ていた革のジャケットを奪おうとしたところ抵抗されたため、六回にわたって刺し、ジャケットを奪って逃げたのです。教会の入口にほど近い場所で、ジェシーは息絶えました。

「ジェシーに会ったことはありませんでした。葬儀のとき、初めて両親に会いました。若手の牧師だし、若い世代と一緒にあれこれやっているのを知って呼んでくれたんだと思います。追悼の夕べを執り行なって祈りを捧げてもらえませんか、と言われました。もちろんやらせてください、と答えたんですが、内心かなり不安でした」

地域の人の顔はたいてい知っているつもりでしたが、その夜、凍《い》てつく寒さのなかでジェシーのために祈りを捧げていると、見たことのない人が大勢いるのに気づきます。多くが、ジェフリーの家にも近い公営住宅で暮らしている人たちにもかかわらず。「その後でジェシーの家へ行き、みんなでジェシーの思い出を話し合っていました。近くに住む人が大勢集まっていたんです。私は早くその場を離れたい気持ちでした」

すると、ここで思いがけないことが起き、ジェフリーはとまどいます。集まった人たちがジェフリーのもとへやって来て、握手を求めてきたのです。「私は祈りを捧げただけで、ほかには何もしていません。そこにいる人たちのためにプログラムを提供したわけでもないし、礼拝をしたわけでもない。ただ、ただ祈りを捧げてその場にいただけです。それなのに握手を求めてくれたんです」ジェフリーはそのことが頭から離れませんでした。家に向かう車の中でも考え、ベッドに入っても考え、そうして繰り返し頭に浮かんだのは「今日自分がしたことこそが牧師のつとめなのだ」という思いでした。

その後まもなく、ジェシーを殺害した三人が警察に逮捕されました。みな二〇代半ばで、ジェフリーよりわずかに若いだけです。「それで思ったんです。確かに彼らは凶悪なことを平気でする連中だ。でも歳も自分とそれほど変わらないなら、どうしてこんなにかけ離れているんだろう？　私も黒人、向こうも黒人だ。私も都会に住んでいるし、向こうもそうだ。じゃ、どうして？　わからない。そんな考えがぐるぐるめぐっていました。相談できる相手もいなかったんです。ほかの牧師に相談しようとしても、自分の教会を大きくすることしか頭になく、『今月どれくらい信徒が増えた？』なんて話ばかり。私は『そんなことどうでもいいだろ？　若い子が殺されてるんだぞ！　何かしないとまずいだろ？』そんな感じでした」

ジェシーの件はジェフリーにとって転機になりました。問題への向き合いかたに、本質的に欠けているもの、矛盾があったことに気づいたのです。「ギャングのメンバーである若者を、私は自分たちとは違う存在として扱っていました。私はコミュニティを立て直そうとしていましたが、自分が定義するコミュニティの門を彼らに対しては閉ざしていたんです。それでみんなに伝えました。コミュニティをつくるのなら、すべての人を含めたコミュニティにしなくちゃいけない。ギャングのメンバーみたいに、ほかの人が入れてほしくないと考えているような人も含めたコミュニティに、と」

牧師の集会を経て、その金曜、ジェフリーはユージン・リヴァース牧師の家へ向かいました。「ストリート委員会」の委員長が正しいとわかっていたからです。「外へ出て」答えを探すときが来たのです。

「みんなで通りを歩いてみました。夜の一〇時から深夜二時まで。銃声がしょっちゅう聞こえました」次の金曜、現れた牧師は一三人から半分以下に減っていました。やがて、残ったのはジェフリーとリヴァース牧師を含めた四人だけになりました。四人にはなんとかしたいという強い気持ちがありました。「実際に通りを歩いて若者と話をすることが、何かのために必要なのはわかっていました。でもそれが何なのかがわかりませんでした」

■■■ その場に行くこと

深夜の街へたびたび繰り出すのは、牧師たちにも勇気と度胸《どきょう》が必要でした。招かれたわけでもなく、誰かに守られているわけでもありません。そして想像がつくとおり、最初から救世主として歓迎されたわけではありませんでした。それでも続けるうち、やがて地域の若者と心を通わせることができただけでなく、若者たち自身と協力して、ボストンの若者による犯罪を劇的に減らすまでになったのです。

他者と向き合うために必要なのは、まずその場に行くことです。文字どおり、実際にその場に足を運ぶのです。それまで、若者たちが実際にいる時間に彼らの縄張りへ出向いて話を聞いた人はいませんでした。ただ、もっといえば、大事なのはどういう姿勢でその場にいるのかです。理解したい、はたらきかけたい相手にどうアプローチするかなのです。

ジェフリーたちが夜ごと歩いていたのは、当時治安の悪化していたボストンでも有数の危険な地域でした。そこで出会う若者は、少なくとも外見上は、血も涙もなく怖いものなどないように見えました。普通なら直感的に、自分も負けないくらい強くタフな人間に見せよう、敵に回したら怖いぞと思わせようとするかもしれません。でも、この場合、それは賢い出かたではありません。こうした若者はつねに暴力と隣り合わせで生きています。力で対峙されてもひるんだりはしません。

ジェフリーたちはまったく逆のことをしました。暴力に対して、優しさと穏やかさ、そして彼らが何を思い感じているのかを心から知りたいという気持ちで接したのです。これは衝撃的といってもいいほどでした。若者たちは予想もしていなかったはずです。それまでの概念や常識を打ち破るアプローチでした。最初は若者の目に弱腰《よわごし》な人間だと映るかもしれないことはジェフリーもわかっていましたし、それで構わないと思っていました。それまで誰もやってみたことがないし、もしかしたらうまくいくかもしれないと考えたのです。

優しく、心を開き、興味をもって相手に近づくのが最善の方策なのは当たり前じゃないか、と思うかもしれません。でも現実には、私たちは人に接するとき、本能的に自分の力と支配を誇示する姿勢をとっている場合がじつに多いのです。私は心理学者のスーザン・フィスク、ピーター・グリックとともに一五年以上にわたり、初対面でどう人が互いを判断しているかを研究してきました。二〇カ国以上で調査した結果、共通するパターンがあったのです[1]。

私たちは初対面の人に会うと、すばやく二つの点を確認します。「この人は信頼できるか」と「この人は尊敬できるか」です。私たちの研究では、前者の基準を温かさ、後者を有能さとそれぞれ呼んでいます。

私たちは通常、会ったばかりの人に対して「有能というよりは温かい人」か「温かいというよりは有能な人」のどちらかで評価を下します。「温かさと有能さが同じくらい」とみなすことは通常ありません。どちらかに分けたいというのが人間のもつバイアスなのです。人と知り合うとまず、どちらのタイプかに分類します。ティツィアーナ・カシャーロは組織に関する研究で、両者をそれぞれ「愛すべき愚か者」「有能な嫌われ者」と呼んでいます。[2]

場合によっては、冷たくて能力もない「無能な嫌われ者」や、温かくかつ有能な「有能な人気者」もいます。「有能な人気者」は周囲から信頼と尊敬の両方を得ているため、何かを一緒に進めるにもやりやすく、仕事もはかどりますから、最高のカテゴリーになるわけです。

といっても、二つの基準を同等の重さで評価しているわけではありません。私たちはまずその人の温かさ、つまり信頼できるかどうかを評価します。こちらのほうが大事な基準だと考えているのです。オスカー・イバラらは、私たちが能力を示す語（クリエイティブな、技量のあるなど）よりも、温かさや人間性を示す語（親しみのある、誠実ななど）を先にすばやく認知し処理していると指摘しています。[3]

私たちが有能さより温かさを優先するのはなぜでしょう？　進化論の見地からすると、自分が生き延びるためには、相手が信頼に値するかのほうが重要だからです。信頼できない相手は、有能な場合はとくに危険をもたらす可能性があるため、距離を置いたほうがいいのです。人は能力のある人を評価します。能力が不可欠な場面ではとくにそうです。でも有能かどうかは、相手が信頼に値するかどうかを判断したあとで注目することなのです。

金曜の夜に牧師仲間と不穏な街へ繰り出し、ギャングの若者と互いに様子をうかがうようにしながら歩いた最初のころのことを、ジェフリーはこう振り返ります。「通りを歩いていると、向こうが私たちを見ているのに気がつきました。いくつか確かめようとしているんです。まず一つが、こちらの行動が気まぐれでなく一貫しているのか、という点。継続してここへ来るつもりなのかどうかということです。そして次に、自分たちを利用するために来ていないかという点です」問題のある地域に、「安全な地域を取り戻そう」のようなスローガンを掲げて外から人が乗り込んでくるとき、場合によってはテレビカメラや記者をともなっていたり、あるいは単に思い上がった自尊心を振りかざしたりするものです。ジェフリーの言葉でいうと、若者たちは「また大人の手口か？　俺たちのためと言っておいて、自分たちのエゴで思いどおりにしたいだけじゃないのか？」と考えるのだといいます。対話を持つには――互いに本当の自分で相手と向き合うには、まず信頼が必要なのです。

信頼ができると、若者は牧師たちの強さを測ろうとしました。「ここで起きてることに本気で取り組むつもりがあるのか、というのです。最初にこうしたことを話し合うときはかなり勇気がいるものです。相手が攻撃的になったり自己防衛したりするような会話に参加してもらうよう促して、なんとかそういう対話を辛抱づよく続けなくてはいけないですから。しかも、こちらも心をオープンにしなきゃいけない」

これを考えると、興味深い調査結果があります。学生や友人、組織の上に立つ人、アーティストなどに「信頼できる人と有能な人のどちらにみられたいか」と聞いてみると、有能とみられたいと答える人のほうが圧倒的に多いのです。じつはこれはもっともなのですが、二つ理由があります。まず、有能さのほうが具体的かつ実際的に評価可能な点です。有能かどうかは履歴書や仕事の実績、試験の点数などの形で具体的に表せるため、自分がどれだけ有能かは自分次第で変えていける、と思えるのです。また、信頼される、人として温かいという特性は自分以外の人に恩恵がありますが、有能さや強さは自分自身に直接利すると考えられているのも理由です。[4]

つまり、人は他者には温かく信頼できる人であってほしい一方、自分は有能で強いとみられたいのです。そして、前者のとおりになれば自分の安全を確保できますが、後者は痛い失敗につながる場合もあります。[5]

夏休みのインターン中、ＭＢＡの学生が身をもってこの失敗を経験する例を私は多く見てきました。インターンをしている学生にとって最終的なゴールは、卒業後にその会社で正式に働かないかとオファーを受けることです。二カ月半ほどのインターン期間は、自分がそのオファーを受けるに値する人物なのだと示す場であり、いわば二カ月半をかけた採用面接のようなものです。

学生たちはそれぞれ、大勢のライバルの中で自分が一番頭の切れる、仕事のできる人間だというところを周りに見せようとするのですが、意気込むあまり、その落とし穴には気づきません。じつは、冷たい、冷淡な人だと見られる可能性があるのです。仕事仲間や上司と親睦《しんぼく》を深める機会を逸してしまうかもしれません。あるいは困ったときに助けを求めると弱みを見せてしまう、能力が低いと思われてしまう、という誤った考えにもつながります。本来、上司や仲間にフィードバックを求めることは、お互いに意見を交換し、相手に敬意を示し、チームの一員になるチャンスになるのですから。

そうしてライバルから抜きん出ようと意気込んだ学生には、インターンを終える際に意外な結果が待っています。仕事のオファーはないと上司から伝えられ、誰も本当の意味であなたを知ることができなかったからだと聞かされます。「ほかの人とうまくやっていけない」とみなされてしまうのです。仕事の能力には問題がなくても、生産的に協力し合ったり信頼関係を築いたりできなかったことを、直接的に、あるいは暗に指摘されてしまうのです。

本当にそうだろうか、と半信半疑の人もいるかもしれませんね。二〇一三年に、企業のトップ五万一八三六人を従業員に評価してもらった調査があります。評価した項目はさまざまな行動や性格的な特徴と、全体的なリーダーシップの有効性でした。その結果、行動と性格的な特徴については好意的な評価をされなかった下位二五パーセントでありながら、優れたリーダーシップがあるかについては上位二五パーセントに位置した人は全体で二七人しかいませんでした。つまり、人として好感は持てないけれどリーダーとしては優れている、と評価される確率は二〇〇〇分の一しかないわけです[6]。ほかの研究では、エグゼクティブクラスに不適切な態度として、無神経、人を不愉快にさせる、いじめまがいの手法をとる、といった特徴が上位に挙げられています。どれも信頼と温かさとは正反対の態度です[7]。

さて、先へ進む前に、なぜここでジェフリー・ブラウン牧師とギャングの話、そして温かさと有能さの話をしているのだろうと混乱している人のために、少し整理しておきたいと思います。

ここまでで見えてきたのは、信頼は他者に影響力をおよぼすときの仲介役であり、真の信頼を確立するには真の自分で接する以外にない、ということです。プレゼンスを通じてこそ信頼が芽生え、考えが伝わります。自分が何らかの形ではたらきかけたいと思う相手に信頼されていなければ、あまり大きな成果は望めません。人を操ろうとしている印象を与えて疑いを招く場合もあります。どんなにすばらしいアイデアがあっても、人として信頼されていなければ無意味なのです。温かくて信頼でき、かつ強さも備えた人は高く評価されますが、強さを脅威ではなくすばらしい資質と受け止めてもらえるのは、信頼を確立してこそなのです。

さらにお伝えしたいのが、困難なときでも真の自分でいられるようになると、自分にとってよいだけでなく、ほかの人にも大きな恩恵があるという点です。プレゼンスは、困難の中にいる他者に手を差し伸べる力もくれるのです。

シルクを脱ぎ捨てる

ジェフリーの話に戻りましょう。ジェフリーにとってジェシーの死は転機になりました。理解したい、力になりたいと思っていた若者たちと、それを機に自然に通じ合うようになれたわけではありません。でも変化を促すきっかけになりました。そしてほどなくして、牧師は自分がストリートの若者にどう見られているのか、身をもって実感することになります。それはギャングの若者たちが牧師の本当の姿を知る機会でもありました。

「そのころ、タイラーという少年と顔を合わせるようになったんです。『あんた、ここで何してるんだ?』という調子で話しかけてきました。あるとき、私が着ていたジャケットをタイラーが触ってきて、『おい、これシルクじゃないか』と言ってきました。私が『違うよ』と返しても『おい、この人シルクのジャケット着てるぜ』という調子で。それから顔を出すたびに何かとジャケットのことを言ってくるんです。で、ついに私もういいだろう、うるさいなと思って言ったんです。『おい、私の着てるものの話はもういいだろう。これはシルクのジャケットなんかじゃないぞ!』って」

「そうしたらタイラーが『ほら、やっと素になった。ずっとシルクをかぶってたんだ』と言ったんです。それで私は『ああ、そういうことか。やっとここのことがわかってきたぞ』と腑《ふ》に落ちました。それから会話するようになったんです。彼が本当に話したかったのは、まわりにいる若者たちの考えかたを転換させるのがどれだけ難しいかということでした。こんなふうに言っていました。『ここへ来て一回話をしたからって、いきなりすべてが変わるわけじゃない』そこでわかったんです。これは簡単にすむ話じゃない、長い道のりになりそうだ、と」

若者に心を開いてもらうためには、まずジェフリーがみずから彼らに心を開いて接しなくてはいけませんでした。ほかの人にこうだと思わせたいストーリーではなく、自分が心から信じているストーリーを、行動を通じて示さなくてはいけないのです。うわべを取り繕《つくろ》わず、壁を取り払った、ありのままの自分をジェフリーが見せてはじめて、若者たちも同じようにありのままの自分を見せていいのだと感じたのです。本当の自分をさらけ出すことで、相手も自分をさらけ出すことができます。まとっていたシルクを脱ぎ捨てなければいけないのです。

話すのをやめ、耳を傾ける

人の話に耳を傾けることは、人を尊重するもっとも深い行ないである。
――ウィリアム・ユーリー

ウィリアム（ビル）・ユーリーはハーバード大学の交渉学プログラム共同設立者であり、長く読まれているベストセラー『ハーバード流交渉術』の共著者としても知られています。ビルは数多くの交渉を成功させてきた経験豊富な交渉のスペシャリストであると同時に、心優しく非常に辛抱づよい人物でもあります。柔らかい物腰で、世界中の企業や政府、地域の争いごとを解決に導き、暗礁《あんしょう》に乗り上げていた紛争をまとめてきたのです。一九八〇年代には、偶発的核戦争の回避を目的とした米国とソ連による核危機軽減センターを設立へと導いています。また、ラテンアメリカ最大の小売業による巨額の紛争を収め、コロンビアの大統領に助言して半世紀におよぶ内戦の終結に貢献したこともあります。紛争の当事者同士が初めて交渉の場について互いに耳を傾けたとき、そして解決に向けて大きく動き出したとき、紛争の当事者だった人々は、ビルが何か不思議な力を使ったのではないかと思ったといいます。もちろんそんなものはないとビルは否定します。ごく当たり前のシンプルなことをしただけだというのです。

二〇〇三年、ビルはジミー・カーター元大統領から連絡を受け、ベネズエラのウゴ・チャベス大統領と会ってほしいと依頼されました。当時、首都カラカスでは、チャベス政権の退陣を求める反対派とそれに抵抗する政権支持派がぶつかり合い、国は内戦勃発《ぼっぱつ》の危機にありました。カーター元大統領は、ビルなら解決への糸口をつかめるのではないかと考えたのです。著書『ハーバード流　最後までブレない交渉術――自分を見失わず、本当の望みをかなえる』で、ビルはチャベス大統領との会談を前にしたときのことをこう振り返っています。

いつものように、頭の中を整理するために公園へ散歩に出た。大統領と話せるのはおそらく数分程度だと予想していたので、一連の提案の要点をまとめておくつもりだった。ところが、散歩の途中で突然思いついたのは、考えていたのとは正反対のこと――相手から求められるまでは提案しない、ひたすら耳を傾け、この瞬間に集中し、口を開くきっかけをまつことだった。もちろんリスクはあった。あっというまに会談が終わり、大統領に影響を与える唯一の機会を逸するかもしれなかった。だが、私はこの思いつきを実行することにした。[8]〔中川治子訳、日本経済新聞出版社より〕

チャベス大統領との会談中、ビルは通常とは違う作戦をとりました。とにかく聞くことに徹し、

「彼の身になって理解しようとした」のです。大統領は自分のそれまでの歩みや、軍での経験、政権を倒そうとする「裏切り者」への怒りをビルに語りました。

私は、この瞬間だけに集中し、何を言うべきか考えた。すると、ある質問が浮かんできた。「ご自身の身に起きたことを思えば、彼らを信用できないのももっともです。一つ質問させてください。明日の朝、彼らが、変わるつもりがあるということを伝える信頼できるシグナルをあなたに送るとしたら、どんな行動が考えられますか？」

「シグナル？　セニャレスだな？」予想外の質問に彼は少し考えさせてほしいと言った。〔同書〕

同じく予想外だったのは、大統領から答えが返ってきたことでした。「数分も経たないうちに、大統領は、〔同僚の〕フランシスコと私と一緒に対策を練る任務に、内務大臣を指名することを承諾した。双方の信頼関係を築き、危機を鎮静化させるための実践的かつ有望な行動計画を作るためだった」

ビルは振り返ってこう書いています。「もし会ったとたんにこちらで用意した提案を切り出していたら、大統領は数分で会談を打ち切っていたに違いない。……だが、アドバイスしたい思いを意識的に手放し、ひたすらこの瞬間にとどまり、慎重にアドバイスのきっかけを待ったことで、会談は非常に生産的なものとなった」〔以上、「」内は前述書より〕

黙って相手の話を聞くことは、なぜ難しいのでしょうか？

答えはシンプルです。初対面の人に会うと、私たちはまず、きちんと接してもらえるだろうかと不安を感じます。この人はたいしたことなさそうだ、と下に見られるのではないかという不安です。そこで先に自分が話して、優位に立とう、主導権を握ろう、自分の力を示そうとするのです。自分はこんなことを知っている、こんなことを考えている、こんなことをこれまでしてきた、とアピールします。まず自分が話すという行為の背景にあるのは、「自分はあなたより詳しい」「あなたより頭が切れる」「私が話すからあなたは聞いていればいい」というメッセージです。自分から話し出せば、今からこれを進めていきます、進めかたはこうです、とその場を仕切ることができるわけです。

相手に先に話をさせると、何を言い出すかわかりません。相手に話させれば、自分がその場を支配することはできなくなり、自分の立場がどうなるかもわかりません。支配を放棄するのは怖いものです。未知の境地へ踏み込むのですから。誰が好んでそうしたいでしょうか。愚かな人か、でなければ勇気ある人くらいかもしれません。

ジェフリーが夜の街に繰り出したときと同じように、ビルもチャベス大統領との会談を前に、これから緊迫した場面に足を踏み入れるのだと覚悟していました。つく側を決め、決意を固め、白黒をつけなければならない場です。こうした場面で相手の話に耳を傾けるのは難しく、手っ取り早く解決にもっていきたくなるものです。大事なのは「この瞬間という機会を見つけること」だとビルは言います。

どんな状況でも、細心の注意を払っていれば、そのきっかけは見つかるものだ。しかし、その瞬間を見落としてしまいがちなのも事実だ。交渉の場で、片方が好機を示すシグナルを送っていたり、あるいは譲歩さえ示しているのに、もう一方がまったく気づいていないことはよくある。夫婦喧嘩でも会社での予算攻防でも、過去に思いを馳せたり将来を案じたり、簡単に注意をそらされてしまう。だが、合意に向けた話し合いに意図的に転換することができるチャンスは、この瞬間にしかない。〔同書〕

本当の自分で目の前の瞬間に向き合うためには、聞くことはとても重要です。そして耳を傾けなければいけないときに立ちはだかる壁は、耳を傾けるために必要なプレゼンスを阻む壁と同じものなのです。

相手の声を理解したいという真摯な気持ちがなければ、本当の意味で聞くことはできません。そしてこれは簡単にはいきません。判断を下すことをやめなければいけないからです。これから聞く内容について（すでに知っているから、あるいはまだ知らないから）不満だったり怖かったり、いらいらしたりつまらないと感じても、あるいは脅威を感じたり不安を抱いたりしても、判断を下さないことです。相手がいつわりない自分でいられる場と安心感を与えなければなりません。そして聞くときは自分を擁護《ようご》するような反応をしてもいけません。沈黙や間を恐れる気持ちを捨てる必要もあるでしょう。

とにかく聞くこと、本当の意味で耳を傾けることを、ジェフリーたち牧師のチームは活動の核にしようと決めました。それはすなわち、犯罪を起こしている若者たちの同意や協力なしに、地域のリーダーや警察の力だけでは暴力を止められないのだと認めることでした。ギャングの若者や麻薬の売人にも話を聞き、場合によっては意見を受け入れる必要もあるかもしれません。彼らの知識や意見を積極的に求め、真剣に受けとめるのです。行政の現場のリーダーや警察官をはじめとする大人たちが、暴力犯罪を起こす若者に接する場合、「一緒に考えよう」という協力的な立場で話を聞くことはまれでした。そう考えると、牧師たちの方針はリスクがあっただけでなく、過激な試みでもありました。

耳を傾けるには、牧師が一番得意な説教という手法を使いたい気持ちを封印しなくてはなりませんでした（ジェフリーのTEDトークを見ればわかるとおり、彼は観衆の前でじつにリラックスして語りかけ、メッセージを伝えています）。非暴力を上から説いたのでは、「自分たちがこの場を治める」と強硬な姿勢で力を示すのと同様、効果はなかったでしょう。でも牧師たちがしたのは問いかけることでした。「麻薬の売買とはどういうものなのか？　通りに立って石を投げつけるのにはどんな意味があるのか？　どうやって警察の目を逃れるのか？　対立するギャングのメンバーをどうやって遠ざけるのか？　引退したドラッグディーラーはいないという現実をどう考えている？　命を削って生き急ぐような生きかたをどう受け止めている？」

ジェフリーにとって相手の話を聞くことは、自分が知っているつもりでいたことをいったん忘れることでもありました。「ストリートの世界については初めて知ることばかりでした。よくわかったのですが、自分が持っていたイメージはテレビのニュースやポップカルチャーを通して思い描いたものであって、現実はだいぶ違ったんです」そして牧師たちが説教をせず若者の話を聞く姿勢に徹したところ、変化が現れたといいます。「若者たちは『解決すべき問題』ではなくなり、問題に共に取り組むパートナーに変わっていきました。すごく重要な存在になったというか……。私たちは聞いてみました。この状況を改善するために教会に何ができると思う？　君たちと一緒に何ができるだろう？　と」

聞くことにまつわるパラドックスは、自分が話す側になる、相手を説得する、情報を持っている、という一時的な力を放棄することで、じつは力を得られる点にあります。話すのをやめ、上から諭《さと》すのをやめて相手の話を聞くと、次のような変化があります。

・人から信頼される

これまで見てきたように、相手の信頼が得られなければ、深く、持続する形で人に影響を与えるのはきわめて困難です。

・有益な情報が得られる

いま抱えている問題の解決に直結する情報がつかめます。解決策はわかっていると頭で思っていても、ほかの人が本当のところ何を考え、どう感じているのか、そして何がその人を動かしているのかを聞いてみなくては、確かなところはわかりません。

・一人ひとりを個別の人として見ることができる。仲間や味方にさえできる

人をステレオタイプでひとくくりにしなくなります。「私たちとあの人たち」というとらえかたが、すべての人を含めた「私たち」に変わります。すると目指すゴールは相反するものではなく、相手と共有するものになります。

・人に受け入れられる、あるいは取り入れてもらえる方策を導き出せる

自分も解決策に貢献したとき、言い換えれば自分もその策を共同で考案したとき、人はより深くコミットする、つまり主体的に最後まで責任をもってかかわろうとします。また、そこに至るまでの手順が公平だったと感じていれば、たとえ結果が望ましくなくても受け入れようとする傾向が強くなります。心理学では「手続き的公正」と呼びますが、これを確保するには、当事者が自分の意見を聞いてもらえた、理解してもらえた、尊重してもらえたと感じること、そして物事を決めるまでのプロセスと中心になって実行する人が信頼に値すると思えることが不可欠です。自身が手続きを決めていく過程にたずさわっていれば、より高い確率でその手続きが公正だと思えるようになります。たとえば、社内の昇進を決める基準やガイドラインの作成に社員自身がかかわっていれば、自分が昇進できなかったときも結果を受け入れやすくなるといえます。[10]

・聞いてもらえていると感じれば、みずからも聞こうとする

これはごく当たり前のように思えますが、実際にやろうとするとかなり難しいものです。相手が聞いてくれていない、わかってくれていないと感じると、人は時間と労力を割いて相手を理解するための行動（話を聞くなど）をとろうとしなくなります。とくに、人を率いる立場にある人はよき聞き手の手本になるべきですから、これを理解しておくのは大切です。[11]

以上、聞くこと、理解することは、かように多くの効果があるわけです。

そうして若者に話を聞いたジェフリーを含む四人の牧師は、マニフェストとも、ミッション・ステートメントともいえる文書を作成しました。暴力と殺人の連鎖を止め、市内でも最貧困地区にあたる地域の状況改善を目指す、一〇の行動原則をまとめたのです。牧師と教会とが、上からやや離れた安全な場所からではなく、若者たちのいる場所へ出向き、ギャングの若者から意見を聞き、参加してもらって、ともに解決策を考えていくというのが基本的な方針でした。

こうして生まれた「ボストン一〇項目連合」の活動はその後成果をあげ、ボストンの人々を驚かせ、国内外から注目を集めるまでになりました。ボストンで起きた若者の殺人事件は、最悪を記録した一九九〇年の七二件から、一九九九年にはそれまででもっとも少ない一五件にまで減りました。この劇的な変化は「ボストンの奇跡」として知られるようになり、学者や現場の人々は連合の結成と、ジェフリーたちチームの努力による部分が大きいと評価しています。牧師たちのもとには、世界中の都市から、麻薬、犯罪、殺人事件撲滅のための助言を求める声が寄せられました。[12]

もう一つ、少し後の二〇〇六年にあげた大きな成果が、メンバーが提案した画期的な作戦でした。ギャングの若者の間でやまない暴力と報復の連鎖をなんとか止めようとしていた牧師たちは、休戦を提案したのです。

「若者たちの反応は、そんなふうにいきなりやめさせようとしたって無理だ、というものでした。そこで、『それなら期間を決めるのはどうだ？　停戦協定みたいに』ということになって、感謝祭から新年を迎えるまでを停戦期間と決めて、平和の季節と呼ぶことにしました。どうするかを決めたのは若者たちです」とジェフリーは振り返ります。

「彼らに集まってもらい、私は平和の季節の概要を説明して、この案を受け入れてもらいたいと伝えました。これはうまくいくかもしれない、と初めて思ったのはこのときです。一人の若者が立ち上がって聞いたんです。『わかったよ。じゃ、撃ち合いをやめるのは水曜夜に日付が変わったとき？　それとも木曜日の感謝祭の朝？　それから撃ち合いを再開するのは一二月三一日？それとも一月一日？』」

「このときは葛藤しましたよ。当然、また撃ち合いを始めてほしくはないですから。でもあえてこう言いました。『そうだね、水曜夜にやめて、一月一日にまた始めていいことにしよう』もちろん、倫理上はこう思っていました。『年が明けたらまた撃っていいだなんて、私は何を言ってるんだ?』と。でもまずは彼らに平和な期間を設けてもらい、つねに周囲に目を配って警戒しなくても通りを歩けるというのがどんな感じなのか、知ってもらおうと思ったのです」

緊張状態が続いていた当時のボストンで、牧師たちの提案でギャング同士が急に抗争をやめるなど、信じる人はあまりいませんでした。

「最初に『平和の季節』が始まったとき、警察は『まあ、うまくいけばいいな』という感じでした」とジェフリーは言います。ウインクをしながらにやにや笑っているような雰囲気さえあったそうです。「二〇〇六年の感謝祭前は緊張が高まっていた時期でした。それが感謝祭から二二日間、銃声がぴたりとやんだんです。誰も発砲しなかった。ボストン警察でギャングを担当していたゲイリー・フレンチが、毎日私のところに電話をかけてくるんです。『昨日も何も起きなかった』って。で、いったい何をしたんだ、誰と話したんだ、と聞いてきました。警察としては知りたいわけですよ。牧師から情報をつかんでおきたい。それで私はこう返しました。『第一に、そんな情報はない。前にも話したことだけさ。若者たちを問題としてみるんじゃなく、パートナーとしてみるんだ、って』」

とはいえ、相手の声に耳を傾けても、いつもいい結果が返ってくるとは限りません。ありのままの誠実な自分でその場に向き合うことには、期待どおりにならないときもそれを受け入れ、失望してもあきらめたり信じるのをやめたりしないことも含まれます。初めは失敗に思えても、のちに思いがけない形でよい方向に発展するかもしれません。

プレゼンスが語りかける

このころ、ジェフリーはジェームズという少年と密にやりとりしていました。ロクスベリー地区を拠点にするギャングのリーダーで、ほかのギャングや牧師と一緒に停戦協定を考案したメンバーです。ジェフリーはジェームズについてこう振り返っています。「あの子は本当に特別な子だった──自分のことだけでなく、かかわりのある人みんなのことを気にかけていました。停戦中の平和な状態を、なんとかしてボストン全体に広げたいと思っていたんです」

ジェームズと会って話した二日後、牧師のもとに電話がかかってきました。「家で夕食を作っているときでした。すぐにやめて、車に乗って出かけました」ジェームズが撃たれて命を落としたのです。

病院へ着くと、牧師はできるかぎりの手を尽くして、取り乱したジェームズの家族をなぐさめました。悲しみに暮れて感情をぶちまける人もいれば、ジェームズの死が信じられずぼうぜんとする人もいました。緊急救命室の控室は友人たちであふれ、復讐の計画を話し合う者もいました。それはしてはいけない、とジェフリーは言いましたが、仲間を殺され怒りに満ちた彼らには届きません。「かける言葉を必死で探しました。とにかく何か言わなきゃいけない、と思っていましたから。でも何を言えばいいのか考えれば考えるほどわからなくなりました」

「しばらくすると医師が何人か来て、この部屋は空けてもらわないといけないので、ここにいる人を外へ誘導してもらえますかと言ってきました。私は『わからないけどやってみます』と答えて、とりあえずみんなに近づいていって『よし、外へ出て一緒に祈ろう。みんな、祈りを捧げたいかい?』と言ったんです。『じゃあ、そうしよう』ということになって、みんなで病院の外へ出て祈りを捧げました。すると祈っているうちにあちこちで泣き出す人が出てきたので、『みんな、ハグしよう。誰でもいいからハグするんだ。しっかり力を込めて』と言ってみました。自分もとにかく困惑していて、何を言えばいいのか、どうしたらいいのかわからない状態でした。でもとくに何も言わないでいたら、そのうち——みんなが口々に私に話しかけてきたんです。それで私はうなずきながら耳を傾け、『聞いてるよ』と伝えました」

この日、苦悩と混乱の中にあった病院で、ジェフリーは大切なことを学んだといいます。ときには、勝利も成功もない状況があるのです。この日、ジェームズを失った人々の苦しみを和らげ、怒りを軽くすることなど、誰がどんな言葉をかけても、何をしても、不可能だったのです。ジェフリーは悩みましたが、最後に行きついたのは「答えはない」という思いでした。答えになる言葉などない。どんな場合でも、たちまち力になれる魔法の言葉をかけたりみんなが称賛するような救いの行ないができるはずだと考えるのは、自分の力を過大評価しているだけです。今日のような場合は、ただその場にいて話を聞くだけで十分なのかもしれない。長い目でみると、結局はそれが一番なのかもしれない。

「これは『ミニストリー・オブ・プレゼンス(共にあることによる奉仕、存在を通しての奉仕)』といわれています。奉仕の中でも、じつに簡単で効果のある行ないですよ。黙ってそこにいるだけでいいんですから」ジェフリーはそう言いました。

ときには何も表現しないことが、何よりも雄弁《ゆうべん》に自分を表現してくれる場合がある——言葉で説明せず、飾らず、ただありのままの自分でそこにいると、プレゼンスそのものが語ってくれるのです。

牧師たちが最初に「ストリート委員会」を開いてから二〇年以上が経ちました。現在、この取り組みはケーススタディとしてハーバード・ビジネス・スクールの授業でも教えられています。私が授業でジェフリーたち牧師の運動を取り上げるときは彼を教室へ招いて、質疑応答をしてもらっています。取り上げるたびに来てもらっているので、すでに二〇回は超えているでしょうか。ケーススタディでは、その事例の中心的な役割を務めた人を教室へ招くのですが、ジェフリーほど何度も足を運んでくれた人も、また大きな影響をもたらした人もいないのは間違いありません。

ジェフリーが教室を訪れる前に、学生たちはボストンの事例について文献を読んでおきます。文章を通じて彼を知り、尊敬し感嘆する気持ちを自然に抱いていきます。でも、本人に直接対面するのはまた違います。ジェフリーが入ってくると、教室は静まり返ります。畏敬の念、敬意、好奇心が静かにみなぎっています。ジェフリーは教会での正装ではなく、ジーンズにアイロンのかかったボタンダウンシャツ、きりっとしたブレザーという姿です。低く響く、穏やかな声で話をします。誠実であくまで謙虚ですが、自信と強さがあります。決してあわてて言葉を継いだりしません。間を恐れずに話す姿勢が、聞くほうも恐れなくていいのだと思わせてくれます。プレゼンスがプレゼンスを呼ぶというのは、まさにこういうことなのです。

presence 第4章

私はここにいるべき人間じゃない

みんながケイリー・グラントになりたいという。私だってケイリー・グラントになりたいよ。

――ケイリー・グラント

ポリーヌ・ローズ・クランスは一九六〇年代後半、大学院で臨床心理学の博士課程にいました。そして自分には成功できる能力がないという不安にさいなまれる毎日を送っていました。

みんな私よりも頭がいい。今回はたまたまなんとかなったけれど、次はきっと落第する。そもそも私がここにいるのは間違いなんだ――。そう思い続け、眠れなくなり、試験や発表など評価される場が近づくたびに怖くなり、終わると今度は後悔の念に襲われました。こうした不安を繰り返し口にする自分に、友人たちがうんざりしているのも感じていました。周りには、同じような悩みを抱えている人はいないように見えます。私が博士課程に入れたのは何かの間違いに違いない。きっとそのうち誰かに気づかれる――。

「本気でそう思っていました。明らかに不安を抱えていた。もうこれを受け入れて生きていくしかない、これが自分なんだ。そう思っていました」ポリーヌはそう振り返ります。

子どものころ、ポリーヌは自分が大学に進むとは思っていませんでした。「私はアパラチア山脈の山の中で育ちました。高校に入るまではごく小さな学校へ通い、当時一二年生のクラスがなかったので、一一年で学校は終わってしまいました。家に本はなかったけれど、父親からは図書館で本を借りてきなさいとよく言われました。両親は外の広い世界を知りたかったのでしょう。気にかけてくれる先生が何人かいて、あなたは大学に行けるんじゃないかと言ってくれたけれど、それまでの学校は物足りないところも多かったので、自分が受けてきた教育にも自信がありませんでした」

「高校のカウンセラーにこう言われたの。『大学ではCの成績を取ることもあると思っておいたほうがいい。Aばかり取れると思わないほうがいいね。あまり自分を責めたり追いつめたりしないように』と。それで、大学では平均的な学生になるんだろうなと思っていました。でも実際はかなりいい成績を取れたんです。試験を受けることに多少の不安はありましたよ。このままいい成績を取れるだろうか、今回もちゃんとできるだろうか、って。でも小規模な大学だったせいもあり、不安といってもコントロールできる程度でした」

再び不安がふくらんできたのは大学院に進学するときでした。名前の知れた名門校へ行きたいと思ったものの、「心理学部の人ははっきりこう言いました。女性は男性より三倍くらい優秀でないとだめだ、って。面接では『秘書の仕事ならありますよ』なんて言われたりね。結局行くことになったのはケンタッキー大学。臨床心理学の博士課程は競争率が高かったのだけど、予定していた定員よりも多く受け入れたんです。私たち学生は容赦なく言われました。『周りを見てください。この中のかなりの人たちが途中で脱落します』とね。それから毎年試験があって、成績が基準に満たない学生は落とされていきました」その試験に合格しても、ポリーヌはずっと不安な気持ちを抱えたまま、次は自分がむなしく落とされる番になるに違いないと考えていました。

ポリーヌの話は彼女個人の体験ですが、自分は間違った場所にいるという気持ちを抱き、本当の自分よりも能力も才能もあるように見せかけているだけなのではないかという感覚になるのは、それほどめずらしいことではありません。私たちの多くが、程度の差こそあれ経験したことがあるのではないでしょうか。舞台の本番を前にしてあがるステージフライトや、評価される場を前に不安になるパフォーマンス不安とは異なります。もっと深く、ときには無力感で打ちひしがれるくらいに、自分は実力以上に評価されている、実力に見合わない場にいるという気持ちに襲われ、いつかそれが発覚してしまうと思い詰める状態です。心理学ではこれをインポスター症候群（詐欺師症候群）、あるいはインポスター現象、インポスター恐怖、インポスタリズム等と呼んでいます。

本来の自分を発揮するためには自分の真の気持ちや考え、能力、価値観にしたがって行動することが必要だとすれば、「自分はできるふりをしているだけで、周りをだましている」と感じていたのでは、到底それはかないません。違和感を抱え、神経をすり減らし、しっくりこない気持ちが消えません。そしてありのままの自分でいられている状態がそうであるように、自分を偽っているという気持ちも、自己強化的なサイクルをたどるのです。

インポスター症候群におちいると、概して考えすぎ、先を読んだり後から振り返ったりして思い悩む傾向にあります。ほかの人が自分をどう見ているかという考えにとらわれ（この場合、「ほかの人は自分をこう思っているのだろう」という思い込みは事実と違うことが多いのですが）、さらに「こう思われているのだから、きっとうまくいかないだろう」という思考におちいってしまいます。自分はまだ準備ができていない、と不安になり、本当はこうしなきゃいけないのにと思い詰め、少し前の自分の発言を思い返しては頭の中で分析し、人が自分をどう思っているか、そのせいで明日の自分はどうなるのだろうかと気をもむ。こうしたことが心の中でつねに断片的に起きていて、心がばらばらになった状態です。

インポスター症候群は私たちのパワーを奪い、自分らしさを押しつぶしてしまいます。自分の存在意義を信じられなければ、他者を説得することなどできません。

プレゼンスとインポスター症候群はコインの裏表であり、私たちはそのコインなのです。

「私は詐欺師だ」

自信がないまま、ポリーヌはなんとか努力を続け、博士課程を修了します。実績をあげ、博士号を取得後はリベラルアーツ大学として名高いオハイオ州のオベリン大学で教員の職を手にします。

心理学部で教えるかたわら、カウンセリングセンターにも勤めました。「カウンセリングをしていると、名の通った私立の学校を出て、親御さんも高い教育を受けていて、標準テストの点数も成績もすばらしくて、立派な推薦状ももらっているような学生が相談に来て、こんなふうに打ち明けるんです。『次の試験では不合格になる気がする』『入試課の手違いでここに入れたんじゃないか』『英語科の先生がずいぶん立派な推薦状を書いてくれたおかげで入れたんだ』『私は間違ってオベリンにいるんだ』それまで成し遂げてきたことすべてについて、自信がなくて懐疑的になっているんです」

なかでもとくに記憶に残っている、リサという学生がいました。リサは優秀な学生向けの特別プログラムを受ける予定でしたが、考え直したいというのです。「特別プログラムを受けるのはやめようと思います」リサはそう言い、ポリーヌは驚きました。リサはしっかりした学生でした。どうして気が変わったのでしょう。何を心配しているのでしょうか。

ポリーヌがたずねると、リサは答えました。「私が本当はここにいるべき人間じゃないって、今度こそわかってしまうから」

その不安はポリーヌにも覚えがありました。でもリサもほかの学生も非常に優秀です。なぜそのように感じてしまうのでしょう？　一つ確かなのは、何らかの理由でゆがんだ自己イメージを持っているということです。そしてポリーヌが見る限り、こうした気持ちは優秀な女性に広くみられるようでした。外からみれば立派な実績をあげているにもかかわらず、他人をだましているような気がする、というのです。何か実績をあげたとしても、自分に能力があるからではなく、たまたま運がよかったか、人とうまく接するスキルが役に立っただけと考えているのです。こうした学生はみな、優秀であっても「自分はここにいるべき人間ではない」と感じていました。そしてこんな気持ちになっているのは自分だけだと思っていたのです。

この種の不安はほかの人も共感できるものなのだろうか？　ポリーヌは考えました。かつての自分と、自分が見てきた数人の学生だけが抱いている不安なのだろうか？　この不安を測定する方法はないだろうか？

ポリーヌはこの疑問を解くための研究を始めます。まず、この現象をインポスター現象（IP）と名づけ、スザンヌ・アイムズと共同で体系的な研究を行ないました。インポスター現象を、女性が自分の本当の能力（または能力が欠如していること）を知られてしまうのではと恐れる「知的面で偽っていると感じる内的経験[1]」と定義しました。アカデミー女優でハーバード大学の卒業生でもあるナタリー・ポートマンは二〇一五年、同大卒業式でのスピーチで、そうした気持ちに襲われた自身の過去を次のように語っています。「いま、私は、一九九九年に新入生としてこのキャンパスに来たときと同じような気持ちを感じています。当時、私は何かの間違いでここにいるんじゃないか、自分はここにいるほかのみんなほど賢くないのに、と感じていました。そして何か言うたびに、自分はバカな女優ではないと証明しなくてはと思っていたのです[2]」

ポリーヌは数学者ナンシー・ズモフの協力を得、こうした感情をどの程度抱いているかを測定する尺度を作成しました。次のような項目について「とてもそう思う」から「まったくそう思わない」までの五段階で答えてもらう方式です。

・私にとって大切な人たちが、思っているほど私には能力がないことに気づくのではないかと不安だ。
・これまで人生や仕事で得た成功は何かの間違いのせいだと思うことがある。
・何かがうまくいってそれを人から認められると、今後もうまくできるとは思えないと感じる。
・自分の能力を周りの人とよく比較し、彼らのほうが自分より頭がよいのではないかと思う。
・自分がしたことを大いにほめられたり認められたりすると、その重要性を低くとらえがちだ[3]。

一九七八年、ポリーヌとスザンヌはインポスター現象を取り上げた初の論文を発表します。論文ではインポスター現象の一般的な概念を述べ、これに悩む女性たちの例を取り上げ、解決策を検証しました。この時点では、インポスター現象をメンタルヘルスの問題ととらえ、「立派な成果をあげている女性の間でとりわけ多くかつ強くみられる」[4]神経症の一つと位置づけていました。調査で対象としたのは高い実績をあげている女性一七八人で、大学生や博士課程在籍者に加え、法律関係、医療、研究職など幅広い職業の人が含まれています。大半が白人で中流から上流層、年齢は二〇歳から四五歳でした。論文には次のような記述があります。

研究や仕事でめざましい成果をあげているにもかかわらず、インポスター現象を経験している女性は、自分は本当はできる人間ではなく、そう思っているほかの人をだましているのだという考えにとらわれている。多くの実績があり、優れた知的能力を示す客観的な証拠があっても、自分は周囲をだましているのだという気持ちが消えない。[5]

女性だけの問題ではなかった

ポリーヌをはじめ、インポスター現象の研究者の多くは当初、この現象を高い実績がある女性に特有のものととらえていました。理由は「女性にとって成功は、社会的な期待においても自分が内面化している自己評価においても禁忌《きんき》となっているため、対象の女性たちが、自身の成果を説明する要因をみずからの知的能力以外に求めたのも自然なことといえる」[6]としています。しかしポリーヌはほどなく、インポスター現象はもっと幅広い層にみられる現象なのではないかと考えます。「講義や講演で話すと、終わったあとに男性がやって来て、じつは私も同じように感じてきました、と言うのです。一九八五年ごろには、これは男性も同じように経験する現象なんだと確信しました。そして私がかかわっている臨床心理の現場でも、実際に経験して悩んでいる男性たちに接してきました」

近年、インポスター現象への関心は広がり、注目が高まっています。シェリル・サンドバーグをはじめとするビジネス界のリーダーによる発言や、スレート、ファスト・カンパニー等のビジネス系メディアでも取り上げられ、「よく言ってくれた」という声が寄せられます。しかしその大半は女性の自己改革、すなわち「女性が大きな目標を達成するにはどうすべきか」という文脈で語られています。すでに十分検証されてきた性的偏見のほかに、[7]女性が自信をもてない背景にはどんな要因があるのでしょうか。私自身も、これを女性特有の問題だと思っていました。ですが、私のＴＥＤトークを見た人からインポスター症候群の経験を告白するメールが届くようになると、そこには男性からの声も多く含まれていました。私に届いた数千におよぶメールのうち、「自分はできるふりをして周囲をだましている気がする」と打ち明けてくれた人のおよそ半分は男性でした。

ポリーヌをはじめとする研究者も同じ結果にたどり着いていました。女性も男性も同じように、インポスター現象を経験していたのです。[8]

では、当初、女性特有の問題だと考えられていたのはなぜでしょうか？

まず、そうした問題を抱えていることを自覚していない人がいた点が挙げられます。ポリーヌとスザンヌも研究を始めた当初からそれに気づいていました。のちに行なわれた数々の研究でも、それを示す結果が出ています。調査対象になった男性たちが、女性ほどは明確に自分の気持ちを自覚していなかったのかもしれません。[9]

しかしもう少しやっかいな、そして可能性としては大きい理由がありました。ポリーヌはこう説明します。「直接対面する場では、男性はあまりこのことを話そうとしませんでした。でも無記名式の調査だと、女性と同じくらい書いてくれるんです」男性にはこれは恥ずべきことだという気持ちがあり、家族や友人に相談したり、助言を求めたりしなかったのです。

強く、自信をもって堂々としているべきだというステレオタイプにとらわれない男性、言い換えれば自信のなさを表に出せる男性は、心理学でいう「ステレオタイプ・バックラッシュ（揺り戻し、反動）」を受ける危険があります。社会的な期待に従わなかった罰が、嫌がらせやときには排斥という形で課されるのです[10]（ステレオタイプ・バックラッシュは男性に限りません。人種や性別など、属する社会的カテゴリーの中で規定された文化的なステレオタイプを外れた人なら誰にでも起きます。たとえば職場で女性が「男性的すぎる」として批判されるケースはめずらしくありませんが、これも該当します）[11]。男性も女性と同じようにインポスター現象を経験しますが、それを自分で認めづらいぶん、男性は余計に苦悩が大きいかもしれません。表に出さずに、人知れず苦しんでいるのです。

このように男性も女性も等しくインポスター現象に悩んでいます。では、特定の職業や人種、文化的背景を持つ人に多いという傾向はあるのでしょうか。ポリーヌとスザンヌが先駆的な研究を発表して以来、三〇年以上の間にさまざまな研究がなされ、答えははっきりと見えてきました。インポスター現象が確認されたグループの属性として、これまでの研究で確認された例を挙げてみます。教師、会計士、医師、医師助手、看護師、工学系の学生、歯学部の学生、医学生、看護学生、薬学部の学生、法学生、博士課程の学生、学生起業家、高校生、インターネット初心者、アフリカ系アメリカ人、韓国人、日本人、カナダ人、精神的に不安定な青年期の若者、「健常な」青年期の若者、思春期前の子ども、高齢者、アルコール依存症患者を親に持つアダルトチルドレン、高い実績をあげた親を持つアダルトチルドレン、摂食障害のある人、摂食障害のない人、失敗を経験したばかりの人、成功を経験したばかりの人――。これは一部にすぎません。[12]
一九八五年にポリーヌとゲイル・マシューズが共同で発表した、臨床心理のセラピーに訪れた人を対象にした調査では、四一人の男女のうち約七〇パーセントがインポスター現象を経験していると指摘しています。[13]また、ハーバード・ビジネス・スクールの学生の少なくとも三分の二がインポスター現象を経験しているという報告もあります。[14]同スクールに在籍する学生の六割は男性です。
インタビューを終えようとすると、ポリーヌは最後にこう付け加えました。「最後にもう一つ。もしもう一度やり直せるなら、『インポスター経験』という呼びかたにすると思います。症候群でも、コンプレックスでも、精神の病でもありませんから。本当にほぼ誰にでも起こり得ることなんです」

インポスター現象の広がりにともない、個々のケースで、根本的な原因は何なのかを特定するのは難しくなっています。社会科学の用語でいう「過剰決定（重層的決定）」、つまり関連のありそうな要因が多すぎて特定できない状態です。インポスター現象には幼少期の体験が関連している点は指摘されてきましたが、家族内の力関係やかかわりあいかた、社会的期待、偏見、個人の性格、学校や職場での体験なども関係していると考えられています。[15]
とはいえ、とくになりやすい人というのはいないという意味ではありません。性格の特性や経験の中で、インポスター思考との関連が指摘されているものがあります。[16]インポスター現象に悩む人には完璧主義やパフォーマンス不安の割合が高い一方、自己受容が低く、置かれた環境を自分でコントロールできている感覚に乏しい傾向がみられます。神経質な傾向が強いことや、自尊心の低さ、内向的性格もインポスター症候群と関連しています。そしてこの現象の要因としてもっとも広くみられるのが、失敗への恐怖です。多くの研究で問題の根本にあると指摘されています。[17]

一番失敗を恐れるのはどんな人でしょう？　そう、何かを成し遂げている人、誰が見ても「できるふりをしている」とは思えない人です。

あるとき、大学職員をしているデイヴィッドという男性からこんなメールが届きました。

私は大学時代からインポスター症候群に苦しんでいます。たとえていうと、自分では自分は五〇点の人間だとわかっているのに、周りからは九〇点だと言われ続けている感じです。これまで仕事でいろいろな賞や表彰を受けているのですが、もらうたびに「ああ、まずい、これでまた増えて九二点だと思われるぞ。本当は五〇点なのがばれたら、めちゃくちゃあきれられるだろうな」と考えるんです。賞をもらって評価されても、自分に自信がつくのではなく、人が思っている自分と自分が認識している自分とのギャップが広がるだけなのです。

なぜこんなことになってしまうのでしょう？　実績をあげて表彰され、さらに上の学位を取り、立派な仕事を手に入れるという具体的な成果を手にしても、彼の「自分は周りが思うほどできる人間ではない」という気持ちは消えないのでしょうか？　立派な成果をあげていくうちに、どこかの時点でこうした気持ちから解放されるはずではないのでしょうか？　俳優のデンゼル・ワシントンやティナ・フェイ、作家のマヤ・アンジェロウ、マハトマ・ガンディーのような人たちが、自分はできるふりをしてだましている詐欺師だと感じてしまうのはなぜなのでしょうか?

作家のニール・ゲイマンは、『サンドマン』『コララインとボタンの魔女』『アナンシの血脈』『アメリカン・ゴッズ』『路地の終わりにある海（*The Ocean at the End of the Lane*）』など、ベストセラー小説やコミック、短篇を数多く書き、映画やテレビの脚本でも活躍しています。数々の文学賞を受け、一つの作品（『墓場の少年——ノーボディ・オーエンズの奇妙な生活』）でニューベリー賞とカーネギー賞を同時受賞するという史上初の快挙を成し遂げています。仕事の上での成功という点では、どこからどう見ても輝かしい成功を収めている作家です。

ですが、よく知られているように、ニールは自分が周囲をだましているという気持ちを抱えています。ウィキペディアではインポスター症候群を抱えていることを公にしている著名人として、ほかの五人とともにニールの名が挙げられています。どんな人でもこうした気持ちに襲われる可能性があるのだと実感させられます。話を聞かせてもらえるかとお願いしたところ、ニールは快《こころよ》く承諾してくれました。

やわらかな印象の眉、灰色がかった瞳、ブラウンとシルバーが混じったカールした髪。少し英国アクセントのある、眠りにつくときに聞いていたくなるような声。何気ない会話をしていても、ニールは優れた語り手です。話を作るという意味ではなく、自身の記憶を呼び起こして物語の形にするのです。言葉が途切れても、聞く側は不安にはなりません。あらかじめ考えた原稿があるような感じも受けません。何を言うかよく考え、言葉を選んでいるのだなと感じさせます。相手に語りかけているときの彼は、確かに今と向き合い、ありのままの自分を表しています。

最初の二冊の本が出るまでの自身について、ニールはこう振り返ります。「当時はできるふりをしているだけでした。周りは僕にお金をくれて、本を書いてほしいと言ってくるけれど、出版できるようなものを実際に書ける保証はありませんでしたから。自分が何をしているのか自分でもまったくわからない状態でしたね……。最初の一年半の間、誰かが来て『君はできるふりをしてるだけだろう』と言われたら、『はい、そのとおりです』と答えたでしょうね」

そしてあっという間に名実《めいじつ》ともに作家になり、注目され（物書きは誰でもそう夢見るものの、実際に実現するのはごくわずかです）、「それで食べていける」ようになります。ほどなくベストセラーのリストに名前が載り、メジャーな文学賞もいくつか受賞します。映画評を書くため、招待されて映画館へ出向くようになり、まさにやりたかったことをしてお金をもらえるようになったのです。朝起きて、今日も仕事に行かなくてはと思う生活とは違います。ニールにとってはかなり妙で、違和感を覚えたといいます。ニールは自身を「詐欺師《インポスター》」と表現しましたが、それを裏付けるように、お金をもらい、認められ、称賛された経験を語るのでさえ落ち着かない気持ちになるようでした。話の先を急ぎ、居心地悪そうに笑います。

最初の一〇年についてこんな話をしてくれました。

「こういう妄想を何度も繰り返しました。誰かがドアをノックするのが聞こえて下へ降りていくと、スーツを着た人が立っているんです。高そうなスーツではなくて、普通に仕事をしている人が着るスーツです。で、手には紙をはさんだクリップボードを持っている。私がドアを開けるとその人が言います。『こんにちは。すみません、今日は正式にお話があって伺いました。ニール・ゲイマンさんですか？』私はそうだと答えます。『手元の資料によると、あなたは作家で、朝はとくに決まった時間に起きる必要はなく、毎日自分の好きなだけ文章を書いている、とあります』私はそうです、と答えます。『それからあなたは書くことを楽しんでいる。そしてほしい本があれば全部送られてくるため、自分で買う必要がない、とあります。映画もただ観に行けばいいそうですね。観たい映画があればしかるべき人に問い合わせれば観せてもらえる」私は「ええ、そうです」と答える。「そして世間の人はあなたがしていることを気に入って、あなたが書くものに対してお金を払っている」私はそうだと答えます。すると相手はこう言います。「わかりました。残念ながら事実が確認できました。あなたの正体をつかみました。申し訳ないが今後は外へ出てちゃんとした仕事に就いてもらわないといけない」私はここでいつも肩を落として、「わかりました」と答えて、安物のスーツを買いに行き、まっとうな仕事を探すんです。見破られてしまったら、もうその事実には抗《あらが》えないんです。見破られてしまったのだから。頭の中でこんな妄想を繰り返していました。

インポスター思考にとらわれていると、自分が得意なことについて肯定的にとらえる力が弱くなります。それで報酬を得ている場合はとくに顕著です。私も三年ほど前、当時九歳だった息子のジョナを学校へ送る車の中でこんな会話がありました（忘れないうちに書きとめておいたメモです。はっとさせるようなことを子どもが言ったとき、親はよくそうしますね）。

ジョナ：お母さんは世界一ついてると思う。

私：どうしてそう思うの？

ジョナ：だって、お金をもらわなかったとしてもきっとやってたことで、お金をもらってるから。

私：それは何？
ジョナ：人がどうしてそうするのか分析して、わかったことを使ってみんなが幸せになれるようにする。

このときまず頭に浮かんだのが――書きとめたからでなく、直感的にすとんと胸に落ちたからはっきり覚えているのですが――「ああ、たしかにそのとおりだ。このままずっといくのは無理に決まってる。そのうち本当の私に気づかれてしまう」でした。すっかり怖くなったのです。

夢の中でクリップボードを持って訪ねてきた人を、ニールは「自分のアイデンティティを奪いに来た」と感じたそうです。自分がしていることを楽しんでいたからこそ強くそう感じたのでした。「今の状態は何か間違っているんだ。楽しいと思えることをして、それで報酬ももらえるなんてあるはずがない」と思ってしまうのです。このような場合、私たちは自分がしていることの価値を低くとらえる（「たいしてすごいことをしているわけではない」と考える）か、自分に能力があるからできているのだとは考えない（「自分はできると思わせているだけで、今はたまたま気づかれていないだけ。自分はこんな幸運にあずかれるような人間ではない」と考える）ことで対処するのです。

成功を自分の実力ではないと過小評価する一方で、失敗は過剰に受けとめます。一つうまくいかないと、それを根拠に「やはり自分は周囲をだましているのだ」と再確認します。一度試験で低い点数を取ると、自分に知性も能力も欠けている証拠だと考えるのです[18]。こうして行き過ぎた一般化をするのは、「自分は本当は周囲の評価にふさわしくない人間だ」という考えを裏付ける機会があれば飛びつくためです。成功したのはたまたまついていたから。失敗は自分の実力がないから。これでは苦しいばかりで報われません。

酷《こく》な皮肉ですが、インポスター思考は成果をあげても消えません。むしろ成功するとさらに強まります。周囲が抱いている高尚な自分のイメージと、自分はそんなものに値しないのにという気持ちは相容《あいい》れません。世間的な成功を収めれば、周囲は自分が達成できないような基準に自分をあてはめて見るようになり、やがて本当の自分、能力のない弱い自分が明らかになってしまう。成果をあげれば新たな状況が展開し、機会が巡ってきます。新たな機会はすなわち、新たに自分を試される場であり、インポスター思考をさらにつのらせることになるのです。

インポスター思考の罠

世界有数のレベルを誇る、競争の激しい課程を終えて物理学の博士号を手にしても、エレーナは自分が価値のある人間だとは思えませんでした[19]。エレーナは自分を「裕福でないサウス・ブロンクス出身のラテン系アメリカ人で、働き者だけれど教育を受ける機会のなかった両親のもとに育った」と説明します。アイビーリーグの大学に合格したという現実を受け入れるのは簡単ではありませんでした。マイノリティ枠を満たすために入れてもらえたのではと考え、自分がその大学に通うのだと想像すると不安に襲われ、苦しめられたといいます。それでも勇気を出して進学しました。すると、今度は別の壁が現れ、不安と自信のなさが増していきました。エレーナはこう振り返ります。

ある教授が、私の社会的地位を理由に、君はこの学校にふさわしい人間じゃない、退学を考えたほうがいい、とはっきり言ったことは忘れられません。卒業はしましたが、自尊心は徹底的に傷つけられていました。博士号を取るため別の大学に進学し、著名な教授の下についたのですが、教授からは「君のためになってやっているんだ」とたびたび言われました。博士課程修了後の研究をさせてやっている、優秀な学生を集めた自分の物理学のクラスで教えさせてやっている、というスタンスです。できるふりをしているだけなのを学生に見破られるのではとびくびくしましたが、なんとか教壇に立ちました。

自分の研究も教室での指導も高いレベルでこなしましたが、教授は最終的に「君にはうちの妻の相手をしてほしかっただけ」と話し、研究室の力仕事をさせました。君はおそらく学位は取れないだろう、とも言われたそうです。

あれから三〇年以上が経ちますが、今になってようやく、自分の人生はまったく違う道があったかもしれないのだと感じています。私は完全に自信も意欲もなくして、物理学の世界から離れました。自分に力はあると思っていましたが、結局この分野でキャリアを積むことはありませんでした。

周囲をだましていると感じている人は、実績をあげてもそれが自分の才能や能力など自身の内的要因によるとは考えません。運のように自分ではコントロールできない要因のおかげだと考えます[20]。成功を自分のものとするのでなく、成功から距離を置いてしまうのです。前へ進むのに必要な成功体験という要素をみずから否定している、といってもいいでしょう。胸が痛むようなエレーナの話は、インポスター思考におちいった私たちがいかにもろいかを物語っています。自分には価値があるという自信が揺らいでいると、自分に疑問を呈《てい》する外からの声を簡単に取り込んで内面化してしまうのです。

研究では、インポスター思考にある人がさまざまな自滅的な行動をとってしまうことが指摘されています。たとえば、それまでよい成績を残した実績があっても、次の試験では失敗すると考えるのもそうです。試験終了後に自分が何問間違えたかを予測してもらうと、実際の数より多く挙げる傾向が確認されています。[21]こうした行動は、自分は周囲が思うほどできない、頭がよくない、才能も能力もない、という気持ちをさらに強化してしまいます。そして、自分を責める、必要以上の過剰な努力をする、大事なところで自分を発揮できない、挑戦せず手を引くといった行動につながり、本来自分が得意なことや好きなことであっても満足できる成果をあげられなくなってしまうのです。極端な場合、インポスター思考がみずから失敗への道を作っているともいえます。[22]

エレーナを指導した教授は彼女を失望させました。彼女の強みを引き出すどころか、自分について抱えていた不安をさらに大きくしたのです。確かに、他者を認めようとしない人や、自分のほうが優位だという信念を誇示する人、さらには積極的に相手を攻撃して自信をくじこうとする人は間違いなくいます。こうした人が投げかけてくるネガティブな声から自分を守ることは必要です。ですが、実際には存在しない批判や判断を自分のなかで思い描き、自分の成功をみずから遠ざけてしまっているケースが往々にしてあるのも事実です。周囲がどう思っているだろうと想像して思い悩む一方で、相手が実際のところどう考えているかを聞こうとしない、ということはないでしょうか。相手の声を聞けなければ、実のある反応をすることもできません。インポスター思考におちいっていると、いま、目の前の状況を受けとめて行動することができなくなります。目の前に存在する現実の世界に応えることができないのです。ではどうなるかというと、自分の正体がさらされるのではないかとつねに周りを警戒します。自分が他者とかかわる状況をその都度細かく分析し、ほかの人が自分をどう見ているか、どう判断しているかを読み解こうと心を砕き、ほかの人の見かたに自分の行動を合わせようとします。これでは、自分が何を考え、感じ、大事にしているかには構っていられなくなってしまいます。

　プレッシャーがかかる状況で、今からしようとしていることがどんな結果になるだろうと意識してしまうと、うまくやり遂げられなくなるという研究結果があります。自分を逐一監視してしまうと、記憶力や集中力を必要とする作業の妨げになるのです。[23]私たちは、最高のパフォーマンスをしながら同時に自分のパフォーマンスを批評するような余裕は持ち合わせていません。自分を監視していると、ほかの人が自分をどう評価するかを予測し、読みとり、解釈し、さらにまた解釈するという生産的ではない回路にはまり、本当のところは何が起きているのか、どんな状況なのかをつかめなくなってしまいます。このパターンを心理学では自己監視と呼んでいますが、インポスター現象を経験している人にこの傾向は顕著にみられます。それで自分を見失ってしまうのです。本来の自分を発揮する妨げになるのです。

　できると装ってきた自分の正体がさらされてしまうのではという不安があると、取り組む前にあきらめてしまうことにもつながります。ノートルダム大学で社会学を教えるジェシカ・コレットは、インポスター現象が仕事や学問における挑戦にどのような影響を与えるかに着目しました。そしてジェード・アヴェリスと共同で、インポスター思考が、キャリア上の目標を下げるいわゆる「ダウンシフト」の原因になっているかを調査しました。調査では、理系を中心とする博士課程の在籍者数百人を対象に、いずれ終身在職権につながる研究職から、より競争の少ない教職や事務職などに目標を変更したことがあるかをたずねました。「変更を真剣に考えたことがあると答えたグループと、実際に変更したと答えたグループの双方に、インポスター思考を持つ人が多くみられた」とコレットは報告しています。

私自身の経験

私自身、インポスター現象を研究しているだけでなく、実際に経験しています。それもただ経験したというよりは、その中に身を置いていたといっていいでしょう。インポスター現象という小さな家の中に住んでいたような感じです。もちろん、ほかの人は誰も知りません。自分だけの秘密でした。ほとんどの場合がそうです。インポスター現象は口止め料でも払っているかのように、ひっそりと人の手綱をつかんで離さないのです。こうした気持ちを誰かに話さない限り、周囲が「もしかしたらこの人は本当はここにいるべきじゃないのでは」と思うことはあまりありません。となれば、あえて話す必要はありませんよね。

二〇一二年のＴＥＤトークで、私は自分がインポスター症候群に悩んだ経験をみなさんにお話ししました。脳に損傷を負ったあと、私は何度も大学へ戻ろうとしましたが、情報をうまく処理できず、何度も挫折しています。当時の私はもやの中にいるようでした。自分の核になるアイデンティティを失うほど苦しいことはありません。ほかのものを失ったとしても、それまで培った自分の力がまだあると思えるでしょう。でも、考える力という自分にとって大切な部分を失ったとき、私は完全に自信を喪失しました。

たくさんの時間をかけてなんとか自分を取り戻し、ようやく大学を終えて、大学院生として受け入れてもらえる場をプリンストンに求めました。が、それから長い間、インポスター思考にとりつかれていました。何かやり遂げるたびにさらに不安になり、一方で小さな失敗をすれば、ここは自分のいる場所ではないという思いを強くしました。「私はここにふさわしい人間ではない」という気持ちがつねに頭のなかを巡っていたのです。

大学院に進んで一年目、心理学の博士課程にいる学生は全員、二〇人ほどの前で二〇分間の発表をする場を与えられます。発表の前夜、私は不安に押しつぶされそうになり、指導教官にもう大学院をやめますと伝えました。そうすれば発表をしなくてすむからです。

「いいえ、あなたはやめません」彼女はきっぱり言いました。「明日は発表をするの。これから何度もやり続けて、できるふりでもいいからやって――自分はできるんだ、できているんだと思えるときがくるまでやるの」

次の日、私の発表は完璧ではありませんでした。身体はこわばり、口を動かす以外は微動《びどう》もしなかったでしょう。いつ頭が真っ白になってもおかしくない気がしました。とにかく早く終わってほしい、それればかり考えていました。質問がありますと最後に誰かが手を挙げたときは、倒れそうになりました。それでもなんとかやり終え、聞いていた人は私が思うほど悪い出来だとは思っていないようでした。その後も繰り返し発表の場に立ち、機会を与えられればほぼ必ず出て行きました。自分から進んでその場を作ることもありました。そうやってあらゆる場を使って、実践を重ねていきました。

しばらく時間はかかりました。プリンストンの大学院を終え、ラトガース大学で心理学を一年、ノースウェスタン大学のケロッグ経営大学院で二年、ハーバードでも一年教えました。明らかに私のような人間が行くところではなかったはずの場所です。そしてようやく、指導教官の言葉は正しかったのだとわかりました。自分ができていることに気がついたのです。

その瞬間はこんなふうに訪れました。ハーバードの私のクラスで、学期中ほとんど発言をしなかった女子学生が、最後の授業の前に私のところへやってきました。これまでまったく授業に参加できていないけれど、最後の一回で発言しなければ後がないですよ、と伝えてあったからです。彼女はすっかり打ちひしがれた様子で、私の前に立ったまま長いこと黙っていました。そしてようやく口を開くとこう言いました。「私はここにふさわしい人間じゃないんです」言いながら目に涙を浮かべていました。

彼女は自分のことを話してくれました。小さな田舎町から出てきて、立派な家の出身でもなく、自分は場違いだ、何かの間違いでここにいるんだと思い詰めてきたといいます。

まさに、かつての自分を見ているようでした。

そのとき、気づいたのです。私はもうそんなふうに思ってはいない。自分がふりをしているとは思わない。人に見破られたらどうしようとは思わない。かつてのネガティブな思考がいつしか消えていたことに、彼女の言葉を聞いて初めて気がついたのです。

そしてこう思いました。彼女も、できるふりをしてだましている詐欺師なんかじゃない。ここにいるべき人間なのだ、と。

TEDで話をしたとき、私自身のインポスター症候群の話がこれほど多くの人の共感を得るとは思いもしませんでした。トークのテーマからは離れてしまうし、とても個人的な話でもあるので、ここで話すのはやめようかとも思ったくらいです。

TEDのプレゼンが終わったあと、聞いていた人の何人かがやってきて、涙ぐんだ目をしてハグをくれました。言いかたは違っても、みな一様に「まるで自分の話をきいているようでした」と言いながら。きちんとした身なりの五〇代はじめくらいの男性はこう言いました。「私はビジネスマンとして、従来の価値観でいえば成功している人間です。でも、外から見たらわからないと思いますが、毎日オフィスへ行くたびに、自分はだましていると感じているんです」このとき、その後もさらに何千人もの人からメールが届いて、同じ言葉を聞くことになるとは思ってもみませんでした。どの人もそれぞれ、自分はできるふりをしていると悩んだ経験を語ってくれたのです。

私はもともと、偏見を専門にする研究者としてやってきました。社会心理学の博士論文では、ステレオタイプがどのような差別のパターンに結びつくかについて研究しました。私の関心はつねに、自分は疎外されていると感じている人々にあります。どうしたら世界をもっとよくできるのでしょう? 残念ながら、偏見はすぐにはなくなりません。もちろん、だからといって問題に目を向けなくていいわけではありませんが、偏見は明日にでもゼロにできるわけではありません。私は性差別や人種差別を心理学の立場でとらえる研究についても教えていますが、解決策について希望のもてる話はごく少ないと言わざるを得ません。

私が悩んでいたのはそこでした。たとえばこれから仕事探しをしようという若い女性たちに講義するとします。何を話せばいいのでしょう? 「というように、職場では性差別が広くみられることが研究結果にも表れています。今日は集まってくれてありがとう。みなさんの健闘を祈ります！」と言って終わるのでしょうか。偏見の原因や偏見がもたらす影響については今も引き続き研究していますが、現在、研究活動の半分以上は、科学的な根拠のある身近な介入法を見つけることに割いています。言い換えれば、否定的な判断やバイアスにさらされたときでも、いいパフォーマンスができる助けになる方法です。否定的な判断やバイアスを持っているのが自分自身の場合も含めての話です。

「ふりをしている自分」と縁を切れるか

長いことずっと、自分はここにふさわしくない、運がいいだけだ、周りをだましているんだと思って生きてきました。同じように思っている人がほかにもいるなんて考えたこともありませんでした。

——クリス　四〇歳、エグゼクティブ

二〇一一年、ミュージシャンであり著書もある（ニール・ゲイマンの妻でもある）アマンダ・パーマーは、マサチューセッツ州ブルックラインにあるニューイングランド・インスティテュート・オブ・アーツ（ＮＥＩＡ）の卒業式でスピーチをしました。ニールはそのときのことをこう振り返ります。「アマンダが『詐欺師ポリス』の話をしたんです。詐欺師ポリスがいつか自分をつかまえにくるのではとびくびくしていた、という話です。で、同じように感じたことがある人がいたら手を挙げてください、と言ったんです。すると大勢の手が上がって——一〇〇〇人くらいいたかもしれない。それで僕は思ったんです。うわ、ほとんどみんなじゃないか、と」

研究結果を検証し、ポリーヌやニールのように同じ不安を経験した人の話を聞くうち、インポスター思考に際立って顕著な特徴が一つあるのに気づきました。こんな気持ちを抱いているのは自分だけだと思い込むことです。たとえほかの人も同じような不安を抱えているのだと知っても、それで勇気づけられたりはしません。「そうか、でもあの人の不安は根拠がない。自分は本当にできるふりをしてる詐欺師なのだから」と考えるのです。ポリーヌは自分が立派な家の出身ではなく輝かしい推薦状もないことを根拠に、自分には価値がないと考えました。一方で、同じように悩むほかの人については、自分をゆがめて見ているだけだととらえていました。ニールも、自分はきちんと文章を書く訓練も受けていないし大学へも行っていない、という思いが頭にありました。一方、卒業式で目にしたＮＥＩＡの卒業生たちは、才能にあふれ、それを証明しているのですから。

では、私たちの多くが同じように周囲をだましていると感じているのなら、お互いにそうと知らずにいるのはなぜか。みんながそれを恥だと思い、自分の心のなかにとどめているからです。世界有数の名門大学で物理学の博士号を取ったにもかかわらず研究者の道をあきらめた、先のエレーナはこう書いています。「誰も、夫でさえ、私が大学で経験した身を切られるような自己の喪失は理解できません。優秀な学生から、『落伍者』へと堕ちたのですから」

周囲をだましていると感じている人がどれほどいるかがもしわかったら、たどり着く結論は「私たちはみんな詐欺師で自分のしていることをわかっていない」か、「私たちの自己評価はまったくの見当違い」かのどちらかでしょう。感情面では、こうした不安を一人で抱えながら、同じように苦しんでいる人はほかに誰もいないのだと思い詰めれば、さらに自分を追い込むことになります。大半の人にとって、孤独を感じるのは困らされたり悩まされたりするよりも苦しいものです[24]。実際、人は孤独だと感じているとき、肉体的な痛みを感じたときと同じ脳の領域が活発になるといいます[25]。

誰もが感じるものだとすれば、私たちがインポスター思考の魔の手からのがれられる望みがないでしょうか。ニールはあるといいます。あるときを境に、クリップボードを持った人が家を訪ねてくる幻想を見なくなったのだそうです。どんなきっかけがあったのでしょう。ニューベリー賞か、何かの栄誉を受けたときでしょうか？　そうじゃないんだ、とニールはこんな話をしてくれました。

このことでは友人のジーン・ウルフにすごく救われました。当時、僕は『アメリカン・ゴッズ』という小説を書いていて、それが壮大なインポスター症候群の本なんです。というのも、アメリカを舞台にした壮大な長篇を書きたかったのですが、自分はイギリス人だし、神や宗教、世界の見かたといったあらゆることについても書きたかった。それでも『アメリカン・ゴッズ』は完成しました。一年半くらいかけて書いたんです。とても満足感がありました。そこでジーンに会ったときにこう言ったんです。ちなみにこれは三作目か四作目の小説だったんですよ――『アメリカン・ゴッズ』という本の初稿ができた、小説の書きかたがわかった気がする、って。するとジーンは果てしないあわれみと賢明さをたたえた目で僕を見て言ったんです。「ニール、小説の書きかたなんて永遠にわからないよ。いま取り組んでいる小説をどう書けばいいかがわかるだけさ」

小説の書きかたなんて永遠にわからない、いま取り組んでいる小説をどう書けばいいかがわかるだけ――。インポスター思考にまつわる大事な真実はこの点かもしれません。私たちの多くが、自分はだましているだけなのではないかという不安を完全に断ち切るのは難しいでしょう。そうした不安に襲われたら、その都度なんとか対処する。プレゼンスを達成できるようになっても

「永遠の今」を手に入れた禅僧《ぜんそう》の境地に達する保証はできないのと同じく、すぐにインポスター思考から完全に脱却できるとは言い切れません。新たな状況に身を置けば以前の不安がまたかき立てられることもあるでしょう。この先また自分の力不足を感じるかもしれないと思うと、しばらく忘れていた自信のなさが頭をもたげてくるかもしれません。それでもそうした不安を自覚していれば、人とそれについて話し合えるようになります[26]し、不安のからくりを把握していれば次に顔をのぞかせたときにうまくかわせるようにもなるでしょう。もぐら叩きのようですが、倒すことはできるのです。

presence 第5章

パワーのなさは足かせになり、パワーは自由をさずけてくれる

自分自身の力の中に自分を有する者がもっとも強い。

――ルキウス・アンナエウス・セネカ（紀元前四年‐紀元六五年）

不動産業界で新しい一歩を踏み出そうとしているキャシディという女性から、こんなメールをもらいました。[1]

私は一五年間、学生選手権や国の大会で優勝したこともある陸上選手としてやってきました。これまでの人生で、自分のアイデンティティはそこにありました。大学を出て競技活動を引退して以来、自分がもうエリートスポーツ選手ではないという現実とかなり格闘してきました。「陸上をやめて『現実の世界』へ来たのはいいけど、私は何なのだろう？　何者なんだろう？」という気持ちがつねにあるのです。

新たなキャリアを切り開こうと踏み出しましたが、いくらも経たないうちに弱気になって、新しい役割をこなしていく自分を思い描けなくなりました。頭はよく潜在能力もあると思っていますが、真に得意なこと、自分はこれについてはエキスパートだといえるような秀でた

ことが一つもないのです。敗北感、不安、自信がないといった気持ちにたびたびおそわれます。私の身体がしぐさや姿勢で表しているメッセージはほぼ一〇〇パーセント、無力感です。机にかぶさるように身体が前かがみになった状態です。自信がないんです。臆病になっていて、足元を固めてしっかり立つにはリスクを取るのも必要だとわかっていても、その勇気がありません。失敗したら無能だと思われるに違いない、そう思い込んでいるんです。そうして難しそうな状況を避け、チャンスがあっても手を出さない。怖いからです。

こうした無力感にとらわれている人の話には本当に毎日接しています。一般の人から寄せられるメールや、学生との会話、あるいは各種組織に勤めるさまざまな立場の人たちとの対話を通して見聞きしています。細部は一人ひとり違いますが、基本的な構図は多くの場合同じです。まず、パワーや強さをなくしているのを自分で認識し、不安や自信のなさ、落ち込み、敗北感を感じます。無力感は目に見える形で表れ、自信と意欲の喪失をともないます。

こうした神経のすり減った状態は、ちょっとした挫折はもちろん、誰もが経験するような生活上の変化によっても引き起こされます。そして自分には現状をコントロールする力がないのだと考えてしまいます。そうなると、キャシディも書いているように、チャンスを脅威と感じて逃げ、不安がさらに無力感と自信のなさに拍車《はくしゃ》をかけ、疲弊するサイクルから抜け出せなくなってしまうのです。

社会心理学者のダッチャー・ケルトナーらは、このサイクルのしくみを理解する鍵を見つけました。パワーがあると、心理面および行動面での「接近システム」がはたらく、というものです。自分にパワーがあると感じていると、私たちは自由でいられます。状況を自分でコントロールできて、脅かすものはなく、安全な状態です。[2] この状態では、脅威よりも機会に反応して行動します。前向きに、楽観的になれ、社会からのプレッシャーが足かせになることなく行動できるのです。

逆にパワーがないと、心理面でも行動面でも「抑制システム」がはたらきます。「警告を受け脅威を認識するシステムと同じ[3]」です。機会よりも脅威に意識が向いて反応します。全体的に不安で悲観的になり、社会的なプレッシャーにのまれて行動を抑制し、本来の自分を発揮した行動ができなくなります。

ある行動を起こすかどうかを決めるとき――誰かをデートに誘う、教室で手を挙げて発表する、困っている人を助けるなど――私たちは次の二つのどちらかに重点をおいて判断します。一つがその行動によって生じる利益（交際が始まる、自分の考えを伝えられる、人を助けた喜びを得られる）、もう一つがその行動によって生じる損失（断られて傷つく、的外れな発言で恥ずかしい思いをする、きまり悪い思いをする）です。利益の可能性に目を向ければ、行動を起こし、プラスの結果に接近します。損失の可能性に目を向ければ行動せず、起こり得る危機を回避します。[4]

人はパワーを持っていれば近づき、パワーを持っていなければ避けるのです。

パワーは私たちの思考や感情、行動、生理機能までを根本から左右し、私たちの存在やパフォーマンス、ひいては人生の針路についても直接、可能性を開いたり閉ざしたりするものです。パワーを失っていれば、本来の自分は発揮できません。ある意味、プレゼンスとはパワーです。自分で自分にさずける特別なパワーなのです（ジュリアン・ムーアがプレゼンスについて語ってくれたとき、こう言っていましたね。「パワーね。やっぱりパワーを持てるかどうかなんじゃないかしら」)。

では、私たちはプレゼンスとパワーの結びつきについて心配しなければならないのでしょうか。というのも、パワーは崩壊するものですよね。

確かにそうかもしれません。でもパワーは解放してもくれます。ここで言い切ってしまいますが、パワーと同じように、パワーのない状態も崩壊するのです。

パワーのない状態が、どう本来の自分をゆがめ、変えてしまうかを理解しておくのは大事なことです。同じように重要なのが、パワーを——ある種のパワーを——手にすると、どう本来の自分の姿が現れるかを知っておくことです。この点について、私が好きなのは、作家で公民権運動の指導者だったハワード・サーマンの次の言葉です。「誰のなかにも、みずからの真の声を待ち望み、耳を澄ましているものがある。それが唯一、あなたを導く本当の道しるべになる。その声が聞こえなければ、生涯、他人が引く糸に操られて過ごすことになるだろう」[5]

自分の糸を自分で引く人生か、誰かに糸を引かれる人生。どちらを選びますか。

■個人的なパワーと社会的なパワー

ここで取り上げたいパワーには二種類あります。社会的なパワーと個人的なパワーです。二つは関連しあっていますが、中身はかなり異なります。

社会的なパワーとは、支配力を行使し、他者の行動に影響をおよぼしたりコントロールしたりする力をさします。社会的なパワーが発生し行使されるのは、何らかの価値のある資源が不均衡な状態にあるときです。人々が必要とする有用なもの——たとえば食料、身を寄せる場所、お金、道具、情報、地位、注目、愛情など――を手に入れられる人は、力を持った、強い立場にあるといえます。この種の力を使って手に入れられるものは限りなくありますが、社会的なパワーそのものには限りがあります。一貫しているのは、他者をコントロールする力であるという点です。[6]

一方、個人的なパワーの特徴は、他者の支配から自由である点です。相手の利益が自分の損失になるゼロサム状態とは対照的に、こちらは無限で、スキルや能力、揺るぎない価値観、ありのままの性格、果敢に行動する自分といった無限の内的資源を使え、コントロールできる、そういう状態です。あとでみていくように社会的なパワーと違い、個人的なパワーは人をオープンで楽観的にし、リスクに対する許容度も高めるので、チャンスがやってくれば気づいて生かせる可能性が高くなります。

簡単に言えば、社会的なパワーは他者におよぼす力、すなわちほかの人の置かれた状態や行動をコントロールする力です。一方、個人的なパワーは自分自身に向ける力で、自身の状態や行動をコントロールする力です。ホロコーストを生き延びた体験を書き、ノーベル平和賞を受賞したエリ・ヴィーゼルが「究極的には、人が持ちたいと願うべき力は、自分自身に対して行使する力だけである」と述べた力は後者にあたります。

理想的には両方の力を持てればよいと私たちは考えますが、ヴィーゼルの言葉が示すように、個人的なパワーを持つことは不可欠です。個人的なパワーがあるというのは、かけがえのない自分の内的資源をみずからの手で思いどおりに生かせる状態です。私たちは個人的に自分自身にパワーを感じられなければ自分を発揮することはできません。どれだけ社会的なパワーを持っていても埋め合わせられないのです。

ステファンは金融業で成功していて、仕事では社会的なパワーを行使しています。資金を求めている企業に対して、投資するかどうかを決める立場にあります。しかし、個人的なパワーも同じくらい持っているかというと、そうではありません。

「私は相談にくる企業のトップよりもずいぶん若いことが多いのです。気がつくと、自信がなく、非常に遠慮した、相手に従うような姿勢をとっています。おかしな話ですよね。私のほうが力のある立場にいるんですから。物事を決めるのは私のほうなんです。でも自分がそういう立場にふさわしいとかそれに値する人間だと思えずにいます。人生全般も仕事上のキャリアも、たまたま巡ってきたチャンスを運よく利用してここまで来ただけ、という気持ちがずっとあります」ステファンはそう語りました。

これがまさに、社会的なパワーがあっても個人的なパワーのない状態です。あまり人がうらやむ状態とはいえません。逆に、個人的なパワーがある状態から始めれば、社会的なパワーはおのずとついてきます。パワーについての研究を専門にするニューヨーク大学教授のジョー・マギーは「個人的なパワーとは、自身の信条、考えかた、価値観に基づいて行動する自信があり、自分の行動には効力があるという感覚を持てていることにつきる」と説明しています。ここでいう「効力がある」とは、必ず望んだ結果になるという意味ではなく、人とのやりとりの後で、本当の自分を正しく伝えられた、自分の望むものをきちんと示せたと実感できることを指しています。最終的な結果そのものは自分の力で思いのままにできるとは限りません。結果につながる数々の要素をすべて自分でコントロールできるわけではないからです。たとえば他人の行動などはコントロールできません。でも、恐れずにありのままの自分を出して物事にあたることはできます。するとと自然に他者を引きつけ、影響力さえ発揮して、その結果望ましい産物、つまり社会的なパワーを引き出せることにもなるかもしれません。社会的なパワーを手にしようと躍起になっていないからこそ可能なのです。個人的なパワーがあると、自分自身、すなわち自分の信念、感情、能力を表現し発揮するのを妨げる不安や抑制から自由になれます。パワーを感じられなければ、人は自分を信じる力をなくしてしまいます。自分を信じられなければ、ほかの人とも信頼を築けません。

個人的なパワーを持てている実感は何があっても揺るがないのが理想です。しかし現実には揺れ動きます。厳しい現実にくじけそうになったときなどはとくにそうです。たとえば、自身の社会的なパワーが打ち砕かれることで個人的なパワーをなくしてしまう場合があります。先日、イランに住む大学生からメールをもらいました。成績はオールA、卒業式では卒業生総代を務め、ハーバードかMITにでも進学するのだろうと周囲は思っていたといいます。でも、現実は違いました。「ハーバードもMITも不合格になり、それから自信を持っていたこの先の展望にも影が差しました。自分への自信も同じです。自分はそれほど頭がよくはないのだと考え、プライドも同じように揺らいで、自分はたいした人間ではないのだと考えました。結局家から通える地元の大学に進みました。成績は下がり、やる気と向上心を失いました」

個人的なパワーがいかに不安定で崩れやすいかを物語る話です。彼のようにある程度の成功を収めていても、顔も知らない第三者から少し否定的な判断を下されただけで精神的にダメージを受けてしまうのです。影響が連鎖しているのがわかるでしょうか。人生の一つの側面についてパワーを失うと、世界に向きあう態度全体が変わってしまっています。自分の可能性を自分でせばめ、同様にモチベーションも、この先への期待も、いつもの自分のパフォーマンスを維持する力も、みな下がってしまっています。どれも急にパワーを失ってしまったためです。

ここでお伝えしておきたいのは、自分にパワーがあると感じられるか否かは人生を非常に大きく左右するということです。そしてこれからみていくように、こうした感覚は私たちが思うよりずっと簡単なきっかけに左右されるのです。「パワーを持つと人の心理は変化し、パワーを持つ人がするように、パワーの維持と獲得につながるべく考え、行動するようになる」と、先のマギーとコロンビア・ビジネス・スクール教授のアダム・ガリンスキーは書いています。[7] ガリンスキーとカリフォルニア大学サンディエゴ校ラディ・スクール・オブ・マネジメントの経営学教授パメラ・スミスは、こうしたパワーはしばしば無意識下で作用していることを立証しています。つまり、自分では気づかなくても、スイッチが入るように作動して、私たちの思考や感情、行動に無意識のうちに影響を与えているというのです。これは好都合な話です。権威の王冠を頭に載せなくても自信を持てるということですし、パワーをうまく使おうと策を練らなくても恩恵を受けられるという意味ですから。[8]

あなたが、自分にパワーがみなぎっていると感じたときのことを思い出してみてください。自分の心理状態を一〇〇パーセント自分でコントロールできていると感じられたとき。果敢で恐れない、本当の自分に従って行動できるという自信を持ち、そうした自分の行動には効力があると感じられたとき。職場で、家で、学校で、そのほかどこかでそう感じたときのこと。少しの間それを思い浮かべて、個人的なパワーを感じた経験と、そのときの気持ちを思い出してみてください。

前向きな気持ちになってきたのではないでしょうか？　意識したかしないかにかかわらず、いま、あなたは「プライミングされた（影響された）」のです。いまのちょっとした練習で、あなたの心は自信と強さに満たされた状態になりました。反対にパワーをなくしてストレスに押しつぶされそうになった経験を思い出してもらってもいいのですが、あなたの気持ちを暗くするようなことはしたくありません。実際、そうした経験を思い出すと、一時的にせよ心理状態は悪いほうへ変化し、気持ちが沈んでしまいます。他人に心の状態を左右されるという不本意な感覚が、脳の奥のほうから呼び起こされるのです。

社会心理学でパワーに関する実験を行なうとき、実際にこの手法を使います。さまざまなしかけや課題を通じて、参加者をパワーのある状態にしたりない状態にしたりするのです。そうして参加者をプライミングした状態で実験を行ない、パワーの有無によって人の反応にどう差が出るのかを検証します。

なんだか単純なしかけに思えるかもしれませんが、ちょっとした思考のエクササイズで私たちの心は動きます。たとえばパワーがあると感じたときやないと感じたときの自分を思い出す、パワーに結びつく言葉（管理、命令、権限など）やパワーのなさに結びつく言葉（従う、譲《ゆず》る、下位のなど）を短時間目にする、上司や部下の役を演じてもらうといった行為を通じて、私たちの気持ちや精神状態にはっきり変化が現れます。こうしたちょっとしたはたらきかけが、無意識の感情を引き出すのです。[9]

ここでこうした点にふれたのは、この章で紹介する研究例でも使われているためです。そして、パワーを感じられたり感じられなかったりは、ちょっとしたきっかけでどちらにでも動かせるという大事な点を示しているからでもあります。私たちはじつに簡単に左右される生きものなのです。そう、影響されやすくて弱いともいえます。でも、自分を誘導するやりかたがわかれば、それは強みになります。

■「パワーがない状態」が招くパラドックス

本章の冒頭で、元陸上選手のキャシディを紹介しました。引退して新しい人生を歩み出したものの、すっかり無力感を覚えている、とメールをくれた女性です。不安を抱え自信を失った彼女は、失敗を恐れて挑戦するのを避け、失敗すれば周囲から能力がないと判断されるのだろうと後ろ向きになっていました。これでは新たな機会が脅威になってしまうのも当然です。新たな挑戦が不安なのは誰でもそうですが、パワーがない状態にあると、危険を警戒する気持ちが強まり、その結果、連鎖反応でますます行動できなくなる、というパターンにおちいります。危険への警戒感が強まると、社会不安が強くなります。いくつかのパターンがあるのでみていきましょう。

・パワーがないと思考がはたらかない

社会不安につきものの、圧迫されているような包囲されているようなあの感覚――頭が真っ白になりそうな感覚、あるいはフル活動できていない感覚――、覚えがありますよね？　大丈夫、あなただけではありません。一説では、不安が生じるかどうかは、次の二つをどう査定するかで決まります。一つは、努力を要する重大な局面をどうとらえるか（脅威なのか挑戦なのか）。もう一つは、それを受けてその局面を乗り切るのに必要なリソースを手に入れられるかどうか。重大な局面を挑戦ではなく不穏な脅威ととらえ、かつその脅威に対処できるだけのリソースが自分にないとみなせば、不安は大きくなります。[10] これが、個人的にパワーを失った状態、必要なときに内的資源を手に入れられないと感じる状態です。慢性の不安も急性的な不安も、（ほかの領域もですが、おもに）前頭前皮質《ぜんとうぜんひしつ》の活動を妨げて、重要な認知機能のはたらきを損ないます。前頭前皮質は、私たちの行動や言語を内面的な目標や感情と一致させる重要な役割を担っています。[11]

これはゆゆしきことです。私たちが抱く不安が、相手に悪い印象を与えてしまうことへの恐れからきているとすれば、よい印象を与えるのに役立つ機能が働かなくなるのは何より避けたいところです。この機能は、他者を正しく理解しふさわしい反応をするためのツール、と言い換えてもいいでしょう。

ところが、パワーを失い無力感にとらわれているときの私たちはまさにこの状態になってしまうのです。明快さを失い、複雑な状況やストレスのかかる状況で必要な要求に脳が応えられなくなります。無力感とそこから生じる不安は、心理学でいう「実行機能」を損ないます。実行機能とは、論理的に判断する、物事を柔軟に実行する、注意力をコントロールするなど、高次の認知機能を指し、困難な状況に対処するために不可欠な力です。[12] 実行機能がうまくはたらかなければ、頭のなかの情報を更新する、望ましくない衝動を抑制する、先のことを計画するといった行為がうまくできなくなります。また、不安は、実行機能が深くかかわっているワーキングメモリ（記憶されている情報を引き出しながら、同時に新しい情報を取り込み、まとめ、それに反応する能力）のはたらきも妨害します。

参加者をパワーのある状態やない状態にあらかじめプライミングした上で、簡単な作業を行なってもらった実験の例をいくつかみてみましょう。今やあちこちで見かける「脳を鍛えるトレーニング」のような作業を取り入れた実験です。[13] 一番目の実験では、被験者を力のある指示する立場と、力のない指示される立場の二人一組にし、コンピュータを使った作業をしてもらうと説明します。そして作業の前に（実際にはその作業はしないのですが）、一人ずつ「2バック課題」

と呼ばれる課題をやってもらいます。画面上で文字を見せ、表示された文字が二つ前の文字と同じ文字かをすばやく答えていく課題です。この課題では、被験者の認知能力のうち「更新」機能を測ります。被験者は頭の中の文字の情報を更新し続けなくてはなりません。すると、パワーのない状態にプライミングされた被験者のほうが、パワーのある状態にプライミングされたグループより誤答が有意に多いという結果が出ました。

次の実験では、力を持っている状態を示す言葉か力のない状態を示す言葉のいずれかを被験者に見せます。その後、認知心理学では非常によく使われる手法、ストループ課題をやってもらいます。一九三五年に心理学者ジョン・リドリー・ストループが考案した、干渉する情報を認知的にどれだけすばやく遮断《しゃだん》できるかをみるテストです[14]。課題はシンプルで、参加者に複数の単語を示します。多くが赤や青といった色の名前なのですが、文字はその色とは違う色で書かれています（たとえば青字で「赤」と、赤字で「青」と書いてある）。参加者はできるだけ速く正しく、文字の色を答えます。簡単に聞こえますが、じつはそうでもありません。言葉で書かれている文字をそのまま読みそうになる反応を「抑制」するのは、意外に難しいのです。「青」と赤い色で書かれていると、本当は「赤」と答えるべきところを「青」と答えたくなるわけです。こうした不一致な条件の課題（「赤」と青い色で書いてある、「青」と赤い色で書いてある）では、こちらもパワーのない状態にプライミングされた被験者のほうが、パワーのある状態にプライミングされたグループとプライミングを行なわなかった統制グループよりも誤った回答が多いという結果が出ています。つまり、パワーのない状態にあると、人は不要な情報を遮断したり認知的な衝動を抑えたりするのが難しくなるのです。

別の実験では、被験者を三つのグループに分け、それぞれ「自分がほかの人に対して権力を行使できる状況にあったとき」「自分がほかの人から権力を行使される状況にあったとき」「昨日何をしたか」について書いてもらいました。その後、コンピュータ上で「ハノイの塔」と呼ばれるパズルに挑戦します。棒に通した複数の円盤を、順番を考えながら別の棒へ移動させて、目的の棒に収めるというものです。最低限必要な回数以外に円盤を何回動かしたかで、被験者の「計画する」能力を測ります。この課題を解くには、直感だけでなく先を見通した作戦が求められます（最後まで到達するためには、目的の棒にいったん入れた円盤を何度か外さなくてはなりません）。そしてここでも、パワーのない状態にプライミングされた被験者のほうが、パワーのある状態にプライミングされたグループと統制グループよりも完成までに移動させる回数が多くかかりました。パワーのない状態が実行機能の重要な要素のひとつである「計画する力」を奪ってしまうことを示しています。この論文の同じ著者は、パワーのない状態がいわゆる目標無視といわれる状態を引き起こすことも指摘しています。これは目標に集中できなくなり、目標の達成に必要な活動ができなくなる状態です。

ここまでに挙げた例からわかるとおり、実行機能をはたらかせることができなければ、自分の能力を正しく発揮することはかないません。パワーのない状態はまさにそれを妨げ、持っている知識や経験も生かせなくなってしまいます。

・パワーがないと自分しか目に入らない

さて、こうして判断力も集中力も、ワーキングメモリも明快さも失っても、私たちはなんとかパワーのない状態から脱却しようと必死で試みます。これだけでも大変ですが、さらなる打撃があります。不安を抱えていると、他者に寄り添えなくなってしまうのです。社会不安が他者の目を通して世界を見る力を損なうことを示す研究結果があります。

社会心理学者のアンディ・トッドは被験者に、自分から見たときと他者から見たときの物体の位置をそれぞれ示してもらう実験を行ないました[15]。不安を感じるようプライミングされた被験者は、他者から見た物の位置を正しくとらえる確率が低い結果が出ています。また別の実験では、人がテーブルに座っていて、左側に置かれた本を見ている写真を参加者に見せました。その後、本がテーブルのどちら側にあったかをたずねたところ、不安な状態にある参加者は、写真の中の人の視点で見た位置(「本はテーブルの左側にあった」)ではなく、自分から見た位置(「本はテーブルの右側にあった」)を答える傾向がみられました。不安の度合いが強いほど、この傾向は強まったといいます。

言い換えれば、人は不安を抱えていると、自分の頭のなかの世界から抜け出してほかの人の視点で物事を見ることができなくなることを示しています。この状態では、相手の声を聞き相手を理解することが求められるようなプレッシャーのかかる状況で――たとえばジェフリー・ブラウン牧師がボストンの若者たちと対話したときのような状況で――うまくふるまえなくなるのも想像に難《かた》くありません。

不安と自分しか目に入らない状態との関係は双方向的で、互いが互いを引き出しています。二〇〇以上の研究事例を分析した研究者は、人は自分自身に意識を集中させるほど不安になり、落ち込みも増して全般的にネガティブな気持ちになると結論づけています[16]。自分に意識が集中していると、腹痛や鼻づまり、筋肉の緊張といった身体的な不快感に敏感になるという報告もあります[17]。

以前、大リーグのあるチームで講演し、何が自分たちのパフォーマンスを下げる要因になるかについて選手やコーチから話を聞く機会がありました。ある選手が重圧に感じるものとして挙げたのが、試合で必ず見かける、球場のスクリーンに映し出される選手の成績データでした。「あまり打率がよくないときもあるわけです」とその選手は言います。とくにシーズン序盤などは、成績はかなり上下します。打席に入るため歩いていくと、巨大スクリーンに自分の顔と名前が映し出され、打率やそのほかのデータが表示されています。それが重荷に感じ、球場にいる人みんなが注目していて、自分の成績について考えているような気がしてくるのだといいます。嫌な感覚というだけでなく、集中できなくなるのだそうです。

その気持ちは確かにとても理解できます。でも、実際はこうともいえます。あなたがプロの野球選手で、打席に立っていたら、当然大勢の人が注目します。打力について辛辣《しんらつ》な言葉を投げつける人もいるでしょう。でも、ビールを飲んだり友人と自撮りに興じたりしていて、打つ瞬間を見ていない人も大勢います。見逃したのに気づいて、もしかしたら多少のきまり悪さを感じながら「あ、見逃しちゃった。いま、どうなった?」と言ったりしているかもしれません。実際のところ、あなたが思うほど他人はあなたのことを考えてはいないのです。実際に大勢の人から注目が集まっているときでさえそうなのです。そしてたとえ注目されてみんながあなたのことを考えていたとしても、それについてあなたは何もできません。あなたにできるのはボールを打つことだけです。

これはスポットライト効果と呼ばれ、自己を中心に考える人間のバイアスの中でももっと根深く、広くみられる現象です。私たちは実際よりも人が自分に注目しているように(しかも通常、よい意味でなく悪い意味で注目しているように)感じるものなのです。これをやめるのはなかなか難しいものです。みんな私のことをどう思っているんだろう? あの人、私をできないやつだと思っているのかな？　さっきから人に見られている気がするけど、歯に何かついているのかな？　といった具合です。以前、ある非常に有能な教師が、教えることへの不安感を払拭《ふっしょく》した瞬間についてこう話してくれました。「ある日の授業中、生徒が私をどう思っているのだろうと考えなくなっている自分に気づきました。そうでなく、生徒が何を考えているかに意識を向けていたんです」相手が自分をどう思っているのか分析するのをやめたとき、目の前で教材を開いている生徒と向き合うことができた、というのです。

　スポットライト効果を裏付ける研究は数多くあります。ちょっと変わったある実験では、ランダムに選ばれた学生たちに、バリー・マニロウの顔がプリントされた派手な色のTシャツを着て、大教室の心理学の授業に出てもらいました。そして教室にいた学生のうちどの程度が自分のTシャツに気づいたと思うかをたずねました。学生は半分近くが気づいたと思うと予測しましたが、結果は大きく外れ、実際に気づいたのは四分の一以下にすぎませんでした。もう少し目立たないTシャツで同様の実験を行なったところ、着ていた本人の予測と実際に気づいた人の割合のずれはさらに広がりました。着ていた学生は半数近くが気づいたと予測しましたが、実際に気づいたと答えた学生は一〇パーセントに満たなかったのです。[18]

　私たちが実際よりも自分が注目されていると感じるのは、自己中心的だからでもナルシストだからでもありません。私たちはみなそれぞれが自分の世界の中心であり、自然に外の世界を自分の視点から見ているためです。このため、ほかの人も自分と同じ視点で物事を見ているように考えてしまうのです。この傾向は、きまり悪い思いをしたときや髪型がうまくきまらないとき、場違いな発言をしてしまったときなどにとくに顕著になります。このような場合、私たちの多くが、実際よりも大勢の人が気づいていると思いがちなのです。

・パワーがないとプレゼンスは遠ざかる

パワーのない状態がもたらす悪影響はこれだけではありません。人と接する場面で、不安になり自分のことしか考えられなくなるほど、終わったあともいつまでも振り返ってはあれこれ思い悩んでしまうのです[19]。済んだことについて頭のなかで延々と自分の行動を再現して振り返る不毛な習性については前にもふれましたが、パワーを失い、不安にさいなまれた状態が脳に与えるマイナス効果についてみてきた今、もう一歩踏み込んだ解釈ができそうです。つまり、私たちが頭のなかで繰り返し再現して思い悩んでいる内容は、実際の事実とはずれている、ということです。私たちが振り返っている記憶には誤りが多分に含まれているのです。実際の場面では不安でいっぱいで自分に意識が集中しているため、そのときの記憶はゆがめられ、穴だらけになっています。それでも考えずにいられないのです。ねじ曲がった記憶をさらにねじ曲げながら、「みんな私のことをどう思っているのだろう?」というフィルターに何度も何度もかけているといえばいいでしょうか。終わった後もその場面が頭から離れず、その場に閉じ込められたような状態です。

つまり、不安で自分に意識が集中していると、本来の自分を発揮するのはほぼ不可能なのです。大きなチャレンジの前も、最中も、終わったあとでもそうです。

ほかの人が自分をどう見ているかを不安に思うのは不毛――これは改めて言うまでもないことかもしれません。けれど、そうした不安が私たちからパワーを奪っているという事実は心に留めておきたいところです。

パワーがあると何がいいのか

パワーのない状態は私たちを抑制し、消耗させ、本来の力を発揮できなくしますが、パワーのある状態はちょうど反対に作用するといえます。ただし、パワーがどうプラスにはたらくのかをみていく前に、パワーや力全般についての否定的なステレオタイプはいったん脇に置いてみることにしましょう。

・パワーは守ってくれる

パワーがネガティブな感情から守ってくれる緩衝材《かんしょうざい》であることは、近年多くの研究が指摘しています。批判や拒絶、ストレス、さらには身体的な痛みなどから守るべく、私たちの皮膚を厚くしてくれるイメージです。

カリフォルニア大学バークレー校で行なわれたある実験では、恋人同士の学生たちに二週間にわたって毎晩アンケートに答えてもらいました[20]。質問はその人がどれだけ力を持っていると感じているかをみるのがねらいで、たとえば「二人の間で今日はどちらがより主導権を持っていましたか」「今日はどちらが多く物事を決定しましたか」などです。また、拒絶されていると感じているかをみるため、相手が自分に対してどの程度敵対的だと感じたかを示してもらいました。さらに、「怒り、不安、悲しみ、恥」の四つのネガティブな感情をどの程度感じたかについても記してもらいました。その結果、拒絶された気持ちが強かった日でも、パワーのある状態でいればネガティブな感情は軽減され、パワーによって人が守られていることがわかりました。

仮想上のパワーでも効果があることを、同じ研究者グループによる別の実験が示しています。実験では、職場で権力を行使する「ハイパワー」の役と権力を行使される「ローパワー」の役に被験者を分け、仕事後にバーへ飲みに行こうと誘われなかった状況を想像してもらいました。誘わないことを決めたのは、自分よりも職場での地位が高い人、同等の人、低い人のいずれかです。被験者には自分の気持ちと自尊心を評価してもらいました。そして誘ってくれなかった人よりも自分のほうがパワーがあったときほど、ネガティブな気持ちを感じず、自尊心も保たれたという結果が出ています。

次の実験では、学生にパートナーとペアを組んで頭を使う問題を一緒に解いてもらうと説明します。参加者の学生は上司役（力のある側）か部下役（力のない側）のいずれかの役を与えられます。その後、実際には架空の「パートナー」が、参加者について情報を得たうえで、このあと一緒に作業することについて前向きにとらえているか、あまりそうではないかを伝えます。すると、パートナーが一緒に作業することに前向きでない気持ちを示したとき、権力のない部下役の参加者はそれをマイナスに受けとめ、自尊心が低くなる結果が出ました。権力のある上司役についた参加者は、パートナーが自分をどう思うかを気にかけない傾向がみられました。

カリフォルニア大学バークレー校のダナ・カーニーによる実験では、被験者にリーダーシップに関するアンケートに答えてもらったのち、力を行使できる「ハイパワー」の役と力を行使される「ローパワー」の役に分けました。被験者はアンケート結果にもとづいて役割が与えられたのだと考えますが、実際は無作為で分けています。ハイパワーの被験者とローパワーの被験者はペアになり、別の「同僚」に与えるボーナスを決めるよう言われます。ハイパワーの地位にある被験者は大きなオフィスを用意され、話し合いの主導権を持ち、ローパワーの相手役に二〇ドルの

「報酬」のうちどれだけ支払うかを決める権限も与えられています。実験では、パワーがあることがストレス反応にどれだけ影響を与えるかをみるため、身体的な苦痛をストレッサーとして与えます。被験者に水温約九度の氷水の中に手を入れてもらい、いつでも手を水から出してよいと伝えたうえで、どれだけ長くつけていられたかを調べました。その結果、ハイパワーの被験者はローパワーの被験者よりおよそ四五秒長くつけていられた（長さにして約二倍）という結果が出ています。さらに、苦痛を表す非言語表現（顔をしかめる、腕をぴんと張る、落ち着かない動きをするなど）も少なく、これは実際にローパワーの被験者よりも苦痛を感じていなかったことを示唆しています。[21]

・パワーは人をつないでくれる

パワーを感じていると、ほかの人の気持ちを読みとり理解する力が増す場合があります。[22] ある実験では、被験者に力のある状態を連想させる単語群（王室、リーダーシップ、コントロールなど）か、力のない状態を連想させる単語群（従う、仕《つか》える、下位のなど）のいずれかにふれてもらいました。その後、二人一組のペアが一緒に作業に取り組んでいる映像を見せ、二人が共同作業をしながら何を感じ、考えていると思うかを推測して書いてもらいました。これを二人が実際に考えていたことと比較したところ、パワーのある状態に誘導された被験者のほうが正しく読みとる傾向がみられました。

一連の別の実験では、被験者を三つに分け、それぞれ「自分がほかの人に対して権力を行使できる状況にあったとき」「自分がほかの人から権力を行使される状況にあったとき」「昨日何をしたか」について書いてもらいました。その後、喜び、悲しみ、怒り、恐れの四つの感情を表す顔写真を二四枚見せ、それぞれがどの感情を表しているか選んでもらいます。あわせて、自身のリーダーシップの取りかたに関する質問にも答えてもらいます。その結果、パワーのある状態にプライミングされたグループはパワーのない状態にプライミングされたグループより正しく感情を読みとりました。ただし、自分が持つ力を利己的かつ他者への共感なしに行使する傾向がみられた人にはあてはまりませんでした。

自分にパワーがあると感じていると、他者、とりわけ責任や思い入れを感じている他者を許す傾向があることもわかっています。[23]この実験では、他者に権力を行使したときと逆に行使されたときのいずれかについて書いてもらったのち、人に傷つけられたり嫌な思いをさせられたりする状況（自分の恥ずかしい話を暴露されるなど）をいくつか想像してもらいました。するとパワーのある状態にプライミングされたグループはそうでないグループよりも相手を許すと答える傾向が確認されています。パワーがあるとき、人は他者に警戒心をもって接するというより、むしろオープンに、場合によっては無防備ともいえるような態度をとるのです（力のある猿も、ない猿より警戒心が薄いと考えられています）[24]。別の研究では、パワーを持っていると感じている側は、相手を脅威とみなすよりも友好的にとらえる傾向を指摘しています。一方、パワーのない側は、逆になじみのない相手を脅威ととらえる傾向があります。またこの研究では、パワーのある側が相手に対して安心感を抱いた結果、自分の本心を相手に見せる傾向も確認されています。[25]

パワーとマネジメントに関する初期の研究では、監督者が自分にパワーがないと感じている場合、「仕事ぶりに問題のある人物」に対して威圧的な力を行使する（罰や解雇の可能性を示唆して脅すなど）傾向が強いことを示しています。一方、自分にパワーがあると感じている監督者は、ほめる、忠告するなどのやりかたを通じて、相手に向き合って説得しようとする傾向がみられました[26]。また別の研究では、自分にパワーがないと感じているマネジャーは自己防衛に走りがちで、下からの情報を嫌う傾向があるうえ、意見を口に出す社員をよりネガティブに評価することが明らかになっています[27]。

・パワーは自由な思考を促す

パワーを欠いていると認知機能のはたらきが低下しますが、パワーがあれば認知機能のはたらきは強化され、複雑な状況でも適切な選択ができる能力を高めてくれます。社会心理学者のパメラ・スミスは、パワーの有無が私たちの思考にどう影響するかを調べた研究を数多く行なっています。スミスによれば、パワーがないと感じている人と比較して、「パワーのある人は情報をより抽象的に処理しており、情報を統合して要点を抽出し、パターンと関係性を探り出している[28]」といいます。

パワーがあれば、恐れず、自立していられ、外からのプレッシャーや期待に動じず、さらにはクリエイティブになれます。たとえばこんな実験があります。マーケティング会社の職に応募しているという仮定で、被験者に鎮痛剤《ちんつうざい》やパスタなどの新製品の名称を考えてもらいました[29]。製品ごとに名称の例が与えられています。たとえばパスタはどれも最後が「na」「ni」「ti」のいずれかで終わる名前、鎮痛剤は「ol」か「in」で終わる名前です。するとパワーのある状態にプライミングされたグループは、与えられた例を使うよりも独自の新しい名前を考え出したといいます。パワーを感じていると、私たちは自分の考えや感情を表すのに自意識過剰になることなく、自由に考え、力を発揮できるのです。

・パワーはシンクロさせる

第1章でシンクロニーについてふれました。自分のなかのさまざまな要素が調和し同調している状態です。自分にパワーを感じていると、思考、感情、行動がシンクロし、真の自分の状態に近づくことができます。ある実験で、パワーを感じた状態の人に面識のない人と話し合いをしてもらい、その様子を観察したところ、非言語表現と自己申告してもらった感情には高い一致がみられました。たとえばうれしい気持ちでうれしい話をするときに笑顔を見せる、などです。パワーを感じられていない人では、非言語表現と感情が一致する度合いは低くなります。[30]

パワーのない状態は、周りの人の行動や、周囲はこう期待しているのだろうという予測に自身の行動を合わせることにもつながります。[31] つまり自分を偽ってしまうのです。だまそうという意図はなくても、自分を守りたいという気持ちから生じる行動です。結局、無力な状態でいるときは、溶け込んで周囲の意に沿っていたほうが楽なのかもしれません。

・パワーは行動を引き出す

もう、自分の力で変えられないことを受け入れたりはしない。受け入れられないことを自分で変えていくのだ。

――アンジェラ・デイビス

あなたは研究者から部屋へ招かれ、椅子に座って待つように言われました。座ると、扇風機がこちらを向いて回っています。風が直接顔にあたってじゃまです。さて、どうしますか？　扇風機を止める？　向きを変える？　あるいは気にしないように努めるでしょうか？

別のシチュエーションをもう一つ。あなたは三人一組のディベートチームの一員で、今からディベート大会の決勝に臨みます。チームは先攻か後攻かを選ぶ権利があります。メンバーの一人は、議論の枠組みと方向性を作れるので先攻がいい、と言います。もう一人は反対に、相手が持ち出した主張に反駁《はんばく》できる後攻がいい、という意見です。さて、あなたの意見でどちらにするかが決まります。先攻と後攻のどちらを選びますか？

この例はどちらも、パワーの有無が人の行動をどう決定するかをみる実験で使われた設定です。最初の例では、これまでに挙げた研究と同様、参加者をパワーのある状態かない状態にプライミングしたうえで実験を行ないました[32]。結果は、パワーのある参加者の六九パーセントが扇風機を止めるか向きを変えるかした一方、パワーのないグループでは四二パーセントにとどまっています。六割近くは何もせず現状を受け入れていたのです。確かに誰も扇風機に触っていいとは言っていません。力のない状態のとき、人は行動を起こすのに権力のある人からの許可が必要だと感じたわけです。二番目のディベートの例では、パワーのある状態にプライミングされたグループはそうでないグループと比較して四倍、先攻を選ぶ人が多かったという結果が出ています[33]。

パワーを感じている人のほうが積極的に行動する傾向を裏付ける研究は枚挙《まいきょ》にいとまがありません。パワーのある人のほうが新車を購入するときに値引きを掛けあう、仕事の条件交渉を自分から切り出す、というデータもあります[34]。理由はどこにあるのでしょう？　パワーは、物事を自分で決める自由、行動を起こす自由、みずから何かをする自由をさずけてくれます。別の実験では、やはり被験者をパワーのある状態かない状態にプライミングしたのち、さまざまな場面を提示して（ルームメイトを決める、中古車を買う、転職先として考えている会社を訪問するなど）、決断するのにどの程度の時間が必要だと思うかを答えてもらったところ、パワーのない状態のグループのほうが長い時間がかかると答えています。[35]もちろん、すばやく動くのが必ずしもベストな選択とは限りません。時間をかけて慎重に考えてみるほうが賢明な場合もあるでしょう。ですが、一般的な傾向として、パワーがあると人は行動するといえます。一連の別の実験では、奨学金に申し込む、新しいアパートへ引っ越すなどのケースで、締め切りや期限がどれだけ迫ったら行動するかをたずねたところ、パワーがある状態のグループのほうが早めに済ませると答えています。ここに挙げた例は早く動くほうがよいケースでしょう。さらに、実際には不可能な、一筆《ひとふで》書きで形をなぞる課題を与えたところ、パワーがある被験者はそうでないグループよりすぐにあきらめず、何か方法はないかと取り組んだと報告されています。

　パワーにともなう決断力は、必要なリソース、必要な力がいつでも自分の中にあるという認識に根ざしています。この認識は「物事をコントロールできている感覚」をもたらしてくれます。ここでいうコントロールとは人を支配したがるという意味ではありません。個人的なパワーから生まれるこの感覚は、支配したいという欲求とは違います。努力しなくてもコントロールできている感覚――明快で穏やかで、ほかの人の動向に左右されずにいられる状態です。このようなパワーは、これからみていくように、みずから強化されていくものです。こうしたパワーから生まれる思考とコミュニケーションと行動が、さらにパワーを強固にするのです。

　反対に、パワーのない状態は行動を躊躇《ちゅうちょ》させ、自滅を招いてしまいます。社会的に力がないと感じている人は、力のある他者が引っ張っていくのに身をまかせます。これは結果的に、自分たちを力のない立場に置いている不公平なシステムを認めることになるのです。代表的なサンプルを検証した研究では、米国における経済的な弱さは、弱い状態を固定化する政治方針や政策を、弱い立場にある人自身が正当化する傾向と相関関係にあると報告しています。研究では、この結果について「力のない人が、自分をその状況に置いているシステムを支持するはずがないことから、感覚的に違和感がある。……力を持たない人々がみずからを不利な立場におとしめている社会階層の構造を変えようとせず、正当化している限り、ここに指摘するプロセスは社会的な不平等を恒久化するものと考えられる」[36]と指摘しています。

・パワーはパフォーマンスを上げる

プレッシャーのかかる重大な場面で、パワーはパフォーマンスにとくに大きな影響をおよぼします。私たちの背中を押してくれるのです。パワーがなければ反対に、重大な場面でいいパフォーマンスを発揮できなくなります[37]。これは先にふれた、パワーの有無による「接近」か「抑制」かの話につながります。パワーのある状態であれば重要な局面は「接近すべき目標」になり、人は挑戦しますが、パワーのない人にとっては、重大な場面は「抑制すべき目標」になり、リスクが高いか脅威になり得る状況と判断されて、かかわろうとする気持ちは消えていきます。

パワーがあると、プレッシャーのかかる状態で生じる気持ちのとらえかたも変わります。自分にある程度以上の自信があると述べた人――すなわちパワーがあると感じている人――は、競争にさらされる不安を、自身のパフォーマンスを妨げるものではなく向上させるものととらえます。実際、パフォーマンスの結果についても高い満足度を示しています。一方で自分にあまり自信がないと述べた人は、競争にさらされる不安が自身のパフォーマンスに悪影響を与えたと答えています[38]。

一一四件の研究例を対象に、仕事のパフォーマンスと自己効力感《じここうりょくかん》（個人的なパワーと似ていますが、特定の作業についての自信を示すもの）の関係を解析した調査では、両者の間には明確な相関性がみられました。ある意味で当然ともいえますが、自分はその仕事をやれるという自信を持っている人のほうが、実際にうまくやれる傾向があるわけです[39]。

・パワーは生理状態を変える

ここまでパワーに関するさまざまな研究結果をみてきましたが、その多くは心理学の見地からの研究で、パワーのある状態やない状態を認知の状態、感情の状態としてとらえていました。それによって私たちはどう考え、どう感じるのかに着目したわけです。そうするとこんな疑問がわいてきます。パワーとは頭のなかだけの話なのでしょうか？

仮にそうだとしたら驚きです。私たちがもつパワーという概念は、物理的で動きのあるイメージをともなう場合が多いのですから。パワーとは心の状態だけでなく、自然界の力でもあります。力そのもの、火力、馬力、熱核反応の力、パワーコード――。パワーが少なくともある程度物理的であることは明らかです。感じられるから、私たちは経験で知っています。私たちも物理的な存在です。そうすると、私たちが持つパワーも、内面的で個人的なパワーであっても、物理的な側面があるのでしょうか？　この疑問を解くすばらしいヒントをくれるのが、ホルモンに関する最近の研究です。

ですが、ヒントを見ていく前におことわりしておきたいことがあります。ホルモンと人の行動との関係は複雑ですが、この分野の研究自体、まだ歴史が浅く、急速に進化を遂げている段階です。ここで概要をご紹介しますが、あらゆる細かな差異や要件の違いなどを詳しく述べるわけではありません。さらに、ホルモンは一つの要素ですが、私たちがどう考え、感じ、行動するかを決める要素はほかにも無数に存在します。親との関係性や、前日の睡眠時間、天気、その日の朝食、コーヒーの摂取量、親しい友人との関係が安定しているかなどもそうです。なぜここでこんなおことわりをしているかというと、私が「ホルモン」という言葉にふれるとよくこんな反応に出会うからです。たとえていえば、ぴんと耳をそばだてる感じ。ホルモンにまつわる研究結果を過剰に重視する傾向があると私は感じています。これは、思考や感情よりもホルモンのほうが具体的だからかもしれません。より「リアルな」気がするのです。しかし実際には、少なくとも現時点では、行動科学の分野ではおそらく思考や感情がどう行動に影響するかのほうが、ホルモンと行動の関連性よりも解明されているといえます。それをふまえて、今から紹介する例は大きなパズルの一つのピースなのだと思ってください。

　というわけでパワーとホルモンの話に戻りましょう。

テストステロンというステロイドホルモンがあります。男性は精巣《せいそう》から、女性は卵巣《らんそう》から分泌され、筋肉や骨量、身体的な強さ、生殖細胞（男性の場合）の発達を助けるほか、骨粗鬆症《こつそしょうしょう》を防ぐはたらきも持っています。そしてテストステロンのはたらきは身体だけでなく、私たちの行動にもおよびます[40]。

「支配性ホルモン」「自信を高めるホルモン」とも呼ばれるテストステロンは、人やチンパンジー、ヒヒ、キツネザル、子羊、鳥、さらには魚にいたるまで、支配的な行動をつかさどり、地位やパワーの変化を反映します[41]。高い地位にある人、言い換えれば社会的なパワーのある人、優位な立場にある「アルファ」は、テストステロンの基礎レベルが高い傾向にあります。たとえばスタンフォード大学のロバート・サポルスキーがヒヒを対象に行なった研究では、テストステロンの高い個体は、階層の上位へ上りトップの権力を奪えるチャンスがくると（たとえば集団のボスが負傷するなど）、競争をともなう「地位を追求する」タイプの行動をとる傾向が確認されています。[42] そして地位とテストステロンは相関関係にあります。つまり、テストステロンの基礎レベルが上に立つ者を予測する手がかりになるだけでなく、上に立つことでテストステロンの分泌量が上昇します。地位を手にすると、テストステロン値が上がるのです。

人間の場合、テストステロンの基礎レベルは、他者に対して支配的で独断的な行動、人と競い合う行動と関連しています。これは男性、女性ともにあてはまります。ある程度持続する場合もごく一時的な場合もありますが、テストステロンのレベルは果敢に挑戦したり大事な場面で力を発揮したりすれば上がりますし、反対にテストステロンのレベルが上がるとそうした行動をとるともいえるのです。

ただし、ここまではホルモンの話の前半で、続きがあります。

テストステロンの高さとパワーに相関性があるのはとくに意外ではないかもしれません。支配性ホルモンといわれているくらいですから、感覚的にそうだろうなと思う人が多いでしょう。少し意外で興味深いのが、「ストレスホルモン」として知られるもう一つのホルモン、コルチゾールの役割です。コルチゾールは、「電車に乗り遅れないように走る」といった身体的ストレッサーや「試験を前に不安になる」といった心理的ストレッサーに反応し、副腎皮質《ふくじんひしつ》から分泌されます。血糖値の上昇や、脂肪、タンパク質、炭水化物の代謝《たいしゃ》を促進して、エネルギーを供給するのが基本的な作用です。必要に応じて消化や免疫《めんえき》システムなどのはたらきを抑制することもあります。コルチゾールのレベルは朝になると上昇して脳を覚醒《かくせい》させ、のちに下がって午後には横ばいになります。そしてテストステロン同様、コルチゾールは私たちの感情と行動にも影響し、脅威に敏感になり、困難な状況を避けようとする傾向が強まります。[43]

パワーを感じ実際にパワフルでいるためにはストレスレベルは低くあるべき、ということになりますが、これはリーダーシップ論でよくいわれる通念と矛盾します。人の上に立つのは孤独でストレスの多いものだ、という考えかたです。「王冠を戴く者には心安まるときはない」ともいいますね。ビジネスでも政治の世界でも、上に立つリーダーは日々、大きな影響力を行使するというプレッシャーと不安を背負っている、と私たちは考えます。それに応えるように、「リーダーとしてのストレスにどう対処するか」といった記事や本は世にあふれています。

もちろん、力を持つ人のなかには責任の重さにストレスを感じている人もいるでしょう。ですが、研究はそれを広く認められる傾向として裏付けてはいません。むしろ、実社会で力を持つことで不安から身を守れるといえそうなのです。

二〇一二年、私はジェニファー・ラーナー、ゲイリー・シャーマンほかの研究者と共同で、パワーとストレスの関連性を調査する研究を行ないました。調査対象として参加を依頼したのは高い地位についている各分野のリーダーで、軍の高官や政府官僚、ビジネス界のリーダーを含み、みなエグゼクティブ向け研修プログラムに参加した人たちです。参加者にははじめにどの程度不安を感じているかをたずねました。それから唾液サンプルを採り、コルチゾールレベルを測定します。参加者のコルチゾールレベルと自己申告した不安のレベルは、同条件で比較した一般の人にくらべて著しく低いという結果が出ました。

続いて参加者のなかでもとくに権限の大きい立場にある人を抽出したところ、コルチゾールレベルと不安のレベルはともにほかの参加者よりさらに低いことがデータに表れました。そしてこの層の人々が、人生全般に対するコントロール感（これも測定した項目）をもっとも強く感じていて、このコントロール感によって、ほかの人よりも平静で不安が少ない状態を保てているらしいという結果が得られました。[44] 事実、自己コントロール感の高い人は、他者や外的な力など外部からコントロールされていると感じている人よりも、ストレスのかかる重大な場面にうまく対処できることがわかっています。これは、自分で物事をコントロールできていると感じているため、実行機能が損なわれることなく、自身のいる状況をとくに脅かされているとはみなしていないからです[45]。

この研究の強みは、プライミングなどで「パワーのある状態」を作り出したのではなく、実際に社会で力を持っている人を対象にした点です。一方、限界点としては、実社会で誰でもランダムにリーダーにつけたりつけなかったりできるわけではないため、力があるから不安が消えるのか、あるいは自信のある落ち着いた人、つまり個人的なパワーを備えている人が自然にリーダー的立場についたのかを判断しにくい点が挙げられます。いずれにしても、テストステロンのときと同様、パワーとストレスは明らかに関連していて、双方向的な関係にあることを結果は示しています。

社会科学の見地からみた神経内分泌学の研究で知られるプランジャル・ミータとロバート・ジョセフズは、テストステロンがパワーにつながるのはコルチゾールが低い場合に限られるのではないかと考え、これを二重ホルモン仮説と名づけました[46]。パワーのない状態が実行機能を弱めて不安をもたらすように、コルチゾールが高いと同じ作用をもたらすということです。つまりコルチゾールが高いと、テストステロンが高くてもパワーのある感覚や行動にはつながらないというわけです。これは、本章でふれてきたように、パワーがリスクに挑戦したり自信をもって主張したりを可能にするだけでなく、落ち着いて集中し、コントロールできている、本来の自分でいられる状態をもたらすものと考えれば、筋が通っているといえます。リスク耐性と自信を備えた状態と、不安で散漫、ストレスを抱えた状態が一緒になってもパワーは生まれません。これでは一緒に仕事をしづらい上司のようです（まさにこんな上司と仕事をした経験のある人は多いはずです）。ミータとジョセフズをはじめとする研究者は、実験と実社会の双方で、この二つのホルモンの関係を裏付ける証拠を確認しています。

リーダーシップに関する研究で、この関係性は実証されています。エグゼクティブクラスの男性七八人を対象にした最近の調査では、テストステロンが高くコルチゾールが低い理想的な状態と、その人が管理している部下の人数との間に強い関連性がみられたと報告されています[47]。別の調査では、学生にリーダーシップに関する課題を行なってもらい、堂々としている、自信がある、リーダーらしいなどの特性を第三者に評価させたところ、コルチゾールが低い人に限り、これらの特性とテストステロンの高さに相関性が確認されています[48]。

試合後のスポーツ選手を対象にこれらのホルモンレベルを調べた研究もあります（一例はバドミントン）。結果は、男女とも同様の作用がみられ、試合に負けるとコルチゾールは増え、テストステロンは減少しています[49]。また、トップクラスの女子選手では、競技前のコルチゾールレベルが低い場合に限って、競技中にテストステロンレベルの上昇がみられています[50]。

エモリー大学の心理学者デイヴィッド・エドワーズとキャスリーン・キャストは、トップクラスの大学女子スポーツ選手のホルモンと行動について、六つの研究からなる意欲的な分析を行なっています[51]。調査では大学に所属するサッカー、ソフトボール、テニス、バレーボールの女子選手を対象にアンケートに答えてもらい、自身のチームメイトについて、スポーツマンシップやリーダーシップ、選手としての努力などに関する資質を五段階で評価してもらいました。評価する資質はたとえば次のような内容です。

・最高の力を発揮してプレイしようという気持ちをチームメイトにもたらす
・そのときどきで、チームが最高の力を出すには何をすべきかをつかむセンスに秀でている
・言葉や行動を通じて、チームの士気につねにポジティブな影響を与えている
・苦しい状況でも前向きな姿勢を崩さない
・必要なときはチームメイトに対して建設的な批判ができる
・チームメイトとうまくかかわり、チームの一体感をつくるのに貢献している
・チーム全体のためになるなら進んで自分を犠牲にする
・試合に対して情熱をもってプレイしている
・チームメイトの声を正しく把握し、懸念や不満を建設的に伝えられる
・試合中も試合の外でも、チームメイトと接する姿勢に一貫性があり、公平で、うそがない
・負けからも建設的なモチベーションを得られる

選手からは唾液サンプルを採取し、ホルモンレベルを測定します。その結果、チームにいい刺激を与え、積極的にコミュニケーションがとれ、努力家で熱心、協力的、楽観的であるとして仲間からもっとも高く評価された選手は、チーム内でテストステロン値がもっとも高く、コルチゾール値がもっとも低いという結果が出ています。

この研究では次のように考察しています。「少なくともコルチゾールレベルが低い場合に関しては、テストステロンレベルが高い選手ほど、チームメイトと接する際の姿勢について、温和さと強い態度のちょうどいいバランスをみつけることに長けているのかもしれない」

テストステロンとコルチゾールの値から、不正をしそうな人をある程度予測することも可能で

す。ハーバード大学の心理学者ジューア・ジュリア・リーのグループはこの予測を検証しました。実験では、被験者に数学のテストを受けてもらった後、個々に自己採点をするよう指示します。被験者にはテストの成績に応じて金銭的な報酬が与えられることになっています。実験の環境としては、不正をしようと思えば簡単にでき、それをいくぶん奨励するような設定がされています。もっとも不正をする傾向にあったのは、テストステロンとコルチゾールの双方が高い人でした。論文の共著者ロバート・ジョセフズは「テストステロンが不正をする度胸をもたらし、上昇したコルチゾールが不正を実行する理由を与えている」と説明しています。[52] 言い換えれば、テストステロンが高ければリスクへの耐性が高まってリスクを恐れなくなりますが、同時にコルチゾールも高く、目の前の状況を乗り切れないかもしれないという不安をともなわなければ、テストステロンの値だけをみて不正をしそうかどうかがわかるとはいえないわけです。

この大規模な研究で私がもっとも興味深いと感じたのは、高テストステロンと低コルチゾールが結びつくとパワーにつながるという点ではありません。このホルモン状態が、少なくとも人間に関しては、責任感をともなうパワーにつながる点です。テストステロンが自信に裏打ちされた自己表現と行動を促し、一方でコルチゾールの低い状態が、困難な場面で失敗につながりそうなストレス要因から守ってくれる。まさに、チームのためを考えた効果的なリーダーシップ、建設的なフィードバックを穏やかに仲間に伝える力、困難のなかでも着実に前進する勇気と柔軟性と対応しています。これこそが「傲慢ではない自信」といえないでしょうか？

パワーは腐敗する？

問題です。次のうち、よくありそうなのはどちらでしょう？

A　上司が私の誕生日を覚えていた

B　私が上司の誕生日を覚えていた

じつは私は答えを知っています。といっても、あまり胸を張れる話ではありません。この章に取りかかったのは、ちょうど私の誕生日がある週でした。オフィスへ来ると、机の上にプレゼントが置いてあったのです。アシスタントのケイリーからでした。私は彼女の誕生日を知りませんでした（今はちゃんと知っています）。

パワーを手にすると、周りの人がどう思っているかがそれほど気にならなくなり、自由になれるのはいいのですが、他者にあまり考えが至らなくなったり、考えたとしてもぞんざいだったりする傾向がみられます。「社会的に力のある立場の人は概して、力のない立場の人（企業のトップなら社員、上司なら部下など）を個々の人間としてみるのをすぐに怠《おこた》り、大雑把にステレオタイプ化した集合体としてとらえ、扱いがちである」とスーザン・フィスクは指摘しています。フィスクは理由の一つとして、私たちが階層の上方へは注意を払うものの、下方には払わない点を挙げています。私たちは自分の運命を握っている相手には注意を向けます。相手がどう出るかを把握しておきたいからです[53]。アシスタントである彼女が私の誕生日を覚えていたのもその例といえるかもしれません（といっても彼女は人のことをよく考える、思いやりにあふれた人でもあります）。

反対に、力のある立場の人は、弱い立場の人に注意を払わなくてもあまり影響はありません。

力のない人に運命を左右されることはないのですから（もしあるとすれば、力のなかった下の立場の人が力を持つようになったというだけです）。また、力のある立場の人は注意を向けなくてはいけない対象がすでにたくさんあり、ほかに向ける余裕がないことも深く関係しています。[54] フィスクがステファニー・グッドウィンらとともに行なった研究では、大学生のグループに、夏休みのアルバイトに応募してきた高校生の応募書類を評価する権限を与えました。[55] すると、評価の裁量が大きくなるほど、個々の応募者の資質や能力に目を向けない傾向があったといいます。

ですが、希望もあります。参加者の大学生に平等主義的な価値観について考えてもらう場を設け、責任感を自覚するよう誘導したところ、自分が力を行使できる「下位の立場」にある高校生に対しても、個々の人物としての資質に目を向ける意識が大きく高まったのです。

では、パワーは腐敗するものなのでしょうか？　当然そうでしょう。歴史や経験はもちろんのこと、多くの研究も証明しています。社会的なパワーはどうしてもいびつな相互依存につながりがちで、不平等や不公平、またステレオタイプ化のような他者に配慮しない行動を生みます。私がゼロサム的な社会的なパワーよりも、非ゼロサム的な個人的なパワーを伸ばすほうがいいと強く思う理由はここにあります。それでも先の研究が示すとおり、私たちはネガティブなバイアスを崩し、社会的なパワーを自分のパフォーマンスのためだけでなくほかの人のために注ぐこともできます。私たちが自身をフェアでまっとうだと考え、正しくありたいと望み、他者にきちんと説明する責任や、自分が所属する組織が目指す目標を達成したいという使命感に動かされて行動するとき、社会的なパワーが持つネガティブな影響力は消えるのです。たとえば部下の成長や幸福、パフォーマンスに対する責任を上司が認識していたり、組織の成功を担う責任感を抱いていたりする場合がそうです。[56]

個人的なパワーがない状態は、社会的なパワーを有するときと同様、危険をともないます。クレアモント大学院大学行動・組織科学研究科のタレック・アッザムらは、自分にパワーがないと感じている人ほど、外から来た「よそ者」や移民に対して不安を覚え攻撃的になる傾向があると指摘しています（この傾向は男性により顕著に出ています）[57]。

そこで私はこんなふうに思い描いています。個人的なパワーは無限で、どんな形であれほかの人を支配する必要がないため、もっとほしいのに足りない、と感じることはありません。個人的なパワーを確保するために人と競い合う必要はありません。どんなときでも自分のものなのです。ほかの誰かが奪うこともできません。それをわかっていれば、その力をほかの人と共有したい、同じ感覚をほかの人にも知ってほしいという気持ちになるのは難しくありません。そうすると、個人的なパワーは社会的なパワーと違い、人に伝染すると思うのです。個人的なパワーに満ちているほど、ほかの人もそういられるように手助けしたくなるのではないでしょうか。

ピュリッツァー賞も受賞した伝記作家のロバート・カロは長年、リンドン・ジョンソン元大統領の人生と政治家としての策謀を追った著作に取り組んでいることで知られていますが、ガーディアン紙に次のように語っています。「私たちはみなジョン・アクトン卿の格言を教えられてきました。『権力は腐敗する。絶対的権力は絶対的に腐敗する』と。私もこうした本を書く前はそのとおりだと信じていましたが、今は必ずしもそうではないと思っています。権力は必ず腐敗するわけではありません。権力は浄化をもたらします。権力についてつねに真実だといえるのは、権力はおのずとすべてを明らかにするものだということです[58]」

権力は明らかにする――。これは納得がいきます。この章でお伝えしてきたように、個人的なパワーがあれば最高の自分に近づける一方、個人的なパワーを欠いていれば自分の姿はゆがめられ、本当の姿は見えなくなってしまうと私は思っています。

でももし権力が、パワーが明らかにするのなら、私たちが本当の姿を知ることができるのは真に力のある人だけ、ということになります。逃げたり弁解したりせずに自分をさらす強さがあるのは、真の力がある人だけだからです。自分を他者の目にさらす勇気と自信をもっているのです。

こう考えると、個人的なパワーを得る道のりはプレゼンスへの道のりでもあります。そうして私たちは本当の自分を見いだし、自由に発揮できるのです。

presence

第6章

身をかがめる、塔をつくる——伝える身体

あなたの行動があまりに雄弁なので、あなたの言うことが聞こえない。

——ラルフ・ワルド・エマーソン

ニュージーランドのラグビーでは、試合が始まる前に熱い力を見せつける場面があります。人口四五〇万ほどの小国ニュージーランドで、ラグビーの存在は重要な位置を占めています。国の代表チーム、通称オールブラックスは、ニュージーランドの人々にとって大きな誇りの源です。一八八四年の結成以来、名実ともに世界最高のラグビーチームだといえます。[1]

ニュージーランドはユニークな国です。英語、マオリ語、ニュージーランド手話を公用語とし、ヨーロッパ系（七四パーセント）やマオリ系（一五パーセント）などのルーツを持つ人々で構成されています。[2]そして何より社会文化的にユニークなのが、先住民族であるマオリの文化と入植者としてやってきたヨーロッパの文化が融合している点です。

ラグビーにはあまり詳しくないという人も多いと思います。だとすると、オールブラックスが試合前に見せる儀式を目にしたことはないかもしれません。試合は普通のプロスポーツと同じように始まります。はじめに国歌が流れ、客席の観客は起立します。その後、最高に屈強でヘラク

レスのように力強い、マンガに出てくるキャラクターのように大きな身体の一五人からなるチームが、フィールド上にきっちり隊形を組んで並び、相手チームと向き合います。多くの場合、相手チームの選手は互いに腕を肩にまわし、一列になって立っています。

観衆はこの瞬間を待っています。高揚《こうよう》するエネルギーは「陶酔《とうすい》を誘うかのようだ」と表現する人もいるくらいです。ニュージーランドの人の多くが、国歌斉唱よりもこの瞬間をずっと大切にしています。

両足を開いて地面を踏みしめ、膝をわずかに曲げた状態でスタンバイするチーム。仲間に囲まれたリーダーが、おりの中のトラのように前後に足を運び、マオリ語で呼びかけます。チームメイトは一斉にそれに応え、挑発的な姿勢で最初のポーズをとります。迫力ある刺激的な踊りの始まりです。チームは動きを一つにし、ゆっくりかつ力強く、動作や構え、表情を変えていきます。目を見開き、胸を張り、両手で腿《もも》をたたき、足を踏み鳴らす。低く響く大きな掛け声。一斉に動くたびに広がりを見せ、地面に根を張っていくかのようです。ゆっくりと、圧倒的な迫力と存在感で相手チームのいるほうへにじり寄り、最後に目を見開き舌を突き出して幕を閉じます。

これがハカと呼ばれる伝統的なマオリの踊りです。一九〇五年以来、オールブラックスが試合前に披露する儀式になっています。ハカは一般的に戦いの舞といわれていますが、実際にはそれ以上の意味があります。戦いの場でよくみられた踊りですが、昔も今も、それ以外の場で仲間が一つになるときにも行なわれます。死者を送る儀式では弔《とむら》いの気持ちを表すための舞でもあります。オールブラックスがおもに舞うのはカ・マテと呼ばれるハカで、マオリのンガティ・トア族の首領、テ・ラウパラハが一八二〇年に作り出した踊りです。現在、特別な試合などで披露されるもう一つのハカがあり、こちらはカパ・オ・パンゴと呼ばれています。マオリ文化を伝える活動をしているデレク・ラーデリが創作した踊りで、ラーデリはその意図についてドキュメンタリーの中で「多文化からなる現代ニュージーランドを反映させたもので、中でもとくにポリネシアン文化の影響を取り入れた[3]」と語っています。カパ・オ・パンゴでは最後に首の前に手で線を引くようなしぐさがあり、のどをかき切る攻撃的なジェスチャーと一部で受け止められて波紋を呼びました。これに対しラーデリは、そうではなく「生命力を心臓と肺へ引き込むことを意味する」と説明しています[4]。見たことのない方はぜひ、オールブラックスで検索してパフォーマンスの映像を見てみてください[5]。

　ハカの振り付けの中でもう一つ目を引くのが、プカナと呼ばれるしぐさです。「プカナは舌を突き出してみせる、相手に挑戦するポーズです」ンガティ・トア族の長老ホへパ・ポティ二はそう説明します。「ハカの最後にオールブラックスがこのしぐさをすると、『さあ、かかってこい』と相手に伝えているわけです[6]」

　ハカを競技場のスタンドから生で見ていると、威嚇《いかく》されるような迫力を感じます。動画を見るだけでも圧倒されるほどの激しさがあります。目の前にいる相手チームはいったいどんな気持ちになるのでしょう。

　初めてオールブラックスのハカを見たとき、まさに畏怖《いふ》の念を抱かせる、支配的なボディランゲージだと感じました。人間の身体表現としてはほかでは見たことがありません。目の前に何かの停止命令を突きつけられるような。過剰なほどの。原始的といってもいいような。

　ボディランゲージが人と人とのコミュニケーションだとすれば、ハカが伝えるメッセージはシンプルかつ直接的に見えました。相手への威嚇そのものです。はじめはそう思っていました。

パワーがボディランゲージを「広げる」

パワーは心を広げるだけでなく、身体も広げます。身体を大きく広げたり伸ばしたりする動作は、動物の世界では支配と密接に結びついています。人間をはじめ、霊長類、イヌ、ネコ、ヘビ、魚、鳥など、ほかにも広くみられます。自分にパワーがあると感じると、私たちは自分を大きく見せるのです。

瞬間的な場合もあれば、ずっと持続する場合もあり、好意的な場合もあれば敵意がこめられた場合もありますが、私たちはさまざまな非言語による形で力と地位を表現します。手足を広げ、自分が占める空間を大きくとって、直立した姿勢をとります。ワンダーウーマンやスーパーマンを思い浮かべてみてください。ジョン・ウェインが演じたキャラクターの数々でもかまいません。あるいはドラマ「ハウス・オブ・カード　野望の階段」でケヴィン・スペイシー演じるフランク・アンダーウッドや、自由と解放を身体で表現するアルヴィン・エイリー舞踊団のダンサーでも。力を感じると、私たちは身体を伸ばします。あごを上げ、肩を後ろへ引きます。胸を張り、足を開き、腕を上へ伸ばします。

四年に一度のオリンピックのたびに、注目が集まるのが体操競技です（私たちはオリンピック期間中になるとがぜんスポーツに熱狂し、閉会式が終わるとすぐに熱が冷めてしまうのはおかしなものですが……）。体操選手は演技を始める前にもごく短い一定のポーズをとるのにお気づきでしょうか。マットに歩み寄り、両腕を頭上に上げてV字をつくり、あごを上げて胸を張ります。あらゆる体勢が考えられる中でこのポーズを選ぶのはなぜなのでしょうか？

答えを考えるために、たった今、自分がレースを制したと想像してみてください。フィニッシュラインを走り抜け、ゴールテープを切りました。あなたの身体はどうなっているでしょう？　あるいは応援しているサッカーチームが勝ち越し点を入れて、ワールドカップ優勝が決まった瞬間。どんなポーズをとっているでしょう？　おそらく両腕をVの字に掲げ、あごを上げ、胸を張っているのではないでしょうか。そう、このポーズは勝利や成功、誇り、すなわちパワーを持っている心理状態を示すのです。手にした勝利を非言語手段で表すことで、たとえつかの間のものであっても、自身の力と地位を他者に示しているのです。

人について考察する前に、ほかの霊長類にふれておきましょう。私は霊長類の動物たちが大好きです。多くの人が同じように感じていると思いますが、霊長類は美しく、ユーモラスで、じつに魅力があります。自分自身を見ているような気になります。子どもたちが遊んでいるのを見ているような気持ち、ともいえるでしょうか。パワーの科学を研究する社会心理学者として彼らの行動を観察するのが好きなのは、人間以外の霊長類の行動は、中でも、パワーがしぐさや身ぶりにどう表れるかを純粋に見せてくれるからです。人間の行動はさまざまな要素に制御されています。言葉や印象操作、文化的規範《きはん》、ステレオタイプ、宗教、規則などが人の行動を決めるため、行動にはよけいなノイズが含まれ、解釈が複雑になります。たとえば、この行動はこの人がそうしたくてしているのか、それとも周囲の期待に沿おうとしているのだろうか、と考えたりします。ほかの霊長類の社会行動は、それとくらべればずっと縛《しば》りがありません。霊長類研究の第一人者であるフランス・ドゥ・ヴァールは次のように述べています。

私は霊長類の社会的不平等について研究しているが、自分の希望や要求を隠さず率直に表現する動物が相手で本当によかったと思う。言語は人間が持つすばらしい特性だが、情報を伝える反面、同じくらい阻害もする。政治家がテレビに出ているとき、とりわけ討論の場であったりプレッシャーをかけられていたりする場合、私は音を消して見ることがある。そうすると視線の向けかたや姿勢、ジェスチャーなどを集中して観察できるのだ。言葉で相手を攻撃しているときの彼らは、物理的に身体が大きくなっているように見えてくる。[7]

力のある、支配的な地位（いわゆる群れのアルファ）にある霊長類は体を大きく広げてみせますが、これはとくに専門家でなくても見ればわかります。チンパンジーが息を止めて胸を膨らませていれば、群れの階層における自分の地位を知らせているしるしです。オスのチンパンジーは下位のオスに自分の地位を見せつけるため、体を起こして歩き、木の枝などを持って物理的に手の届く範囲を広げてみせたりもします。また、体の毛を逆立《さかだ》たせることもあります（立毛《りつもう》という現象）。シルバーバックと呼ばれるオスのゴリラは、広げた胸をこぶしでたたくあの動作で、縄張りに侵入してきた招かれざるオスに自分の強さと力をアピールします。また、霊長類は空間的に中心にあたる場所や高い場所、とくに重要な場所に陣取り、自身の姿を見せ、物理的にほかのメンバーより上に位置することで力を誇示する場合もあります。[8]

生物学的に人間からもっと遠い動物たちは、さらに社会的なプレッシャーに縛られません。クジャクが色とりどりの羽を広げてみせるのは、自分の力を求愛の相手にアピールするためです。遠慮はしていません。キングコブラは自分の力が上であることを示すため、頭を持ち上げて頸部《けいぶ》を広げ、うなり声のような音を出して威嚇します。母グマが後ろ足で立ち上がり、子グマをねらう敵を追い払おうとするとき、私たち人間がかまけている「相手が私をどう思うか」という知覚を超えた印象操作などとは無縁です。

非言語行動はじつにさまざまな形で表れます。表情、目の動きや視線、身体の向き、姿勢、手ぶり、歩きかた、声の調子や大きさなどはその例です。社会心理学者のダナ・カーニーとジュディス・ホールは、力のある状態とない状態を表すボディランゲージについて詳しく考察しています。ある研究では、力のある人がどんな非言語行動をとると思うかを参加者にたずねました[9]。参加者は七〇項目の非言語行動が書かれたリストから、力のある人がとりそうな行動を選択します。力のある人がとる行動と受け止められたのは、自分から握手を求める、アイコンタクトを多くかつ長くとる、大きなジェスチャーをする、背筋を伸ばし胸を張って直立する、前のめりになって頭と身体を相手側に向ける、いきいきと自信をもった動作をする、などでした。

手や指先でさえ力を表現できます。例を挙げてみましょう。顔の前で手のひらを合わせて、指先を上に向けてみてください。それから指先を合わせたまま両手の指を丸め、指と指の間をできるだけ広げます。ぴんとこない方は、アニメ「ザ・シンプソンズ」の悪徳社長、モンゴメリ・バーンズがよくやっているので画像を検索してみてください。このしぐさは心理学でスティープリング(「塔の形を作る」の意)やフィンガーテンティングと呼ばれていますが、これも自信の表れです。普通に手を組むよりは、ごくわずかですが少しだけ広い空間を占めているわけです。元FBI捜査官でボディランゲージの専門家として知られるジョー・ナヴァロはこう説明しています。「スティープリングが伝えているのは、考えがあるのはこちらだぞ、迷いも動揺もないぞ、というメッセージです。このしぐさをしているとき、私たちは自分の考えや信念に自信があることと、自分の主張に確信があって自分を信じていることを相手に伝えています[10]」

自分にパワーがあると感じていると、自分やほかの人の背の高さをどうとらえるかにも影響します。パワーがあると、自分の身長を実際より高く感じるというのです。そんなことがあり得るのでしょうか？　たいていの人は自分の身長を知っています。力を持つと自分の身長を忘れてしまうのかというと、もちろんそういうわけではありません。私は身長一六五センチですが、これはいつでもそうであって、どんなに自信があるときでも変わりません。でも、自分が感じる「相対的な」背の高さは主観で変わるのです。

心理学者のミシェル・ダギッドとジャック・ゴンサロは、三つの研究を行なった結果、参加者がバーチャルリアリティ・ゲームで「自分をもっともよく表している」と思うアバターを選ぶ際、実際の身長にかかわらず、背の高いアバターを選ぶ傾向があったと指摘しています。また、アンディ・ヤップによる実験では、力のある状態にプライミングされた参加者が、写真に写っている人物や実験で接した他者の身長を実際より低く見積もったという結果が出ています[11]。つまり、力を感じているとき、私たちは自分を実際より大きく、他者を実際より小さく感じるのです。

では、こうした行動はどこかで習得したものなのか、それとも何か本質的なものなのでしょうか？　言い換えれば、ボディランゲージは文化を通して身についたのか、人間にもともと組み込まれている特性なのか、どちらなのでしょう？　育ちか、生まれか？

一八七二年、チャールズ・ダーウィンは、私たちの感情表現の多くは生物として先天的に備わっていて、進化の過程における適応であり、重要な社会的情報のシグナルであると提唱しました。感情表現によって、置かれた状況に合わせて、自分たちを利する反応を即座に引き出すことができると主張したのです。たとえば、何かが怒りを顔に表して近づいてくれば私たちは逃げます。でも、その表情が怒りを意味していると気づくためには、まずその表現を認識できなくてはなりません。つまりダーウィンは、すべてではないとしても、感情表現はある程度普遍的である、文化を超えて共通している、と指摘したのです。[12]

第1章でふれたとおり、感情を表す表情の多くが世界共通であることは、研究者が集めた例で実証されています。たとえばどこの文化でも、不快に感じれば鼻にしわを寄せ、上唇《うわくちびる》を引き上げます。驚いたときは眉を上げて目を見開き、口を少し開けるでしょう（ためしにやってみてください）。

ですが、表現するのはシンプルな感情だけではありません。もう少し複雑な、力の有無も姿勢や頭の動きなどに表れるのですが、これも普遍性があるようなのです。

この分野に詳しいのがカナダのブリティッシュコロンビア大学で心理学を研究するジェシカ・トレーシーです。トレーシーは、パワーや強さ、勝利などを手にしたときに生じる、誇りという込み入った感情について広く研究し、誇りも私たちの中で進化を遂げてきたのではないかという結論を示しています。ダーウィンも指摘している点です。

誇りは身体全体に表れます。トレーシーらは論文で、誇りを示す典型的な表現を「身体をまっすぐ起こして開いた姿勢、頭はやや（角度にして二〇度程度）上向きに傾け、わずかに笑顔をみせ、両手は腰にあてるか、こぶしを握って頭上に上げる」と描写しています。[13] トレーシーとリチャード・ロビンズが二〇〇四年に報告した研究では、誇り、喜び、驚きをそれぞれ表すポーズをとった人の写真を大学生に見せ、写真の人物がどんな感情を表していると思うかを答えてもらいました。[14] すると、誇りを表している人物については、参加者の三分の二が誇りと関連する形容詞（誇らしげな、勝ち誇った、自信のあるなど）を用いた一方、喜びと驚きを表すポーズをとった人物を「誇りを表している」と解釈した人はほぼいませんでした。この結果は、私たちが誇りとそのほかの感情表現とを簡単に見分けられることを意味しています。

無意識のうちに誇りを表すしぐさも、文化を超えて共通しているようです。トレーシーとデイヴィッド・マツモトは、二〇〇四年のオリンピックとパラリンピックで柔道の試合直後に撮った、三〇を超える国々の選手の写真を分析しました[15]。その結果、どの国の選手も、勝った場合は笑顔を見せる、頭をやや後ろにそらす、腕をV字に高く上げる、胸を張るといった動作をし、負けた場合は肩を落とす、あごが下がる、胸をせばめるなどの動作がみられました。この傾向は、誇らしげな態度をあまり評価しない、あるいは場合によっては表に出すべきでないとする集産主義的な文化圏の選手にも観察されています。さらに、生まれつき目の見えない選手、つまりほかの人が誇りや勝利を身体で表現するのを目にしたことがない選手も、試合に勝った際に同様のポーズをとっていることがわかりました。これは、誇りを表す表現が私たちのなかに先天的に備わっていることを示す重要な証拠といえそうです[16]。

ここで、一〇〇メートル走を史上最速の速さで走り終えたときの状態を想像してみましょう。ジャマイカのウサイン・ボルト選手が三回成し遂げた快挙です。まずいえるのが、力を出し尽くして疲れ切っている、ということでしょうか。進化の観点からみると、すでにレースに勝っているのに、胸を張って両手を高々とかかげてさらにエネルギーを消費するのはむだな動きのように思えます。エネルギーを大量に消耗した後なのですから、残っている分は節約すべきところではないのでしょうか？

じつは、勝利を表すこの動作には別の目的があるのです。トレーシーのチームは、このポーズが生理的な変化をもたらすために進化したのではないかと提唱しています。たとえば、テストステロンを増やして引き続き状況を支配し、自分の勝利を守ろうとするといったことです。そしてそのあとで社会的な機能をもつようになった、つまり勝利を示す動作だと認識されるにつれ、自分が高い地位にあったりパワーを持っていたりすることを伝える意味を持つようになったというわけです。[17] 確かに、誇りを見せつけられると、私たちは相手に力があるしるしだと自動的に受け取る傾向にあります。ある実験では、身体を広げ力を示す姿勢をとった人物の写真を参加者に見せたところ、雑学的な質問に対するその人物の回答をより受け入れる傾向があったという結果が出ています。誇らしげに見えるということは能力があるのだろう、と解釈するのです。[18]

こうした動作が伝える情報は強力で、ときにはその人の地位を示すほかのサインは効力をなくしたり覆されたりします。トレーシーらが二〇一二年に行なった研究では、「キャプテン」と書かれた服と「雑用係」と書かれた服をそれぞれ着た、二人の男性の写真を使った実験を行ないました。[19]「キャプテン」が下を向いて肩を落とし、恥じ入るような姿勢をとり、「雑用係」が背筋を伸ばして誇らしげな表情をしている写真を見た被験者は、それぞれが逆の姿勢をとったときよりもすばやく、「雑用係」の服を着た人と高いステータスを示す言葉を結びつけ、「キャプテン」の服を着た人を低いステータスを示す言葉と結びつけています。少なくとも暗示的には、身体の姿勢は役割に関する情報よりも強くその人の地位を表すシグナルになったのです。

力強い歩きかた、話しかた

力を示す姿勢としぐさについて見てきましたが、身体全体の動きについてはどうでしょう？　自分に力があると感じると、歩きかたにも表れるのでしょうか。これを調査するため、私はカナダのクイーンズ大学バイオモーション研究室を率いる生物学者、ニコラウス・トロヤの協力を得

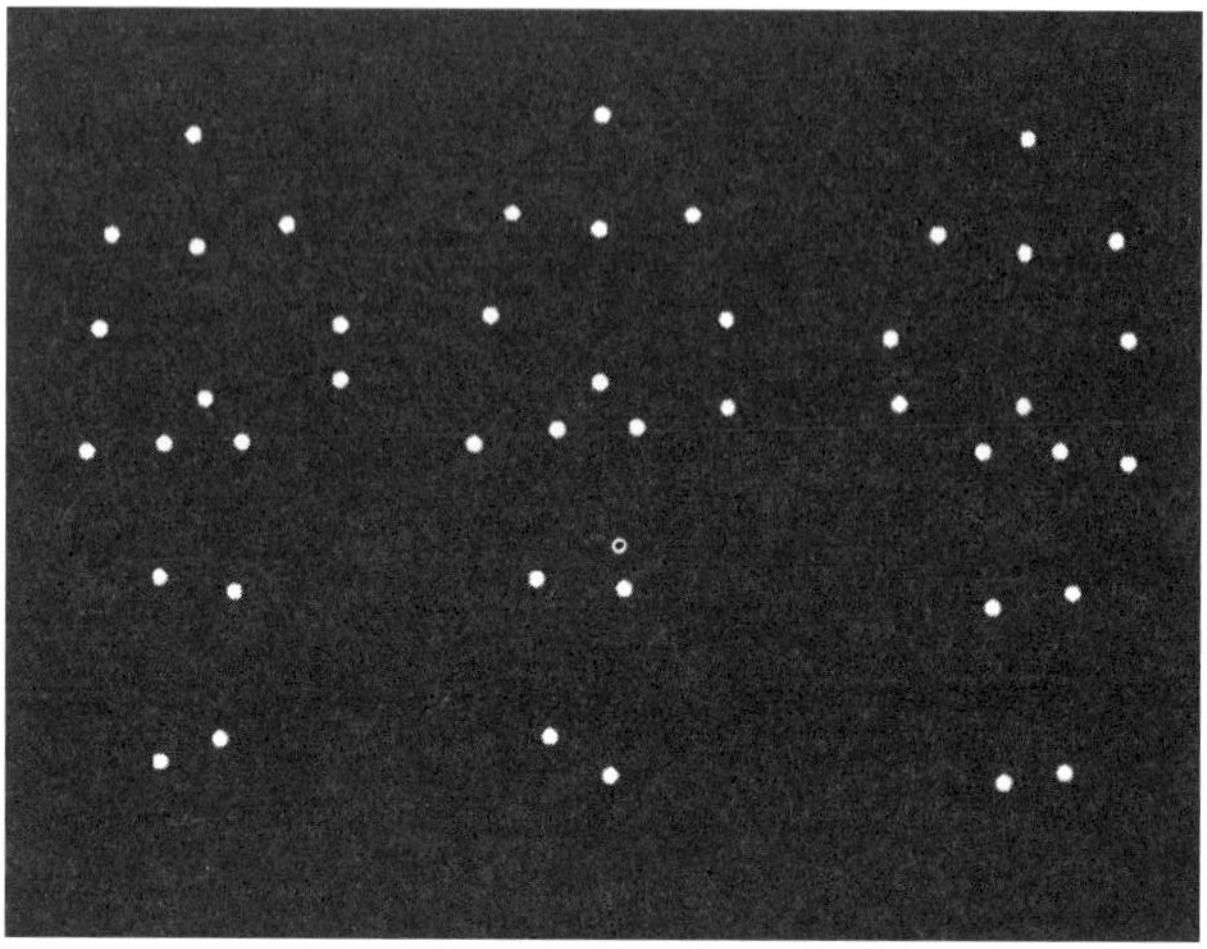

力強い歩きかた

て研究を行ないました。トロヤのグループでは、コンピュータ分析の技術を三次元動作データ（モーションキャプチャと呼ばれる技術を用い、三次元空間での動きを高い精度でとらえたデジタルデータ）に応用し、人の身体の動きとさまざまな感情（喜び、悲しみ、リラクゼーション、不安など）との関連性の解明に取り組んでいます。[20]

共同研究では、参加者一〇〇人に歩く人物像をインターネット上でランダムに一〇〇例見せ、それぞれについてどれだけ力強い歩きかたに見えるかを評価してもらいました。歩く人物像は、人間の主な関節を示す一五の点からなり、全体が連動していきいきと動くことで、人が実際に歩いているような動きを画面上で再現しています。そして一〇〇人の人が一〇〇例を評価したデータをもとに、第三者が見て力強いと感じる動きと弱いと感じる動きを数学的に分析し、「もっとも力強い」から「もっとも弱い」までの尺度を段階ごとに示せる歩く像を作成しまし

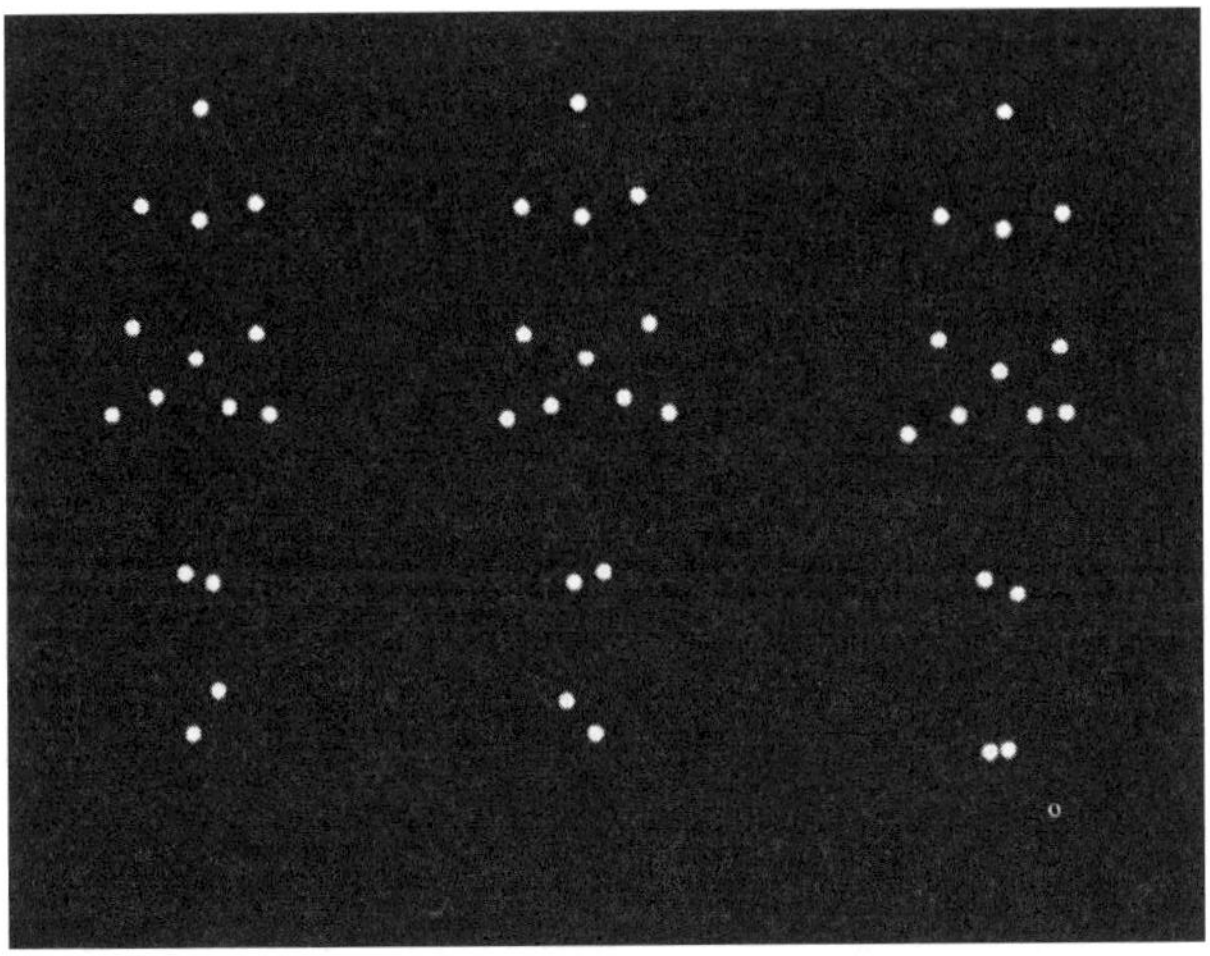

力のない歩きかた

た。

上の二つの図を比較するとわかるとおり、力強い歩きかたはそうでない歩きかたよりも身体全体が開き、腕の振りが大きく、歩幅も広くなっています。また、静止した図では判断しづらいかもしれませんが、力強い歩きかたのほうは頭が上下する動きがはっきりわかります。一方の力のない歩きかたは全体的に動きが少なく、腕をわずかにしか振らない、頭をほぼ動かさない、歩幅が狭いといった特徴がありました[21]（ニコラウス・トロヤのウェブサイトでデモンストレーションを見ることができます[22]）。

歩きかたのほかに、私たちが発する声も力を伝えます。言葉の内容を通してだけではありません。力を持っているときに身体を広げ、物理的に広い空間を占めようとするのと同じく、声も広がるのです。力のある人は自分から話の口火を切ることが多く、全体的に多く話し、話しながらより頻繁に相手と目を合わせます。自分に力があると感じているときはゆっくり時間をかけて話します。あわてて早口になったり、間を恐れたりしません。今この時間を自分が話すことに使っていいのだと思えるからです。

自分にパワーを感じていたり、実験で力のある役割を与えられたりしたとき、人は無意識のうちに声の周波数、つまりピッチ（音の高低）を低くし、音が広がって「大きく」聞こえるようにします。そして人が低いピッチで話すのを聞くと、私たちはその人に力があると判断します。[23] これは身体を広げることとどう関係するのでしょう？　不安や脅威を感じると、私たちの声は高くなります。逆に自信があって落ち着いているときは、喉頭の筋肉が収縮せずに拡張し、自然に声のピッチが低くなるのです。

パワーのなさは身体を小さくする

ここまで見てきたのとは反対に、パワーのない状態では思考や感情、行動が萎縮《いしゅく》するのに加え、身体も自然に縮こまってしまいます。自信のないときや相手に従属しているようなとき、私たちは身体を縮め、丸まって小さくなります（具体的には、腕を身体にふれる、上半身を丸める、肩を落とす、頭をうなだれる、うつむいた姿勢をとるなど）。話しぶりも萎縮して、言いよどんだり、逆にあわてて早口になったり、声の音域が狭くなる、ピッチが高くなるなどの傾向が現れます。表情も硬くなり、唇を結ぶなど顔の筋肉がこわばった状態になります。[24] 先の歩きかたの調査でも、力のない人の歩きかたは歩幅が狭く、腕の振りや頭の動きが力強い人たちより明らかに少ない、抑制された弱々しい動きをしていました。歩くときでさえ、広い空間を占めないようにしよう、自分の姿を見せないようにしようとしているのです。

一見、何の変哲《へんてつ》もない動作も、力のなさを示す典型的なしぐさだったりします。手を首に置くのはその例です。身体的あるいは心理的に落ち着かないとき、不安や危険を感じているとき、私たちはこのしぐさをします。不安を覚え、脅威にさらされていると感じていることを示していますなぜこのしぐさなのかというと、文字どおり頸動脈《けいどうみゃく》を覆うことで、敵の一撃から身を守ろうとしているのです。人が集まっている場所で、誰がどんなときにこのしぐさをしているか観察してみてください。自信や権力のある人はしていないはずです。自分が無力だと感じると、私たちは自分を守り、隠すごとく、身体を曲げたり丸めたりして、母親のお腹の中にいたときの体勢に戻ろうとするのです。

これはほかの動物でも同じです。群れの中で地位の低いチンパンジーは前かがみになり、足を体に引き寄せて、腕を足や体に巻きつけ、胎児のような体勢をとります。まるで自分の姿を見えなくしようとしているかのようです。服従している犬は尻尾を後ろ足の間にはさみ、体勢を低くして、耳を寝かせます。降伏を示す姿勢です。アメリカシロヅルも、地位の低い個体は地面と平行になるくらい体を低くし、群れのほかのツルよりも首を曲げて頭を下げます。上位のツルが近づいてくれば、すみやかによけてその場を離れます。

ハーバード・ビジネス・スクールで四年間一緒に研究をしている博士課程の学生、エリザベス・ベイリー・ウルフがある日、夫とサッカーの試合を見ていて気づいたという話をしてくれました。「応援しているチームがミスをしたりシュートを外したりしたとき、スタンドのサポーターがどういう動作をすると思います？　みんな同じことをするんですけど――両手で顔を覆うんです」確かに、そのとおりでした。応援しているチームが決定的なミスをしたとき、観客はそろって両手で顔や頭を覆うのです。観客だけでなく、スポーツ選手全般が、ミスをしたり得点するチャンスを逃したりすると同じしぐさをします。

ウルフはこのしぐさについて調べるため、実験をすることにしました。数百人の参加者に、いろいろなやりかたで顔や頭を覆っている人の写真を見せ、写真に写っている人がどう見えるか、さまざまな特性の観点で表してもらいました。結果は予想どおり、手で顔にふれている人はそうでない人よりも力なく、動揺している、恥ずかしそうにしている、ショックを受けていると判断されました。両手で顔を覆っていると、こうした印象はさらに強まりました。[25]

パワーがないと感じているとき、私たちはいろんなやりかたで小さくなろうとします。広い空間を占めようとせず、なるべく小さく目立たないような姿勢やしぐさ、歩きかた、話しかたをします。小さくなり、背を丸め、うなだれて、身ぶり手ぶりのボディランゲージもなくなります。そんな私たちを目にした人は、自信や力がなく、何かを恐れているんだなという印象を持つのです。

■■■ ボディランゲージとジェンダー

ボディランゲージについて話をするとよく聞かれるのが、男性のほうが女性より身体を大きく広げるしぐさをしませんか、という質問です。これはまさにそのとおりです。全体的に男性のほうが非言語的にその場をより支配して広い空間をとるほか、長く話し、相手の話をさえぎって自分が話す傾向があります。女性のほうが一般的に、相手に従うような萎縮した非言語行動をとり、男性より発言せず（そう、女性のほうが男性よりおしゃべりだというステレオタイプはまったくの間違いです）[26]、相手の話に割って入らないぶん、逆に割って入られることが増えます。[27]

歩きかたにいたっては、ジェンダーによる差はさらに顕著です。先に紹介した歩きかたの研究では、力強さを示す歩きかたの特徴は性別と非常に強い関連がありました。力を示す指標と位置づけた腕の振り、頭の動き、歩幅は、女性のほうが男性よりずっと小さく消極的だったのです[28]。

コロンビア・ビジネス・スクール教授でパワーの心理学が専門のアダム・ガリンスキーは、ジェンダーの差とパワーの差が同じであることをデータで示しています。つまり、女性に典型的にみられる行動はパワーを持たない人に典型的にみられる行動であり、パワーのない人に典型的な行動は女性に典型的な行動である、というのです。今も事実上ほとんどの社会で、女性は男性と同等の社会的な力を公に持っているとはいえません。それはパワーとジェンダーの関係がいつも混同され、どちらが人の行動により大きく影響しているのかわかりづらくなっていることを意味します。ガリンスキーは、男性女性を問わずその人がどれだけ自分にパワーを感じているかを操作すれば、行動面における典型的なジェンダーの差異を引き出せることを実験で示しています[29]。

とはいえ、生物学的な性差による男女の違いが一切ないと言っているわけではありません。確かにあります。でもそれは一般に考えられているよりずっと小さい差です。「女性はこうするもので、男性はこうするもの」と言い切れるほどではありません。ですが、私たちが持つステレオタイプや、ステレオタイプを裏付けてくれる情報に目がいく認知的バイアスによって、その差は過剰に受け止められてしまいます。要は、ボディランゲージを含む行動全般にみられる男女の違いは、多くが生物学的な違いによるものではなく、パワーの有無に根ざしたものなのです。

さらに複雑なのが、こうした違いを文化が調整する点です。それによりジェンダーによるパワーの差が広がったり縮まったりするのです。バングラデシュで生まれ育ち、現在は米テキサス州ダラスで暮らすサダーフという女性が、私のＴＥＤを見てこんなメールをくれました。「女性は男性とくらべて小さくなりがちです。私はバングラデシュで育ちましたが、バングラデシュの文化では、女性は自分に力があると思ってはいけないと教えられます。男性が優位な性なのであって、同じ空間にいて女性が自分に力があると考えたり、そのように行動したりするのは難しいのです。それはボディランゲージにもはっきり表れます。……あなたのＴＥＤを見てから、これまでより少しだけ広い空間をとってみよう、と思うようにしています。とくに極端なことをするわけではなくて、自分のスペースは自分のものなんだ！　と感じられればいいんです。もう小さく縮こまったりしないぞ、と。自分のスペースはめいっぱい使おうと思います。そうするとほんの少し、自分が自分の意志で動いているんだという気持ちが増すんです」

もう一つ、心を動かされたメールがありました。ベトナム出身の若い女性ウイェンが、アメリカへ来たばかりのころの体験をつづってくれたものです。当時彼女は、アメリカとベトナムの女性のボディランゲージがずいぶん違うことにひどく驚き、子どものころにベトナムで年長の女性たちから言い聞かされてきた教えとのずれに、どう自分の中で折り合いをつけたらいいのか戸惑っていたといいます。ベトナムで教えられたこととは、たとえば「お父さんと話すときに目を合わせてはいけない」「お父さんの知り合いが家に来たときは力を込めて握手してはいけない」「同僚と話すときは足を組む」さらには「女性は偉くなく取るに足りない存在なのだから、人前では小さくなって存在感を押し隠すこと」などです。彼女は私にメールを書いているときの様子をこう記しています。「いま、ボストンのコーヒーショップに座って、行き交う女性たちを見ながら、しぐさや身ぶりが目にとまります。アメリカの女性はレジでコーヒーを注文するとき、バリスタの目をしっかり見て伝えます。友人や仕事仲間と話しながら、腕を大きく広げたりしていますす」別の文化に身を置き、パワーと誇りが自分の中に芽生えていくのを感じながら、それまで育ってきた文化で人生の先輩たちがさずけてくれた教えを尊重するのは難しいに違いありません。

このようにジェンダーによる規定が過度に強調されている文化は確かにありますが、アメリカだって完全にそうした縛りから自由だとはいえません。私がほかの研究者とアメリカの子どもたちを対象に行なった実験でも、それは明らかでした。

小さい子をもつ親なら――そうでなくても、小さい子を観察していればおそらく誰でも――気がつくと思いますが、小さなうちは男の子も女の子も同じように、自由に大きく身体を動かし、のびのびとした姿勢をとっています。文化的な規範に縛られることなく、女の子も男の子同様、腕を勢いよく上へ伸ばし、肩を引いて胸を張り、足を開いて踏みしめるように立ちます。でも、ある時点から変化がみえてきます。男の子は変わらず堂々と身体を広げているのに、女の子は小さく、うなだれたようになってしまうのです。息子が中学校へ入ったとき、同級生の女の子たちの身体の構えかたや身のこなしが変わったのを感じました。身体を小さくまとめるように背を丸め、守るように腕を身体に回し、足や足首をからませ、あごを下げます。これにはたくさんの理由が考えられますが、一つには、女の子はこの年齢になると、（合っているか間違っているかは別として）「何が異性から見て魅力的に映るか」という文化的なステレオタイプに自分を合わせようとすることが挙げられます。それまではつらつとしていた女の子が中学生になって快活さを失ってしまった場合、こんな背景があるかもしれません。

私たちの研究チームが子どもたちのボディランゲージにおけるジェンダーの役割について研究するようになったのは、偶然がきっかけでした。ベルリンにあるマックス・プランク研究所の発達心理学者であるアニー・ワーツ（アニーは子どものころ近くに住んでいて、私は一〇年間彼女のベビーシッターをしていました。小学校三年生のときの担任だったエルサ先生の娘でもあります）と、ケリー・ホフマン、ジャック・シュルツ、ニコ・ソーンリーと共同で社会的発達研究を立ち上げ、子どもたちが何歳の時点で、身体を広げる姿勢をパワーに、小さくした姿勢をパワーのなさにそれぞれ結びつけるようになるのかを突き止めることにしました。最初に検討したのが、子どもたちにさまざまなポーズをどうやって見せるかです。私たち自身がいろんなポーズをやってみせる、ほかの人がいろいろなポーズをしている写真を見せる、マンガのキャラクターや簡単な人間のイラストにポーズをとらせる等々、さまざまな方法が考えられます。できるだけバイアスの影響を排除するため、ジェンダー的に中立なやりかたで見せることが大切です。案を練っているうち、デッサンに使う木製のモデル人形がいいのではないか、という意見が出ました。これなら手足も動かしやすくできています。それを一体用意して、力のあるポーズと力のないポーズをそれぞれ何通りもさせ、写真を撮っていきました。そして実際の調査を始める前に、友人の子どもなどに実験台になってもらい、写真を見せてどんな反応をするかを見てみることにしました。小さな子を対象にした社会的発達研究は時間も労力もかなり必要になるため、手法が適切か確かめておきたかったからです。ところが実際にやってみると、思わぬ展開になりました。写真を見た子どもたちは、力のあるポーズをしている人形は男の子で、力のないポーズをしている人形は女の子だと思っているようなのです。そこで研究の方向性を少し変え、当初考えていた身体を広げるポーズをパワーと結びつけるようになる年齢ではなく、身体を広げるポーズを特定のジェンダーのものと考えるようになる年齢を調査することにしたのです。

子どもたちには、力のあるハイパワーポーズをとった人形と力のないローパワーポーズをとった人形を二体一組にした写真を一六組見せ、どう思ったかをたずねました。具体的には、写真を見せるごとにどちらが女の子でどちらが男の子だと思うかを聞いていきました。結果を点数化します。

たスコアは一六点から〇点まであり、一六点は力のあるポーズの人形をすべて男の子、力のないポーズはすべて女の子と答えたことを意味します。〇点は反対に、力のあるポーズをすべて女の子、力のないポーズをすべて男の子と答えたということです。九点以上は「パワーがあるのは男性である」というバイアス、八点以下は「パワーがあるのは女性である」というバイアスを示します。

被験者になってくれたのは、子ども向けの博物館を訪れていた約六〇人で、半数が四歳、半数が六歳でした。ジェンダーアイデンティティが発達する段階、また文化的なステレオタイプを形成しはじめる段階に関する調査に基づいて、子どもたちがハイパワーポーズを男性、ローパワーポーズを女性と分類すること、加えてその傾向が顕著になるのは六歳からであることを仮説として立てました。そして何パーセントの子どもが「パワーがあるのは男性」というバイアスを持っているかを調べました。結果は、四歳児で七三パーセント、六歳児で八五パーセントが「男性＝パワー」バイアスを持っていたのです。さらに驚かされたのが、力のあるポーズは一六体すべて男の子だと答えた子、スコアでいうと一六点の完全な「男性＝パワー」バイアスを示した割合です。一六点は四歳では一三パーセントでしたが、六歳では四四パーセントに跳ね上がったのです。四歳でも六歳でも「パワーがあるのは男性」と結びつけるバイアスは強くみられましたが、「力のあるポーズをしているのはすべて男性、力がないポーズをしているのはすべて女性」ととらえる傾向は、四歳から六歳になると三倍にも増えています。スコアの差に男女差はありませんでした。男の子も女の子も、同じようにバイアスを持っていたのです。

この結果をどう受け止めたらいいのでしょう？

私たち一人ひとりが、意識してこの状況を変えていくべきだと私は強く思っています。娘が、姉妹が、あるいは女性の友人知人が小さく遠慮がちになっているのに気づいたら、声をかけ背中を押してみましょう。女の子も大人の女性も、堂々とした姿勢で、自信をもって動き、自分に誇りをもって話していいんだよと手本を示すのです。子どもたちが日々の生活で感じ取っている凝《こ》り固まったイメージやステレオタイプを変えていくのです。女性も男性のようになれ、というわけではありません。でも、女の子も遠慮せずに自分のパワーを表に出していいんだよ、と伝えていくべきです。力のあるポーズは男性らしく力のないポーズは女性らしいという受けとめかたをやめることです。といっても、私は男性と女性のどちらにも、足を大きく開いて座ったり会議中に机の上に足をのせたり、あるいは人と接するときにボスザルのような動作をしようと訴えているわけではありません。ただ、男性も女性も関係なく、誰でも縮こまらずにのびのびと、自分のスペースを存分に使って動いていいんですよ、と大きな声で言いたいのです。

■■■ どんな相手もしぐさで支配する？

二〇一四年、ワシントン州に住む知人から、山や森で肉食獣のクーガー（アメリカライオン。ピューマ）に出会ったらどうするか、という公共広告のリンクが送られてきました（といっても、広告にもあるとおり、実際に出会う確率はきわめて低く、ワシントン州で人がクーガーに襲われて死亡した例は一九二四年の一件だけだそうです）。動画の中でエコロジストのクリス・モーガンは「クーガーの生態について少し知識があれば、自分や家族、そしてクーガーも守ることができる」といいます。そして注意事項の一つとして「もしクーガーに出くわしたら、走って逃げてはいけません。とにかく自分を大きく見せます」と説明します。動画の解説では、森の中に立っている人が着ている上着のすそをまくりあげて頭の上に広げ、背を高く見せています。

昨年、ある講演でこの広告の話をしたところ、終わったあとで五〇代くらいの男性がやってきてこんな話をしてくれました。「ちょっと信じられないような話なのですが、子どものころこんなことがありました。父とオレゴン州で釣りをしていたときにクーガーに出くわして、まさにさっきの注意事項のとおりにしたんです。父に『父さんの肩に乗っておまえのシャツのすそを頭の上に広げて、クーガーより大きく見せるんだ』と言われて、とにかくそのとおりにしました。するとクーガーは逃げていったんです。そういうことだったんですね」

チンパンジーが木の枝を持って、手を長く遠くまで届くように見せるという話を前にしましたが、それと同じです。

相手を動かすような力のあるボディランゲージは、相手を接近させたいのか回避させたいのかを示すサインです。この場合、クーガーには逃げてよそへ行ってほしいのですから、私たちは自分のほうが大きくて強く、優位で危険だぞと知らせようとするわけです。

とはいえ、私たちの大半は、実際にクーガーを追い払うような場面に出会うことはまずありません。ほかの野生動物や大型捕食者に襲われるケースもなさそうです。いま説明したような体勢を私は「カウボーイ・ポーズ」と呼んでいますが、たとえばこのポーズがサーベルタイガーを避けるための進化の過程における適応だとしても、普段のミーティングや教室、家族の話し合いといった場で生かすことはないでしょう。むしろ、力を誇示するポーズを意図してとるのは逆効果になる場合が多いのです。

私がボディランゲージについて話をすると、相手は大学生から医師、図書館司書、企業の幹部クラスまでさまざまですが、よく聞かれる質問の一つが「職場でいつも人を支配するような威圧的なボディランゲージをとる人がいる場合、どう接したらいいか」というものです。この質問がよく出るというのは、人を支配するような非言語行動には多くの人がうんざりしているということでしょう。これまで見てきた、パワーを感じられるポーズを意識するのは大切、というメッセージと矛盾するように思えるかもしれません。ですが、ハイパワーポーズのような力を示す非言語表現で人を思いどおりに動かそうとするのは望ましくありません。これにはいくつか理由があります。

・従わせるのでなく、心地よい関係をめざす

地位とパワーは同一ではありませんが、密接なつながりがあります。ほかの霊長類と同様、人間も、地位が高く優位な立場にある人にはとくに注意を向けることが研究でわかっています。これはちゃんと理にかなった行動です。集団の中で優位にある個体は通常、必要な資源を分配する、集団の決めごとを左右する、集団内でのふさわしい行動について規範を定める、衝突を誘発する、争いを解決するなどの力を持っているためです。

しかし、チンパンジーとゴリラは、体を大きく見せる動作をするなど、あからさまに支配的な力を誇示する個体からは目をそらすのです。支配力を見せつけるのと、集団の階層社会の中で支配的な高い地位につくのとは別物です。そうした地位につくのは、支配力を誇示しなくても可能です。ということは、集団の中で地位の高い個体が支配力を見せつける場合、何か意味があるのです。視線を避けるのは服従のしるしです。では、人間も彼らと同じように視線を避ける行為をしているのでしょうか？

エリーズ・ホランド、エリザベス・ベイリー・ウルフ、クリスティン・ルーザーと私のグルー

プはこの疑問を実験で検証することにしました。[30] 参加者にはいろいろな姿勢をとっている人の写真を見てもらいます。両手を腰にあて足を開いて立つ、足を開いて座り、両手を頭の後ろで組んで肘《ひじ》を外側へ突き出す、のように力を示す支配的なポーズもあれば、両足首を交差させ両腕で自分の身体を守るようにして立つ、背中を丸めてあごを下げ、両手を組んで座る、といった服従を示す力のないポーズもあります。

分析にはビデオを用いたアイトラッキングという技術を使い、参加者が写真を見るときにどう視線を動かしたかを解析しました。参加者が椅子に座って画面に映し出された写真を見ている間、カメラが目の動きを追い、どの部分をどの順序でどのくらいの間見ていたかを記録します。何かが視界に入ったとき、視線の動きを意図的にコントロールするのは難しいものです。その意味で、アイトラッキングはその人の心理を読みとっているともいえます。何を見ているかは、何を考えているかもある程度示しているわけです。

結果は、力のあるポーズの写真を見るときと力のないポーズの写真を見るときでは、視線のパターンにはっきりと違いが現れました。力のあるポーズをとっている人を見せると、参加者はすぐに顔から視線を外し、脚や足先に視線を移したり、写真の人物全体から目をそらしたりしたのです。一方、力のないポーズをとっている人の写真を見るときは、一般的な視線のパターンと同様、顔に視線を向ける傾向がみられました。こうした視線の動きのパターンは、実際に人と接する際の行動とも連動します。誰でも、自分の支配力をことさら誇示するような人とはかかわりたくないものです。そうした行動には中身と実体がともなっていないと感じとり、危険な相手だ、と私たちは判断するのです。

人が過剰なアイコンタクトを避けるもう一つの理由をジェシカ・トレーシーが発見しています。

過度に目を合わせるのは、相手が自分を支配しようとしている傲慢な態度だと感じ、不快に思うのです。トレーシーはこう説明しています。「誇りを示すしぐさや表情をしながら、相手をまっすぐに見据えるのでなく上のほうに視線を向けている場合は、傲慢というよりも真の誇らしさと受け止められる傾向にあります。これは、相手の目をまっすぐ見つめる行為に、自分が優位だという意識がともなうためかもしれません」[31] ビジネス交渉の場などで、相手の目を射抜く勢いの見つめあい合戦は控えようとするのも、こうした理由があります。

前にも述べましたが、私たちは無意識のうちに相手のしぐさや表情をまねる傾向があります。そうするとやりとりがスムーズになるからです。ですが、相手のボディランゲージを自分もまねするのではなく、補完しようとする場合もあります。これは、相手との力関係が同等でない場合にとくによく現れます。力を持っている側が力を見せつけるような姿勢をとると、力のない弱い側は力のなさを強調するような姿勢をとるのです[32]。

この状況では、一人が大きくふるまえばもう一人は小さくなるため（逆もまたしかり）、信頼に基づいた調和した関係を築くのは難しくなります。私たちが求めるのは自分に向けるパワーであって、人を支配するパワーではありません。自信があって、かつ肩の力を抜いた状態でいたいのであって、必死に優位に立とうとしているようにはなりたくありません。目指すのは親しみを感じさせる心地よい関係であって、相手をひるませて従わせることではありません。ゴリラの群れのボスであるシルバーバックのように、君臨して他者を支配していたのでは、物理的にも心理的にもほかの人の居場所がありません。

スタートアップにまつわるユーモラスな動画を発信しているサイト「Ｖｏｏｚａ」に、見せかけだけのパワーポーズを皮肉ったエピソードがあります。会議室で身体を縮めるようにして座っている同僚に、男性が「もっと自信のあるポーズをとらなきゃ」とレクチャーを始め、「自信満々のゴリラ」や「ダブルマウンテンマン」と名づけたおかしなポーズを次々にやってみせます。「自信」の表現がエスカレートするにつれて、会議室にいるほかの人はあきれ、不快な顔を見せます。最後に「怒ったヘラジカ」のポーズで威嚇すると、同僚の女性に護身用スプレーを吹きかけられる、というオチです。見ながら私たちは「こういう人、確かにいるかも」と感じて笑います。これはだめだよね、と思うわけです。

「マンスプレッディング(manspreading)」という言葉を聞いたことがあるでしょうか。混雑する大都市の電車や地下鉄で見かける、マナーの問題です。主に男性が足を広げて座席に座り、二人分かそれ以上のスペースを占領していて、ほかの乗客は座れずににらみつける……という状況を指します。ニューヨークの地下鉄に乗ると、「あの……足を広げないでもらえますか?」というコピーが書かれたポスターを見かけます。

極端にまっすぐな立ちはだかるような姿勢をとる、または過剰に力をこめた握手をするなどして、自分が場の主導権を握りたい気持ちにかられることがあります。採用面接ではとくにありがちです。しかし研究によると、その効果はほぼないに等しいとされています。ある研究では、頻繁にアイコンタクトをとって面接官に自分を印象づけようとした人は面接に失敗した、という結果が示されています。時間をかけた、きちんと系統立てられた面接になるほど、また面接官がよく訓練されているほど、非言語行動で自分の印象を操作する作戦はいい結果につながっていないのです。第1章でシンクロニーについてふれたのを思い出してみてください。これも要因の一つです。重要なのは、被面接者があからさまにボディランゲージを演出しているのを見ると、面接官はわざとらしく誠実でないと感じるという点です。事実、そうした人は採用に至っていないのです。[33]

・文化的規範を破ってしまうことも

ボディランゲージをめぐる規範は文化によって大きく違います。文化ごとの特徴をわかっているかどうかで、文化を超えたやりとりや意思疎通《そつう》がうまくいったり、逆に成り立たなかったりします。違いはじつに細かな点まで、多岐にわたります。アイコンタクトはどの程度とるか？　握手はするか？　するとしたらしっかり握るか？　誰から手を差し出すべきか？　お辞儀《じぎ》はするか？　するとしたらどれくらい長く？　誰が最初に頭を下げる？　座るべきか立つべきか？　座るとしたらどこに座る？　乾杯はどうやってする？　人との間の距離はどのくらいとるべきか？

ウォータールー大学の組織行動学者ウェンディ・アデールの比較研究によると、交渉の現場において、カナダ人のほうが中国人の交渉相手よりゆったりしたボディランゲージをとった一方、表情はネガティブな感情を示したといいます。また、カナダ人とくらべると中国人のほうがテーブルで物理的に広い空間を占めていました。こうした違いは、交渉の具体的な結果にも、交渉のプロセスに対する満足度にも影響しました。[34]

アデールは、異なる文化背景をもつ人同士が、ビジネスの場で互いにどう相手に合わせようとするかについても検証しています。そのなかで、西洋人がビジネス交渉の場で東洋人の相手と同じように物理的なスペースを使うと、過剰にその場を支配しようとしていると受け取られかねないと指摘します。非言語行動にまつわる誤解が、利益をもたらす可能性のあった交渉を決裂させてしまう場合もあるのです。

カウボーイのようなポーズはテキサスでは受けがよくても、たとえば日本では避けたほうが賢明でしょう。知り合ったばかりの人の肩に腕を回すのは、ブラジルではよくても、フィンランドでは違う受けとめかたをされそうです。こうした違いをきちんと理解しておかないと、ビジネスの交渉や採用の話が失敗に終わることもあるわけです。

ここまで見てきて、再びラグビーのオールブラックスとハカの概念に立ち返ってみましょう。ハカは「死に打ち勝った生の勝利をうたうもの」だと、ンガティ・トア族の長老ホヘパ・ポティニは説明しています。[35]「ニュージーランドは小さな国です。フィールドに出て、三倍も四倍も大きな国を相手に戦うとき、なんとか勝利しようと力を尽くします。自分たちを強く持とう、自分たちが持つ超自然的な力《マナ》を、一体性を守ろうとします。（オールブラックスは）非常に高い誇りをもってハカを踊ります。その誇りこそが、まさにハカがもたらしてくれるものです。……われわれが受け継ぎ、伝えていく文化ですね。挑戦し、勝利を称えるのです」

オールブラックスの選手自身も、「ハカはいつか踊りたいと願ってきたあこがれ」と敬意を表しています。「選手は受け継がれてきた伝統をとても誇りに思っています。チームが一緒になってハカを踊るのは、みんなが隣に立つチームメイト一人ひとりとつながっていることを確かめる場になっています」ケヴェン・メアラム選手はそう説明しています。アーロン・クルーデン選手も「ニュージーランドの少年の多くが子どものころからハカを練習してきて、いつか本当にやれるときが来るといいなと思っているんです」と言います。クルーデン選手はハカを「まわりにいるチームメイトと自分が立っているフィールドの両方から精神的に力を得ること」と表現しています。

そんなハカが私たちとどう関係しているのでしょうか？

思考や感情が私たちのボディランゲージを形づくっていること、そして一人ひとりのボディランゲージがほかの人に何かを伝えていることは確かです。身体が表現する「語彙《ごい》」を通して、私たちの内面は意思疎通をはかっています。言葉を発しなくても、対話し、大事な情報を伝えあっているのです。

しかし、それだけではありません。もう少し見えない形で、別のことも起きています。ボディランゲージは自分自身にも――自分の内面にも――何かを伝え、はたらきかけているのです。それは単に今、自分がどう感じているかを伝えるだけではありません。もっと複雑です。ハカでいえば、そのパワーは、相手チームの選手だけに向けられているのではないようです。ハカのパワーは、ハカを舞う選手自身にも力を与えている点にもありそうです（もったいぶったドラムロールが聞こえてきましたが……続きは次章で）。

presence

第7章 幸せへの鍵「笑うから楽しい」

サーフボードの上でまっすぐに立つ。そう心を決めなくてはいけませんでした。そのおかげで人生でもまっすぐに立てるようになれるとは思ってもいませんでした。

――イブ・フェアバンクス

私と同じくオーストラリア人を配偶者に選んだ人は、何度もくじけそうになりながらサーフィンを身体で覚えていくプロセスを経験することになるかもしれません。私もサーフボードの上によろよろと立つこと（と、ひっくり返って海に落ちること）にそれなりの時間を費やしてきましたが、ジャーナリストのイブ・フェアバンクスがサーフィンを通じて得た思いをつづった文を読んだときに初めて、波乗りを覚えていく過程がプレゼンスと深くつながっていることに気づいたのです。

フェアバンクスは、サーフィンの習得を通して陸《おか》の上での生きかたについても教えられたといいます。[1] ワシントン・ポスト紙に寄せた文章には「サーフィンとは、突き詰めれば、人生に訪れるさまざまな事態を受け入れながらそのときどきにできる限りのことをするという、長い時間をかけた複雑で知的な挑戦に通じる」と記しています。

フェアバンクスはサーフィンを習得していく過程を「心の持ちかたを変えるために、身体がとる姿勢をコントロールすることが求められる」と分析しています。この見かたは身体と心のつながりをみごとに言いあてています。身体と心はなぜ、どのようにつながっているのか、そして私たちがなぜそのつながりをないがしろにしてしまいがちなのかをとらえているのです。

フェアバンクスによれば、まず間違っているのが、うまく波に乗るにはマスターしなければならないスキルがあると考え、それにばかり目を向けていることだといいます。これは、仕事ができると思われるため、あるいはパートナー候補になる相手を惹きつけるために必要なスキル、と言い換えることもできるでしょう。「よくわかっていない人は、自然の中で行なうアドベンチャースポーツではスキルがものを言うと考えます。技を習得するためには身体の強靭《きょうじん》さやマッスルメモリが必要なのだと考えるのです」彼女自身もそう考え、はじめのうちは自分には必要なスキルがちゃんとあるだろうか、今のところどこまで習得できただろうかとつねに気になり、不安が消えなかったといいます。「最初のころ、サーフボードから落ちると、これはよくあることだよ、最初はみんなそうだからあなたが特別にできないわけではないよ、という言葉をインストラクターの口から聞きたくて、祈るような気持ちでした。普段の生活で何かミスをしたときに、これで私の評判をひどく落とすことはないから大丈夫、と誰かに請け合ってほしくなるのですが、それとよく似ていたのです」

しかしあるとき、彼女はアプローチを変えます。「うまくできたりできなかったりを繰り返した後、インストラクターが言ったのです。どこかの時点で、自分はボードの上にとどまるんだと腹をくくらなくてはいけない、と。……すると驚くことに、そう決めて、決めたのだからそのとおりにしようとしただけで大きな変化が現れたのです。何度も海に投げ出されていたのが、波に乗れるようになっていきました。うまくできるとうれしい、うれしいとまたうまくいく。自分にはできる力があるという気持ちが、挑戦を繰り返すうちにふくらんでいきました」

彼女がサーフィンを習得していったプロセスは、「成功をもたらす秘訣」という考えかたが事実と逆であることを示唆しています。「自分の決断に自信を持ちなさい、というアドバイスをよく聞きます。この『決断する』という行為は、自分の中に確信を得ていく過程の最終段階で、自分がたどり着いた真実を自分で追認しているにすぎません。そうではなくて、本当は逆なのです。決断が自信を生むのです。サーフボードの上で、私はそれを学びました」

この体験は説得力をもち、サーフィン以外でもあてはまることに気づいたと彼女は言います。「陸の上の生活で選択を迫られるとき――ときに尻込みしたくなるような選択をしなければならないとき――、私は自分がサーフボードの上にいて、まっすぐに立ち続けると決め、そうしている姿を思い描きました。すると、私はボードの上にしっかり立てる、今から挑戦しようとしていることをちゃんとやり遂げられる、と思うのは難しくありませんでした」

サーフボードの上にとどまることで、彼女が持っている力を身体が示してくれました。頭で考えているだけではできなかったことです。「困るのは、心のなかにあるものは目に見えないことです。想像してみるだけです。でも、身体は肉体的な感覚で感じることができます。自分はこういう人間なのだということを身体が表現しているとき、その感覚はじつに力強いものです。五感で感じ取るのですから」

そう、自分はこういう人間なのだということを身体が表現しているときの感覚――。

「歌うから楽しい」

脳と心と身体、この三つはそれぞれが自律する別々の存在である、という神話があります。また、この三つはつながっているという見かたを「主流派ではない」と切り捨てる向きもあります。私はこの二つの見かたにいつも困惑させられます。まず、脳は身体の中にありますよね？　これだけでは納得できなければ、身体は動き、話し、反応し、呼吸し、生きており、全部脳のおかげなのだ、といえばどうでしょう？　脳と身体は、複雑で優れた、統合された一つのシステムの一部なのです。ヴァンダービルト大学で教えていた敬愛する心理学者のオークリー・レイは、「心と身体の間に明確な境界はない。脳と、神経、内分泌、免疫の各システムとの間には情報伝達のネットワークが存在するのだから」と述べています[2]。

それに、脳の存在なしに心が存在することなどあり得るのでしょうか？　脳と心と身体は互いにつながっているという見かたは、どの科学の分野でもほぼ合意が得られているといっていいはずです。でも、改めてそう口にすると、疑わしいと言いたげな反応をされることがたびたびあります。以前、あるところで心と身体はつながっているというコメントをしたところ、知らない人から「君はチョプラでも一箱吸ったのかい？」と皮肉をこめて言われたことがありました（マインドフルネスの第一人者、ディーパック・チョプラを指しています）。

ハーバード大学の心理学科はウィリアム・ジェームズ・ホールという建物にあります。校舎に名前がつくくらいですから、ウィリアム・ジェームズ（一八四二～一九一〇年）は当然偉大な業績を残した人物です。ハーバードはすばらしい心理学者を多数輩出《はいしゅつ》していますが、彼の功績は特別です。米国で最初に教育者として大学レベルの心理学の講義を行ない、現在でも影響力のある哲学者であるほか、アメリカ心理学の父ともいわれています。

ジェームズが提唱した考えかたの多くが現在の心理学研究の基礎になりましたが、なかでも私が心惹かれるのが、有名な「幸せだから歌うのではない。歌うから幸せなのだ」という主張です。それまでの常識的な理解に挑戦するようなこの理論では、身体的な経験が感情を引き起こすのであって、その逆ではない、と考えます。まず身体が知覚したり、何らかの行動を取ったりし、それによって感情が生じるとジェームズは提唱したのです。「身体から切り離された感情は実体がない」[3]とジェームズは一八八四年に記しています。「チョプラを吸って」いたわけではないのは明らかです。ディーパック・チョプラが誕生する六三年前のことですから。

私たちが感情を抱くのは身体的な反応の表れだと考えたジェームズは、ある感情を感じているふりをするうちに実際にそう感じるようになるという説を立てました。歌っていれば楽しくなる、泣いているうちに希望を失った気持ちになる、というわけです。偉大な知識人（この言葉は最近、何でも揚《あ》げ足をとる批評家という意味に取られることが多いのですが）だったジェームズは、「こうありたいという自分になるために、いま、みずからなることができる」と希望をこめた提言もしていました。

ジェームズのこの説にとくに違和感を覚えない人もいるかもしれません。ですが、人は思い込んでしまいやすいもので、感情が先に芽生えて、それから身体が知覚するのだ、あるいは、心のなかで起きていることは身体に現れる変化や体が知覚していることの原因だと考える根強い傾向があります。ジェームズは、心が認識する感情は結果だと考えているのです[4]。ジェームズはこう述べています。「常識的な理解ではわれわれはこう考える。財産を失い、悲しいから泣く。熊に出会い、驚いて逃げる。ライバルに侮辱され、怒って殴る。しかしここで提唱する仮説では、この順序は正しくないのではないかと考える。……そして、泣くから悲しい、殴るから怒る、震えるから怖い、とするほうが筋が通っている」[5]

ジェームズはさらに、一八九〇年にこれもさかのぼりますが、自身のこの説を検証する方法として、身体の感覚をもたない人の感情を調べてみる可能性にふれています。実現したのはそれから一〇〇年以上経ってからでしたが、ヒューゴ・クリッチュリー率いる研究チームがジェームズの提案にならい、純粋自律神経不全症《じゅんすいじりつしんけいふぜんしょう》（ＰＡＦ）患者の感情経験の評価を行ないました。ＰＡＦは交感神経と副交感神経のフィードバック機能が低下する疾患で、身体感覚の著しい低下が起きます。

調査の結果、ＰＡＦ患者には感情経験全般の減少、不安に関連する神経活動の低下、またほかの人の感情が状況に応じてどのように変わったかを理解しづらいといった傾向が報告されています。言い換えれば、身体とのつながりが損なわれていると、自分の感情とのつながりも弱まり、ほかの人の情動反応を読みとる力も減少してしまうのです。[6]

■顔について

あなたがもし、身体的な変化が先にあってそれが感情を引き起こすというジェームズの仮説を検証する実験をするとしたら、どこから始めるでしょうか？　顔に着目するとよさそうですが、どんな表情がいいでしょう？　どんな感情を調べてみるといいでしょうか？　身体が心にどう影響を与えるかを正しく検証するには、実験台になる人にある表情を作ってもらいながら、それが表す感情には結びつけないようにしなければなりません。これはなかなか難しいものです。

一九七四年、心理学者のジェームズ・レアードは、身体的表現が感情経験を作り出せるかを検証した研究結果を発表しました。わかりやすく言えば、顔をしかめると怒りがわくのか、笑うとうれしくなるのかを検証したのです。[7]

実験の目的を伝えると回答に影響する可能性があるため、被験者の男子大学生にはうその説明をしました。まず、実験の目的を「さまざまな状況下での顔の筋肉の動きを調査するため」と伝え、顔の数箇所に電極を取り付けて、立派な機械につなぎます。機械は見せかけだけで、何もしません。

被験者に「怒り」の表情を作ってもらうため、眉間《みけん》に取り付けた電極を指して「ここの筋肉を引き締めてみてください」と指示します。また下あごの電極を示して、歯を食いしばるようにして筋肉に力を入れてもらいます。続いて「喜び」の表情をとってもらうため、口の両端の筋肉を動かしてもらいます。

被験者は指示された表情を作りながら、今の感情を評価するように言われます。レアードは「そのときの感情によって表情筋の動きが不必要に変わってしまう場合があり、そうした例を除外するため」と説明しますが、これも実験の意図を見破られないためのうその説明です。

すると、実験の目的を察したと思われる例を除いても、被験者は怒った顔をしたときは怒った気持ちになり、うれしい顔をしたときはうれしい気持ちになるという結果が出ました。被験者の一人は、次のような興味深い感想をレアードに語っています。「下あごに力を入れて眉を寄せていると、怒りを感じないようにしようと思っていても勝手にそう感じていました。別に怒っている気分ではないのに、気づくと自分が怒りを覚えたときのことにふと意識がいっているんです。

変な話だと思いますが。自分は実験に参加していて、怒ったりする理由なんてないのに、勝手にそうなってしまったんです」

一九八八年、さらに研究が進められ、フリッツ・ストラック、レナード・マーティン、サビン・ステッパーによる有名な論文が発表されます。「表情フィードバック仮説」といわれる理論を検証した研究です。[8]実験では、理由を説明せず、笑っているような顔になるように表情筋を使って参加者にペンを口にくわえてもらいました。ランダムに選んだ別の参加者には、笑顔を作れないような形で表情筋を動かしてペンを口にくわえてもらいます。その後、参加者にマンガを読んでもらいます。すると笑顔を作った参加者のほうが、そうでない参加者よりもマンガをおもしろいと感じたと答えたのです。同様の結果が日本とガーナでの実験でも得られた[9]ほか、別の手法で行なったさまざまな実験結果の分析でも確認されています。たとえば、笑った表情を作った人のほうが人種に対する偏見が少なかったという報告もあります。[10]

その後も研究が重ねられた結果、この「表情フィードバック」は、笑った顔がうれしい気持ちを引き出す場合だけでなく、ネガティブな感情にもあてはまることがわかっています。日本の研究チームが行なった実験では、被験者の頬の涙道《るいどう》近くに水滴を垂らすと、泣く行為とは関連しない状態にある被験者よりも「悲しい気持ちがする」と答える人が多いという結果が出ています。[11]別の実験では、参加者の眉の間に絆創膏《ばんそうこう》を貼るか、眉を寄せるよう直接指示するかのいずれかの方法で眉間にしわを寄せてもらったところ、悲しさ、怒り、不快の感情が増したと答える傾向があったと報告されています。[12]

身体表現がそれに呼応する感情を呼び起こすように、ある表現をさせないようにすることでそれに呼応する感情を遮断することも可能です。これを応用して、意外なものをうつ病の治療に使えないか検証した研究があります。美容整形で使うボトックスです。人は顔をしかめるとき、額にある皺眉筋《しゅうびきん》という筋肉（ダーウィンはこれを「嘆《なげ》きの筋肉」と呼びました）を使います。ボトックス（A型ボツリヌス毒素）はこの皺眉筋を一時的に麻痺させて、額から眉間にかけてのしわを減らします。そして、麻痺させたために、この筋肉から脳へのフィードバックも鈍ってしまうのです。

ボトックスの注入が感情にも影響する可能性を最初に報告したのは、二〇〇九年の研究です。研究では、過去一週間から三カ月の間に額にボトックスの注入を受けた女性と、それ以外の美容整形術を受けた人のうつのスコアを比較しました[13]。結果は、ボトックスを注入したグループのほうが落ち込みやイライラ、不安を示すスコアが低いというものでした（施術前のスコアは記録なし）。自分にどの程度魅力があると思うかを評価してもらったところ、両グループの間に有意な差はありませんでした。この結果は説得力がありますが、無作為に抽出した人を対象に施術を受けてもらって調査したのではない点と、施術前の落ち込み、イライラ、不安を評価できていない点から、解釈に少し疑問の余地があるといえます。

別の研究チームは、難治性《なんじせい》うつ病の男女を対象に無作為統制試験を行なっています[14]。被験者の半分は額にボトックスを注入し、残りの半分は効果のない偽薬《ぎやく》を使用したところ、六週間後、ボトックスを受けたグループはうつ病の評価尺度を示すスコアが五〇パーセント近く下がった一方、偽薬を用いたグループは約一〇パーセント減にとどまっています。

ということは、ボトックスはうつを治すのでしょうか？　そうだとしたら、うつも顔のしわも一緒に消してしまおう、と思うかもしれません。ですが、その前にもう一つ別の研究をみてみましょう。社会心理学者のデイヴィッド・ニールとターニャ・チャートランドが行なった実験では、額と目尻《めじり》のしわにボトックスを注入した女性のグループと、ダーマルフィラー（皮膚充塡剤《じゅうてんざい》）を注入した女性のグループを比較しました。[15] 後者は筋肉と脳の間の伝達を妨げることはありません。施術後一週間から二週間の間に、人の両目とその周辺（アイマスクをすると隠れるあたり）が写った白黒写真を一枚ずつ、被験者にコンピュータ画面上で見せます。写真は全部で三六枚あり、それぞれ少しずつ異なる気持ちの状態を表しています（いらだっている、何かを熱望している、うろたえている、考え込んでいるなど）。被験者は写真を見て、どんな感情を表していると思うかを四つの選択肢の中から選びます。するとボトックスを注入した人のほうが平均で七パーセント正解率が低いという結果が出ました。目に表れる微妙な感情を読みとる力が、もう一つのグループよりも低いことを示しています。

なぜこうした食い違いが起きるのでしょう？ これは、私たちが人の感情を読み解く手段の一つとして、相手の表情を自動的に模倣《もほう》していることと関係しています。模倣といってもごくわずかな一瞬のこと（時間にして三分の一秒ほど[16]）なので、普段の生活ではそうしている自覚はありません。それでも、表情フィードバックを通じて、この模倣のおかげで私たちはほかの人の気持ちを感じ取り、理解できるのです。しかしボトックスを入れて表情筋が物理的に機能しなくなると、このプロセスが妨げられてしまいます。実験をしたニールは「模倣することで、私たちは他者の内面を見る窓を手に入れます。でもボトックスは模倣を阻害してこの窓を曇らせてしまうのです[17]」と説明しています。

しわはしわのままにしておくほうがいい理由はほかにもあります。ボトックスは、ネガティブな感情表現とポジティブな感情表現の両方に関連する筋肉やしわ――たとえば目尻のしわを作る目の周りの筋肉の収縮――にも影響をおよぼすことに注意しなければなりません。つまり、しかめ面《つら》だけでなく笑顔も作りにくくなるのです。しかめ面ができなければ不快な気持ちを感じにくくなります。同様に、笑顔を作れなければ楽しい気持ちにもなりづらいのです。

要するに、感情を表情で表すための筋肉を麻痺させたりゆるめたりすることにより、自身の感情経験が乏しくなり、人の感情を認識する力も弱くなってしまうのです。先に出てきたPAFの患者と同じく、つながりが損なわれた状態です。ニールは次のように述べています。「これは少々皮肉といえるかもしれません。ボトックスを取り入れるのは、言ってみればよりうまく人と交わるためです。それが、外見はよくなったとしても、ほかの人の気持ちをうまくくみ取れなくなってしまうのですから[18]」というわけで、目尻の小じわに情けをかけておけば、向こうもそうしてくれる――つまり、あなたが周囲に情けをかけてあげられるように手伝ってくれるのです。

感情の形成における身体と心の関係について、ウィリアム・ジェームズが革新的な説を唱えて以来、それを検証する数多くの実験と研究がなされてきました。表情フィードバックを最初に検証した前出の心理学者ジェームズ・レアードは、キャサリン・ラカスと共同で発表した論文でその歩みを振り返ったうえで、次のように結論づけています。「文字どおり多数の実験において、顔の表情や感情を表現する行動、身体的反応などが先に表れ、それに呼応して感情が生じている。表情やしぐさを操作すると、それぞれ多様な感情が喚起されたり強化されたりしている。……表現できないように操作すると、こうした感情の多くが乏しくなる。……こうしたすべてを考慮すると、ジェームズの説は正しかったとするのが合理的な結論だと考える。感情は感情行動と身体的反応の原因ではなく、結果なのだ[19]」

ここまで、表情をコントロールする顔の筋肉に変化が起きるとどんな影響があるかについて考えてきました。では、顔から下、身体による表現をつかさどる筋肉や骨格――肩、腕、手、胴、脚、足の場合はどうでしょう？　こうした身体の各部位も感情を表現します。表情フィードバックのように「身体フィードバック」もあるのでしょうか？　自信とパワーに満ち、落ち着いてシンクロした自分へ身体が誘導してくれるのでしょうか？　身体が私たちをプレゼンスへ導いてくれるのでしょうか？

■■■ 身体を通じてプレゼンスを得る

ダグラスはリー川沿いを歩いた。両手を後ろでしっかりと握りしめていた。新たな歩みだった。大きな動作で、堂々としている。考えている人間のふるまいだ。この姿勢を楽しんでいた。自分が思い描く自分に近づくのを感じた。

――コラム・マッキャン著『トランスアトランティック（*TransAtlantic*）』より。フレデリック・ダグラスについて

「自分が思い描く自分」というのは非常におもしろい概念です。この「自分」は、おそらく、こうありたいと望むどんな自分でもいいのです。それまでと違う新しい自分でもかまいません。誠実じゃない、本物じゃないということにはなりません。ある自分の姿をイメージし、それを一歩ずつ現実にしていけばいいのです。先の例はコラム・マッキャンが二〇一三年に発表した小説の一場面ですが、ここで描かれているのは文字どおりその「一歩」です。一九世紀に奴隷解放運動に身を投じたアフリカ系アメリカ人の運動家、フレデリック・ダグラスは新しい一歩を踏み出し、身のこなしを一新して、それを楽しんでいます。こうありたいと思い描く自分に近づくのを感じているのです。

マッキャンのこの描写をみると、私たちの身体は私たちを行きたい場所へ物理的に連れていくだけでなく、なりたい自分に自分自身を連れていくこともできるようです。これから検証していきますが、実際に証拠もあるといえそうです。身体が先行し、心や感情がそれについていくという図式があるのです。

この現象を理解するため、一つのケースを検討してみることにしましょう。身体がパワーみなぎる自分へ導いてくれるのとは反対に、内面の心理状態が身体に表れ、恐怖を抱いて守りに入り、極度に警戒した状態――心的外傷後ストレスの話です。


無力感をもたらす要素にはどんなものがあるか挙げてみましょう。不安、ストレス、恐れ、脅威、自信喪失、ネガティブな気分、自己防衛、実行機能の低下、記憶障害、散漫な思考、逃避など。これを何重にも積み重ねた状態を、心的外傷後ストレス（ＰＴＳ）[20]を抱える人が背負っているとイメージしてみてください。心的外傷、トラウマをともなう経験は個人的なパワーを奪います。

パワーを失った状態と同じように、トラウマも心と身体の間に著しい不一致を生じさせます。長年ＰＴＳを専門にしている精神科医、ベッセル・ヴァンダーコークは、トラウマは「うまく調和していた身体的なシンクロニーを崩壊させる」とし、次のような観察を記しています。「ＰＴＳ外来の待合室に入ると、患者とスタッフの区別はすぐにつく。患者の表情は凍りつき、身体は力なくうなだれていながら、同時に不安や緊張が表れている」[21]ＰＴＳは人を崩壊させます。家族や友人や職場の同僚と接しながらなんとか日々の生活を営もうとする一方で、警戒のアンテナを張りながら感じている脅威から自分を守り、つきまとう負の記憶を払拭しようとして、精神的に深い亀裂と衝突を生じます。まさに引き裂かれた状態です。

　ＰＴＳに対する伝統的な心理療法では、トラウマは心のなかに存在すると解釈し、心に注目します。「思考が行動を引き出す」という考えかたを前提にした認知行動療法（ＣＢＴ）は、ＰＴＳを抱える人の思考パターンを組み立て直そうとするアプローチです。その一つであるエクスポージャー（曝露《ばくろ》）療法では、トラウマ体験を思い出し、受け止め、追体験させることによって、抱えているトラウマに対する過剰な反応をなくし慣れさせていく方法をとります。

　一方、ヴァンダーコークをはじめ、このアプローチに疑問を抱く人もいます。ヴァンダーコークはニューヨーク・タイムズ紙にこう語っています。「トラウマは認知の問題とはまったく関係ありません。……トラウマを抱えた状態とは、世界を危険な場所と認識するように身体がリセットされた状態です[22]」トラウマは身体のなかに存在する、したがってそこで検証し、そこで治すべきである、という考えかたはしっくりくる気がします。ジャーナリストのジェニーン・インターランディは、ニューヨーク・タイムズ紙で次のように記しています。

> 　多くの場合、ひどく阻害されているのは患者の身体だった。思うようにならないのは身体だったのだ。速く走りたくても足が動かない、力いっぱい押しのけたくても腕が動かない、降りかかる災難を避けようと声を上げたくても上げられない。そして、今、わずかなストレスに崩れ落ちてしまうのも彼らの身体なのだ。車のクラクションが鳴るたびに隠れ、見知らぬ人を見るたびに襲われるのではと感じているのは身体なのだ。そんなふうに身体が苦しんでいる状態で、そんな身体に包まれている心がどうして癒されたりするだろう？

作家であり批評家のフランク・ジェレット・バージェスは「われわれの身体はわれわれの自伝になる」と表現しています。

これまで、PTSを抱えるたくさんの人とそれを支える周囲の人から、身体から心にはたらきかける方法でPTSの症状を軽減できないのですかという質問を受けました。こうしたメールの少なくとも三分の二は、元兵士かその家族の方からです。この問いに私は悩みました。もし、トラウマが根本的には極度にパワーを失った状態で、心と身体の断絶が背景にあるとしたら、身体を通して、誇りを取り戻しながら脅威を和らげることができるのでしょうか。もしかしたら、トラウマ後のストレス状態にある心を身体が救いだせるかもしれません。

実際、多くの研究者がこのテーマで研究を行なっています。

PTSに関する研究の多くが元兵士を対象にしています。少なくとも五人に一人がPTSに悩んでいるとされ、実際に戦闘を経験した兵士の場合、その傾向はさらに増えます。元兵士のPTSは、投薬や、先に挙げた認知行動療法、曝露療法のような従来の心理療法による治療が難しいことが報告されています。さらに、PTSのための治療プログラムから途中で脱落する率が元兵士の間でとりわけ高いというデータもあります。理由はいくつもありますが、不名誉であるという思いや、生活上、ほかに優先順位の高いやるべきことがある、あるいは理解できることですが、PTSの原因となったトラウマ体験に向き合うことにそもそも不安がある、などが挙げられます。一方で、PTSによって多くの元兵士とその家族の人生が崩壊している現実があります。

二〇一二年、スタンフォード大学のエマ・セッパラは、身体から心にはたらきかける手法がPTSを抱える元兵士に与える効果を調べる研究を行ないました。[23] 研究に参加したのは、イラクとアフガニスタンで戦闘を経験した二一人の元米軍兵士です。参加者のうち無作為で選んだ一一人にヨガのプログラムを受けてもらい、残りの一〇人は待機者リストに載せるという形にします。そして一一人のグループは、毎日続けて七日間、スダルシャンクリヤ呼吸法を取り入れたヨガを三時間、インストラクターの指導の下で行ないました。スダルシャンクリヤ呼吸法の効果はこれまでの研究でも確認されていて、不安やうつ症状、衝動的行動の軽減や、喫煙量を減らす効果があるのに加え、楽観的な気持ちや幸福感が増し、感情のコントロールが利くようになると報告されています。[24]

さて、先へ進む前に、ここで告白しておきます。私自身は、ヨガの熱心な愛好者ではありません。科学的な根拠のある文献を詳しく読むまで、私はヨガについて疑いの目を向けていました。ヨガに害があると思っていたわけではありません。ただ、実践している人たちがいいと言うほど本当にいいのだろうか、という気持ちでいたのです。なんだか高校生みたいですが、私は急にあちこちでもてはやされるようになったトレンドには反発するようなところがあります。さらに、私の研究テーマやバレエをやっていた過去について聞いた人から、本当に毎日のように「じゃ、きっと熱心にヨガをやっているんでしょうね」と言われ続けた結果、さらに反発しているところがありました。

でも私は科学者ですから、もう反発している場合ではありません。現在、ヨガが心理学的、生理学的にプラスの結果をもたらすことを示す証拠は、反論の余地がないくらいにそろっています。ヨガをベースにした療法が医療のメインストリームの現場にも取り入れられるようになって以来、実験で検証した研究が何百、あるいは何千と行なわれてきました。そして血圧やコレステロールの低下から、身体や精神、あるいは社会的な苦痛の軽減まで、健康上の利点が報告されています。[25]

すべての結果が本当に妥当なのか、すべての研究がきちんと考察されているかというと、おそらくそうではないかもしれません。そういう見かたをするのが科学者の習性でもあります。でも、今はヨガを派手にもてはやされているだけのトレンドとは考えていません。正しくやれば、ヨガにはすばらしい効果があります。

というわけですが、ヨガが心と身体にどう影響するかをここでわずか数ページで語りつくそうというのは無理な話です。なにしろヨガは太古の昔から存在し、三〇〇〇年ともいわれる歴史があります。身体の動きと呼吸のコントロール、瞑想《めいそう》による心の集中を同時に行ない、三つの要素が共鳴しあって一つになります。ヨガが心身にもたらす効果についてもっと知りたいという方には、スタンフォード大学の心理学者、ケリー・マクゴニガルの『ケリー・マクゴニガルの痛みを癒すヨーガ』をおすすめします。ここではさしあたり、PTSを抱える人（と、そうでない人も）の不安と恐怖心をなぜ、どのように軽くできるのかの検証に必要な程度だけかじることにしておきましょう。

エマ・セッパラが元兵士を対象に行なった研究についてくわしく知りたいと思い、話を聞かせてもらえないかとお願いすると、快く引き受けてもらえました。セッパラによると、研究で取り入れたヨガはまず「楽な姿勢で座り、深く呼吸する」ことから始まります。そうすると自然に胸が広がります。参加者は「勝利の呼吸」と呼ばれる「深く休息した状態」の呼吸法を実践します。この呼吸法が、心身を穏やかな状態に導く反射を引き起こすのです。身体が心の状態を変えられることを示す、優美なまでにシンプルな例です。

「呼吸は生理的な反応を抑えるすばらしい方法です」とセッパラは説明してくれました。「呼吸を自分でコントロールできるんだと理解するのは、今ある不安も自分でコントロールできることを理解する最初のステップになります。自分でコントロールするためのツールが自分のなかにあることを知るのです。あれこれ思い巡らせて落ち着かない、人と接する場で想定外の事態が起きる、どうしたらいいかわからなくなる――そんなときも、呼吸をコントロールすれば自分を落ち着かせることができるんだ、と思えるようになるのです」

ヨガを実践した元兵士にどんな効果があったかをみるため、セッパラらは三つの項目を測定し、実験前後の変化を比較しました。音に対する瞬目《しゅんもく》（まばたき）反応（驚愕《きょうがく》反応の一つで、一般的にＰＴＳを抱える人には過剰にみられる）、呼吸数（同じくＰＴＳがあると一般的に増加）、そして自己申告による不安の度合い（トラウマ記憶を思い出す頻度、悪い夢をみる頻度など）の三点です。ＰＴＳへの抵抗力を示す数値を見て、セッパラはその結果に驚きました。一カ月後、ヨガのプログラムを一週間受けた元兵士は、ＰＴＳに関するどの項目でも数値が下がっていたのです。さらに驚くことに、一年経った後でも、ＰＴＳの症状や不安が劇的に軽減された状態が続いていました。

セッパラはこの研究を「これまでの人生でしてきたことのなかで一番やってよかったと思えた」と表現しました。参加した元兵士の一人は「（トラウマ体験について）起きたことは全部、今も忘れてはいませんが、もうそれに自分を支配されることはなくなりました」と書いたそうです。「人生を取り戻すことができました。ありがとう」と言った人もいました。

セッパラはこう言います。「参加した元兵士のなかには、家の地下に閉じこもって暮らしていた人もいました。でも今は、仕事をしたりデートをしたり、人と交わって、外に出てきています。笑顔が戻っているんです。ある人は、父親と一緒に休暇に出かけて、信じられないくらい楽しい気持ちでいられた、と言っていました。でも何より意味があったのが、父親が『息子が帰ってきてくれた』と言ったことだそうです。今、彼はこのヨガプログラムの広報担当をしてくれています」

プレゼンスを得るツールは、自分のなかにある

一九九七年、南アフリカの真実和解委員会の活動に加わっていたベッセル・ヴァンダーコークは、ヨハネスブルクでレイプ被害者の集まりに参加していて、あることに気づきました。まったくの異国にいながら、トラウマを示すボディランゲージが世界のどこでも共通していることを実感したのだといいます。「女性たちはうなだれて座り、悲しみがにじみ出て、じっと動かない……それまで、ボストンのレイプ被害者の会で数えきれないくらい見てきたのと同じ光景だった」と、著書『身体は記録する（*The Body Keeps the Score*）』で振り返っています。「これまでも幾度となく感じた無力感がわいた。そして力なく崩れる人々のなかで、自分も精神的に崩れていくのを感じた[26]」

が、このあとの描写は、ウィリアム・ジェームズの「幸せだから歌うのではない。歌うから幸せなのだ」がまさに現実に起こったような場面です。

女性の一人が小さな声で歌いはじめ、歌いながら身体を前後にそっと揺らした。ゆっくりとリズムが生まれ、一人、また一人とほかの女性も加わった。まもなくその場にいた全員が歌い、身体を動かし、立ち上がって踊っていた。驚くべき変容だった。みな生気を取り戻し、顔には表情が表れ、身体には活力が戻っていた。私は誓った。ここで目にしたことを応用し

て、リズムや動作や歌うことがトラウマを癒すのにどう役に立つかを研究しよう、と。[27]

ヴァンダーコークは誓いを果たし、PTS克服のため身体から心へアプローチする手法を長年にわたって研究し、患者の治療やワークショップの開催なども行なってきました。最近は家庭内の虐待によるPTSを抱える女性に力を入れています。こちらも元兵士と同様、克服が容易ではないことを過去の研究が示しています。

ある研究では、慢性的な難治性のPTSを抱える女性六四人を対象に治療プログラムを実施しました。無作為に選んだ半分のグループはヨガを行ない、もう半分は一般的なトークセラピーを中心にした、女性支援の健康教育プログラムを受けてもらいました。どちらも週に一時間のセッションを一〇週間にわたって実施します。

参加者は、プログラム実施前と実施中、実施後に、臨床診断面接尺度と呼ばれる一般的な尺度を用いて、PTS症状の評価を受けました。治療前の時点では、両グループの間に差はありません。治療実施中、両グループともに症状の改善がみられました。ヨガを受けているグループはとくに顕著で、参加者の五二パーセントがPTSの基準にあてはまらないという結果が出たのです。ヨガを受けていないグループでは二一パーセントがPTSの基準から外れました。しかし治療後に行なった評価では、従来式のプログラムを受けたグループでは評価が再び下がり、治療前のPTS症状が再度みられるようになってしまいました。ヨガを受けたグループは治療後も効果が持続したのとは対照的です。[28]

ヨガが心理的、生理的効果をもたらすのはPTSを持つ人に限りません。また、長期間の治療プログラムを受けると効果があるのはもちろんですが、椅子に座ってするヨガを一五分間、一度行なうだけでも効果が得られることを示す研究結果もあります。ある研究では、参加者に簡単ないくつかのポーズ（両腕を頭の上で伸ばしたあと、背中をそらせ、続いて上体を左右に曲げるなど）をそれぞれ三〇秒から六〇秒くらいずつとってもらい、同じ動作をワンセットにして何回か繰り返してもらいました。すると参加者が自己申告したストレスが軽減したほか、呼吸数が下がり、心拍変動（ＨＲＶ）の上昇がみられました。「心拍変動が低い」とは、呼吸をしても心拍数が変動しないという意味で、不安や精神的に張りつめた状態を表します。逆に「心拍変動が高い」とは、呼吸と心拍数が連動している状態です。つまり、心拍変動が上昇するのは呼吸数が少ないのと同様、基本的によい兆候で、心身が全体的に良好な状態にあることを示します。[29]

　ヨガの実践を通して身体がしていることにはとてもポジティブな効果がある、という点はみなさん納得できたのではないかと思います。でもさらにすばらしいのが、いますぐヨガを始める予定はないという人も、同じような成果を得ることができる点です。ヨガが身体を通じて心にもたらす効果は、日常生活のなかで誰でも手に入れられます。本来の自分を発揮するためのツールが、私たち自身の生態に組み込まれているのです。その一つが、あまりに基本的で普段はしていることさえ忘れている活動――そう、呼吸です。

　ヨガのように身体を使った介入法には、さまざまな心理的、生理的メカニズムがかかわってきますが、ほとんどが交感神経系と副交感神経系の二つに帰着します。交感神経系は「闘争・逃走反応」とも呼ばれるストレス反応を引き起こし、副交感神経系は「休息・消化反応」とも呼ばれるリラクゼーション反応を引き起こします（食後、睡眠中、性的興奮状態にあるときなど）。両神経は相反するはたらきをしながら、全身の覚醒状態を統制しています。言ってみれば交感神経がアクセル、副交感神経がブレーキの役目をするわけです。

副交感神経は主に迷走《めいそう》神経を介して作用します。迷走神経は脳神経で、心臓や肺をはじめとするたくさんの重要な臓器と脳幹《のうかん》との間で感覚情報を伝達します。迷走神経が活動するとき（言い換えれば迷走神経緊張が高まるとき）、心臓にはペースを落とすよう、肺には深く呼吸をするよう信号が送られ、リラックスした状態を促そうとします（長距離を走る、泳ぐ、自転車で走るといった持久力を要するスポーツの選手は迷走神経緊張が強い傾向があります）。強いストレス反応が起きて交感神経がはたらき、闘争・逃走反応を引き起こしているようなときは、迷走神経のはたらきは抑えられます。

　迷走神経はつねに活性化させておく必要はありません。警戒やアドレナリンを必要とする状態、たとえば精神的に困難な状況にあったり、身体に脅威が迫ったりした場合は、迷走神経の緊張は自然に低下し、ストレス反応が起きます。しかし、不必要なときにもストレス反応が起きるのが人間で、そうなるとマイナスの影響が現れます。休息時なら、迷走神経緊張の高さは身体的にも精神的にもよい健康状態に結びつきますが、迷走神経が過剰に抑制された状態が続くと、ストレス、不安、うつ症状を感じる度合いが高くなります。[30]

　朗報なのが、私たちは交感神経系と副交感神経系をある程度コントロールできる、ということです。迷走神経は脳幹と臓器の間で情報を伝達する、と先に書きました。この伝達は双方向のやりとりです。ヴァンダーコークはこれを次のように説明しています。「迷走神経（脳と多くの内臓器官をつなぐ神経）の神経線維のうち八〇パーセント程度は求心性《きゅうしんせい》の神経、つまり末梢《まっしょう》から脳へ向かう神経である。つまり、私たちは呼吸のしかたや歌いかた、動きかたを通して、覚醒システムをみずから直接訓練できるということだ。これは中国やインドなどで太古の昔から使われてきた原理である」[31]

では、ここで呼吸に意識を向けてみましょう。すばやく吸って、ゆっくり吐きます。もう一度。二秒間吸って、五秒ほどかけて吐きます。何か気づいたでしょうか？　ゆっくり息を吐くと、副交感神経系が活発になり、血圧が下がって心拍変動が上昇します。同様の結果は、リラクゼーションを目的とした呼吸法の効果を検証した数多くの研究が示しています。心理面では、不安や落ち込みが軽減する、楽観的になる、感情のコントロールやペインマネジメント（痛みのコントロール）ができるようになるなどの効果があります。行動面では、攻撃的な行動や衝動的な行動が減るほか、依存症のコントロールができるようになる、仕事や学業のパフォーマンスが上がるなどの効果が確認されています。[32]

ヨガで気分が変わるのは、これが理由の一つです。ヨガをすると呼吸は自然にゆっくり、リズミカルになります。太極拳《たいきょくけん》や気功《きこう》、瞑想、マントラを唱えるなどでも同じです。でもこうしたことを一切やらなくても、ほぼいつでもどこでも、呼吸コントロールの効果は手にできるのです。深く、ゆっくりとした呼吸を数回してみるだけで、身体と心は変化します。私たちは毎日、数えきれないほど呼吸を繰り返しています。とくに意識せず、努力もしていません。そう考えると呼吸の持つ力は本当に偉大です。その効果はようやく少しずつ解明されてきた段階にあるのです。

神経科学者のピエール・フィリッポらが興味深い実験を行なっています。被験者のグループに、呼吸のしかたを変えて喜びや怒り、恐れといった感情を（一度に一種類ずつ）呼び起こしてもらい、どんなふうに呼吸したかを説明してもらったのです。[33] ずいぶん妙な指示ですよね。呼吸のしかたを変えて感情を呼び起こすなどできるのでしょうか？　でも、とにかくそういう実験なのです。被験者はそのように指示を受けました。

実際にやったあと、被験者は別の被験者のグループにどんなふうに呼吸したかを説明しました。

どんな感情を喚起しようとしたのかにはふれません。説明を聞いたグループは教えられたとおりに呼吸し、どんな気持ちになったかを答えました。

結果はどうだったでしょう？　「うれしい気持ちを引き出す呼吸」を（そうとは知らずに）実践した人は、うれしい気持ちになったと答えました。怒りや恐れについても同様でした。

つまり、呼吸を速めたりゆっくりにしたり、深く呼吸したり鼻で呼吸したり、あるいは声を出したりため息をついたりしながら呼吸することで、私たちの感情や心の状態は変えられるのです。相手から言われたように呼吸すると、少なくとも表情フィードバックと同じくらいの効果があった、と研究では報告されています。

ちなみに、うれしい気持ちになりたければ、次のように呼吸するといいそうです。被験者の説明はこうでした。「深く、ゆっくり、鼻から吸って鼻から吐く。呼吸は非常に規則正しく、胸郭《きょうかく》はリラックスした状態になる」どうでしょう？　いい気分になったでしょうか？

呼吸によるリラクゼーション反応は、生理的な指標をみることで間接的に評価できます。たとえば心拍変動の上昇や心拍数の減少、血圧の低下、コルチゾールに代表されるストレスホルモンレベルの低下などです。これらはどれも心理的なリラクゼーション状態につながります。さらには身体の健康を向上させるのにも役立ちます。たとえばストレスホルモンが減ると心臓病や感染症、がんにかかるリスクが減少することが予測されます。[34]

プレゼンスを導くポーズ

さて、結論は出ました。ウィリアム・ジェームズは正しかったと科学は明快に宣言しています。

身体は私たちにはたらきかけています。何をどう感じるか、何をどう考えるかを伝えています。内分泌システムや自律神経系のはたらきを、脳や心の状態を、身体は私たちが意識していないところで変えているのです。あなたのふるまいの一つひとつが――表情、姿勢、呼吸などが――あなたの思考、感情、行動に影響を与えているのです。

イブ・フェアバンクスはサーフボードの上にしっかりと立つことを身体で覚え、その経験を通じて、たとえば大事な会議で決断を下すことを学びました。そのとき、ヨガやウィリアム・ジェームズのことは頭になかったかもしれません。でも何かをつかんだことに気づいたのは間違いありません。彼女はこう自問しています。「私たちのものの考えかたを一変させられる行為が、ほかにどれだけあるのでしょう？[35]」

本章ではこの疑問に答えてみようと試みました。ペンを口にくわえると世界が楽しく見えてきたり、額にボトックスを入れると感情の変化が乏しくなったり、深くゆっくり呼吸するだけでリラックスできたりすることがわかりました。

では、表情と呼吸からもう少し範囲を広げてみるとどうでしょう？　身体全体を使って――姿勢や身ぶり、身体の動き（頭のなかで思い描く動きも含めて）を通して――、必要なときに必要なパワーを引き出すことができないでしょうか？　自分らしい自分を導けるポーズはないのでしょうか？

もちろん、あるはずです。

presence 第8章

身体が心をつくる——「ヒトデになる方法」を見つけよう

まっすぐに立ち上がり、自分が何者かに気づくのです。まわりを見下ろしている自分に気づくのです。

——マヤ・アンジェロウ

私が子どものころに住んでいた家は、ワシントン州東部の州立公園の中にありました。川幅が八〇〇メートルもある巨大なコロンビア川を三〇メートル下に見下ろす崖の上に、私たちの小さな石造りの家が建っていました。[1]

人口がかろうじて三〇〇人を超えるほどの小さな町では遊び仲間もあまりいなく、私は長い時間を外で過ごし、あらゆる生きものと友だちになろうとしていました。家のまわりの緑の中に何時間でもいて、土を掘り、大きな石をそっと持ち上げて、虫がいないか探したものです。私はいつもあまりみんなに好かれないような生きものに心惹かれたのですが、なかでもお気に入りだったのが、小さなアルマジロのような形をしたダンゴムシ（pill bug）でした。どうしてそんな名前がついたのかはわかりませんが、触れるとすぐに小さく丸まって、小さな薬の錠剤《ピル》のように見えるからかもしれません。ともあれ、私はそう思っていました。

ダンゴムシを見つけると慎重に指でつまみ、手のひらにのせました。そして広げた手をじっと動かさず、ダンゴムシが私を信用して安心し、丸めた体を開いてくれるのを待ちました。でもほとんどの場合、ダンゴムシは丸まったままです。私は申し訳ないような気持ちになりました。小さな虫が私を怖がっているのはわかっていました。巨大で力のある私が、小さくて弱いダンゴムシと仲よくなろうとしても、当然、相手はできるかぎり小さくなって身を守ろうとします。私のことを信じても大丈夫だって伝わればいいのに。手の上で安心して歩き回ってくれればいいのに——。でも、どんなにそっと扱っても、その思いは伝わらないのでした。

そんなふうに身体が伝えるメッセージを次に意識したのは、事故に遭った後のことです。事故に遭ったとき、私はハンドルを握っていたのではなく、運転してもらう側でした。すると、それまでは意識したこともなかったのに、人の運転する車に乗るのが本能的に怖くなってしまったのです。いまでも少し落ち着かない気持ちにはなりますが、はじめは本当に恐怖でした。自分の身の安全を守るすべがない無力感のようなものを感じていたのです。助手席に座ると、両膝を胸に引き寄せて腕でしっかり抱え、膝の間にあごをうずめました。小さなダンゴムシになった気持ちです。運転するのが信頼できる人でも関係ありません。身体を丸めてできるだけ小さくなろうとするのです。心も閉ざした状態になりました。会話はできず、道を走りながら何か危険はないかと警戒心を張り巡らせ、心が不安のなかを蛇行《だこう》します。そんな私の様子に、家族や友人が戸惑ったり傷ついたりすることもありました。なぜ、運転している人を信頼できなかったのか。でも、自分でもどうにもできませんでした。本能的にそうしてしまうのです。運転する人が力を持っていて、自分は無力。だから自分で最悪の事態に備えなくてはいけない。そんな状態でした。膝をぎゅっときつく抱えるほど、私は小さく消え入りそうになりました。鼓動《こどう》は速く、心は落ち着きを失いました。

けれど、もしあのとき勇気あるふりをしていたら、どうなったでしょうか？　大丈夫、何ともないと助手席で自分に言い聞かせ、思い込ませたら？　私から力を奪いとる心理的な力に、身体を立ち向かわせることができていたら？　自分を守ろうとするのをやめることによって、少し安心できたのでしょうか？　あるいは無力感が少し消えて、少しでも本来の自分を取り戻せたのでしょうか？


それから一五年が経ったころ、まだ、その答えは解明できていませんでした。

ところが、たまたま同じ時期に巡ってきた二つの経験が思いがけず合わさって、本質につながる気づきをもたらしてくれたのです。

一つ目は、教えていたクラスで積極的に授業に参加できていない学生がいて、どう対応すべきか悩んだことでした。ハーバード・ビジネス・スクールの学生にとって、授業への参加は非常に重要で、高い水準が求められます。最終的な成績の五〇パーセントが、授業中の発言を中心にした参加態度で決まります。しかも、ただ発言する時間だけを稼げばいいわけではありません。鋭く、思慮に富んだ意見でディスカッションを引き出し、授業に貢献するよう求められるのですから、誰にとっても難易度が高いのです。そして前にもふれたとおり、この授業への参加が恐怖だという学生もいます。そうした学生にとっては、何よりハードルの高い挑戦であり、社会的な評価を受ける脅威の場なのです。

授業に参加しない学生に私は戸惑っていました。教室での彼らは、ともするとよそよそしくも見えます。教室の外で話したことがなければ、授業への関心も参加する意欲もなく、もしかしたら準備もしてきていないのかもしれないと思ったでしょう。でもそうではないことはわかっていました。研究室に呼んで個別に話をし、提出された課題を読めば、授業で発言しない学生もよく発言する学生と変わらない頭脳を持っているのだと確信できました。それでも、なんとか授業に参加しない限り――教室で自分を表現しない限り――、よい成績をつけることはできません。

どうすべきか考えていると、それまでとくに気にとめなかったことに気づくようになりました。観察すればするほどわかってきたのです。授業が始まる前、クラスによく参加する学生は教室の中を移動したり身ぶりを交えて話したりしながら、真ん中の席に陣取ります。一方、参加しない学生は決まった席へまっすぐ向かい、下を向いて本やスマートフォンをのぞき込んでいます。

よく参加する学生は、授業中に手を挙げるときも、確信をもって腕をまっすぐ上に伸ばします。攻撃的というわけではなく、「自分は意味のあることを言えると思う」「授業に何かしら貢献できると思う」と示している感じです。積極的に参加しない学生がたまに手を挙げることがあるとしても、申し訳なさそうな態度が見てとれます。ひじを曲げ、もう片方の手を添えて、挙げた手はためらうように揺れています。自分に注意を向けてもらうために手を挙げるのに、注目されるのをためらうという相反する気持ちがあるのです。

座りかたも違います。積極的に参加する学生は背筋を伸ばして座り、肩を後ろに引いて胸を張っています。参加しない学生は手足を身体に引き寄せ、小さく固まるように座ります。首に触れる、髪や服、アクセサリーを手でいじる、足を組んだり足首を交差させたりする（名づけてねじれ足の姿勢）、などです。小さくなっていたい、姿を消せる魔法のマントをかぶっていたい、という気持ちを身体が表しているかのようです。授業中はあまり動かず、ほかの学生の意見に反応するときでさえ、顔を向けてアイコンタクトをとることもしません。恥じているように見えます。

こうした学生が書いた論文を見れば、好奇心も情熱もあり、アンテナを張って知的生活を送っているのが伝わってきます。でも教室でのボディランゲージを見ていると、感情の面では様子が違うのがわかります。教室にいるときの彼らは自分にはパワーがないと感じていて、自分の考えを信じられずにいます。クラスメイトに敬意をもって受け入れてもらえる自信が持てません。発言すると自分がうそをついているような気がする、といってもいいでしょう。自分のストーリーを自分で信じられずにいるのです。

教室にはいるけれど、そこに自分はいないのです。

二つ目のできごとはそれとはまったく別の場面でした。このころ、所属していた学科のトップで経済学者のブライアン・ホールが、ジョー・ナヴァロの書いた記事や著作に関心を持っていました。ジョー・ナヴァロは前にもふれた、元ＦＢＩ捜査官でボディランゲージの専門家です。ブライアンはハーバードにジョーを招き、ＭＢＡプログラムに彼のしてきた仕事を取り入れられないかを話し合うことになりました。そこで私もその場に加わるように言われ、当時コロンビア・ビジネス・スクール教授だった心理学者のダナ・カーニーと一緒に、短いプレゼンテーションをすることになったのです。

ジョーは現場経験の豊富なまれにみるエキスパートです。捜査官としての幅広い経験に、それを裏打ちする科学的な根拠が一緒になれば、アドバイスをしたり教えたりするのに最適な立場にいることを彼自身わかっています。最新の研究動向をつねに把握したいという気持ちを強く持っています。私はちょうど逆の立場で、自分の研究の基礎になる、実社会での例にふれたいと思っていました。

ところが、ジョーを前に私は緊張しました。ジョーのボディランゲージは自分が優位な立場にあることを示しています。彼が私のしぐさをどう読んでいるのか不安でした。このとき、私はハーバードで教える立場になって二年目に入ったばかりで、元FBI捜査官をはじめ、所属学科のトップ、尊敬する共同研究者で非言語行動が専門のダナ・カーニー、そしてもう一人尊敬する先輩教授でかつてニューイングランド・ペイトリオッツ（そう、NFL所属のプロフットボールチームです）の最高執行責任者を務めたアンディ・ワジンチャクの四人を前にプレゼンテーションをしなければならなかったのです。

この状況で、私は何としてもいい印象を与え、いいプレゼンをしなければと強く思っていました。しかし現実は、みんなが自分をどう思っているかが気になって不安にとらわれ、相手の期待（と私が思うもの）に合わせるのに必死だったのです。ボディランゲージのプロに緊張していることを見破られるのだけは避けたいと思いましたが、皮肉にも、そう思うあまり自分らしさを出せなくなっていました。当然ながら、ボディランゲージがテーマだったこともあって、ジョーは私が話しながらしているしぐさが不安や自信のなさを示していることにふれました。私は首に手をやり、髪をいじり、腕を身体にまわす動作をしていたのです。まさに初歩的なミス、学生が教室でしていた動作とそっくりです。ストレス下にあった私は、授業に参加しない学生と同じ行動をとっていたのです。その企画に積極的に参加したいと強く思っていたのにもかかわらず。

ジョーは印象に残っているというある尋問の話をしてくれました。尋問を受けている容疑者は、自分を優位に見せるしぐさをしていたそうです。ジョーはこれを捜査官へのアピールではなく、自分自身に暗示をかけているのだととらえました。容疑者は自分に不利な状況を前に気力を奮い立たせようとしていたのです。そこで私はたずねてみました。自分の優位性を示すしぐさを「ふり」でしているうちに、自分に力があると感じるようになるかを科学的に検証した研究はあるのでしょうか？　するとジョーはこう答えたのです。「まだないけれど、あなたがそれをやってみればいいんです」

　このとき、ばらばらだった断片が一つになりました。不安にとらわれて、私は自分を発揮できなかった。授業で発言できない学生も、不安で自分を発揮できていなかった。でも、不安を恐れる必要はないのかもしれない。よし、私たちはこれを研究していこう——身体がどう心に影響するかを解明しよう。そう思ったのです。


　この理論は、ボディランゲージを通じて自分が周囲にどう見られるかということについてだけあてはまるわけではありません。学生が教室で発言できるか否かだけの話でもありません。私たちが日々そのときどきにどうふるまうかは、私たちがどう生きていくかにそのままつながります。恥ずかしさや力のなさを身体で体現すれば、何であれ現状を変えることなくそのまま受け入れるだけです。本当はこんなはずではないのに、と思う感情や行動、結果に、不本意ながら従うことになります。本当の自分をほかの人にわかってもらうことはできません。こうしたことのすべてが、現実の生活に影響をもたらします。

　どんな姿勢をとるか、どんな身のこなしをするかは個人的なパワーの源です。このパワーが、プレゼンスを発揮する鍵になります。自分を開く鍵なのです。自分とはすなわちあなたの能力であり、創造性、勇気、寛容さもそうです。もともと持っていない能力や才能をさずけてくれるわけではありません。あなたが持っている力を役立てられるように助けてくれるのです。直接知識を増やしたり賢くしたりしてくれるわけではありません。でもより強く柔軟に、オープンにしてくれます。あなたを変えるのではなく、ありのままのあなたでいられるように導いてくれるのです。

身体を広げると心も広がります。すると本来の自分を発揮することができるようになります。このプレゼンスの効果は果てしなく大きいものです。

自分の身ぶりや姿勢をコントロールするというのは、力のあるポーズをとることだけにとどまりません。私たちは思っている以上に力のない姿勢をとっているものです。それを意識し、変えていくことも必要です。

パワーポーズをめぐる実験

科学者として、まず必要なのは明確な仮説を立てることでした。

私たちはこう考えました。パワーを表す非言語表現は生まれながらにして私たちの中に組み込まれていて、性別や文化的背景や人がそうするのを見たことがあるかどうかにかかわらず、誰もがレースを制したときには両手をV字に突き上げるとする。また、感情は身体的な反応の原因であるのと同じように結果でもある、というウィリアム・ジェームズの提言が正しいとする。そうすると、自分にパワーがないと感じているときに身体を広げる姿勢をとるとどうなるのだろう？パワーに満ちていると感じているときは自然に身体を大きく広げるということは、身体を広げると自然にパワーがあるように感じられるのだろうか？

もし答えがイエスであると立証できれば、それまで探していた、学生が（それ以外の人も）必要なときに自分の持っている力を発揮できるように導くツールが見つかることになります。大きな挑戦に臨むときも、恐れず果敢な自分でいられるように背中を押してくれるツールです。

この「身体を広げる姿勢をとると自分にパワーがあると感じるようになる」という仮説を検証するため、実験ではまず鍵になる二つの要素を検証することにしました。「パワーと自信を感じているか」と「リスクを取る意思があるか」の二点です。

実験はダナ・カーニーとアンディ・ヤップと共同で行ないましたが、実際に最初の実験を始める前の準備がかなり重要でした。まず、ふさわしいポーズを見つけて、試してみなくてはいけません。そこでボディランゲージに関する文献を読み込み、力のある「ハイパワーポーズ」（図1〜5）と力のない「ローパワーポーズ」（図6〜10）をそれぞれ五つずつ選びました。ハイパワーポーズは身体を広げた（身体を使って広い空間を占める）、オープンな（手足を胴体から離した）姿勢、ローパワーポーズは私が事故に遭ったあと車の助手席でしていたような、小さく縮こまった姿勢です。

一般の人、つまり心理学の専門家ではない人もこれらのポーズをパワーの有無と関連させてとらえるかどうかを確かめるため、予備調査も行ないました。参加者にそれぞれのポーズを1（非常にパワーが低い）から7（非常にパワーが高い）の七段階で評価してもらったところ、想定したとおり、身体を広げたオープンな姿勢は平均五・四ポイントがつき、小さく縮こまった姿勢の二・四ポイントを大きく上回る結果が得られました。さらに、各ポーズの物理的なとりやすさ、とりにくさに差がないかも確かめました。身体的にとりづらい姿勢でいれば気分も下がるはずだからです。そのためにまた別の人を集めてそれぞれのポーズをとってもらい、快適さ、苦痛、難しさの度合いを評価してもらったところ、どのポーズも同等だと確認できました。

ここまでの予備調査を終えてから、初回の実験に移りました。最初はできるだけシンプルな実験にしました。[2] まず、参加者を集めます。研究の目的は一切説明しません。やってきた参加者は一人ずつ、椅子とテーブル、コンピュータが置かれた小部屋に入ります。そしてこれから五種類の違うポーズをとった人の写真が一枚ずつ画面に現れるので、表示されている間（六〇秒間）そのポーズを真似《まね》してください、と指示します。参加者は知らされていませんが、五種類一組のポーズはハイパワーポーズかローパワーポーズのどちらかで、ランダムでどちらかを実行するわけです。ここが実験の肝《きも》です。

参加者は決められた謝礼を受け取りますが、五つのポーズをとった後で、さらに追加で二ドルが与えられます。そしてこの二ドルはそのまま自分のものにしてもいいし、勝てば倍の四ドルになるが負ければゼロになる賭けに挑戦してもいい、と選択肢を提示されます。さいころを振って四ドルを手に入れるか、おまけの二ドルを失うかの賭けです（勝つ確率は六分の一ですが、実験に協力した謝礼は最初に決めたとおり受け取れることが約束されています）。

さて、数分間パワーポーズをとったことが、この状況でどう行動に影響するのでしょうか？ 驚くのはまだ早いのですが、この時点でしっかり影響がみられました。パワーポーズをとった人のほうが賭けに出る傾向が明確に現れたのです。パワーポーズをとった三人に一人、三三パーセントがリスクを取って賭けに出ましたが、パワーのないポーズをとった人でリスクを取ったのは八パーセントにすぎませんでした。

実験の最後に、自分にどの程度パワーがあると感じているか、また自分の責任で物事を取り仕切っている感覚がどのくらいあるかについて、四段階で答えてもらいました。ここでも、ハイパワーポーズをとったグループのほうが高い数値を示しました。

最初の実験で得たこれらの結果は、身体が心をつくっていることを強く示唆しています。身体がとった姿勢は、自分にパワーがあると感じるかないと感じるか、あるいはリスクを進んで取る

ハイパワーポーズ／力のあるポーズ（図１～５）

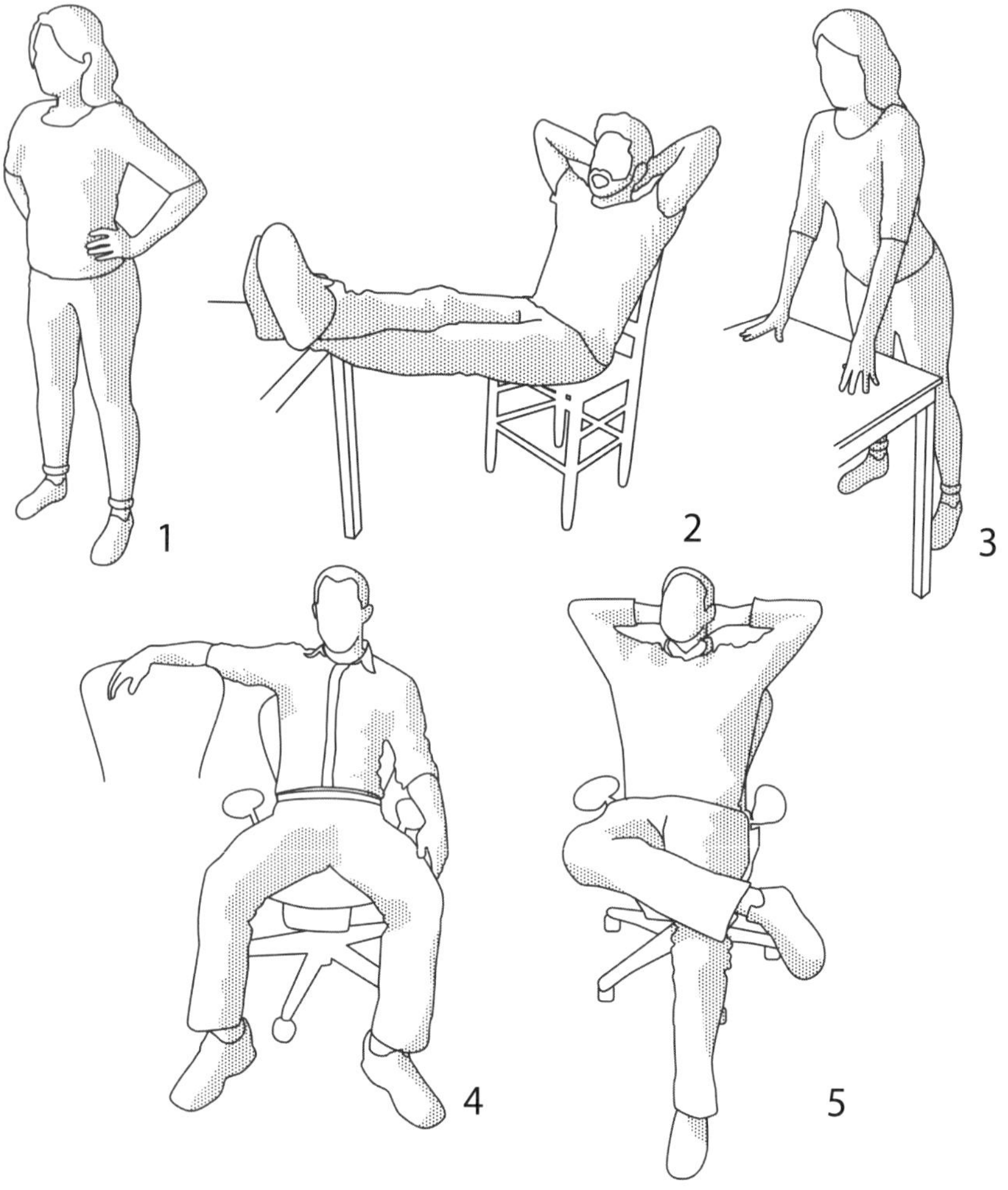

ローパワーポーズ／力のないポーズ（図６〜10）

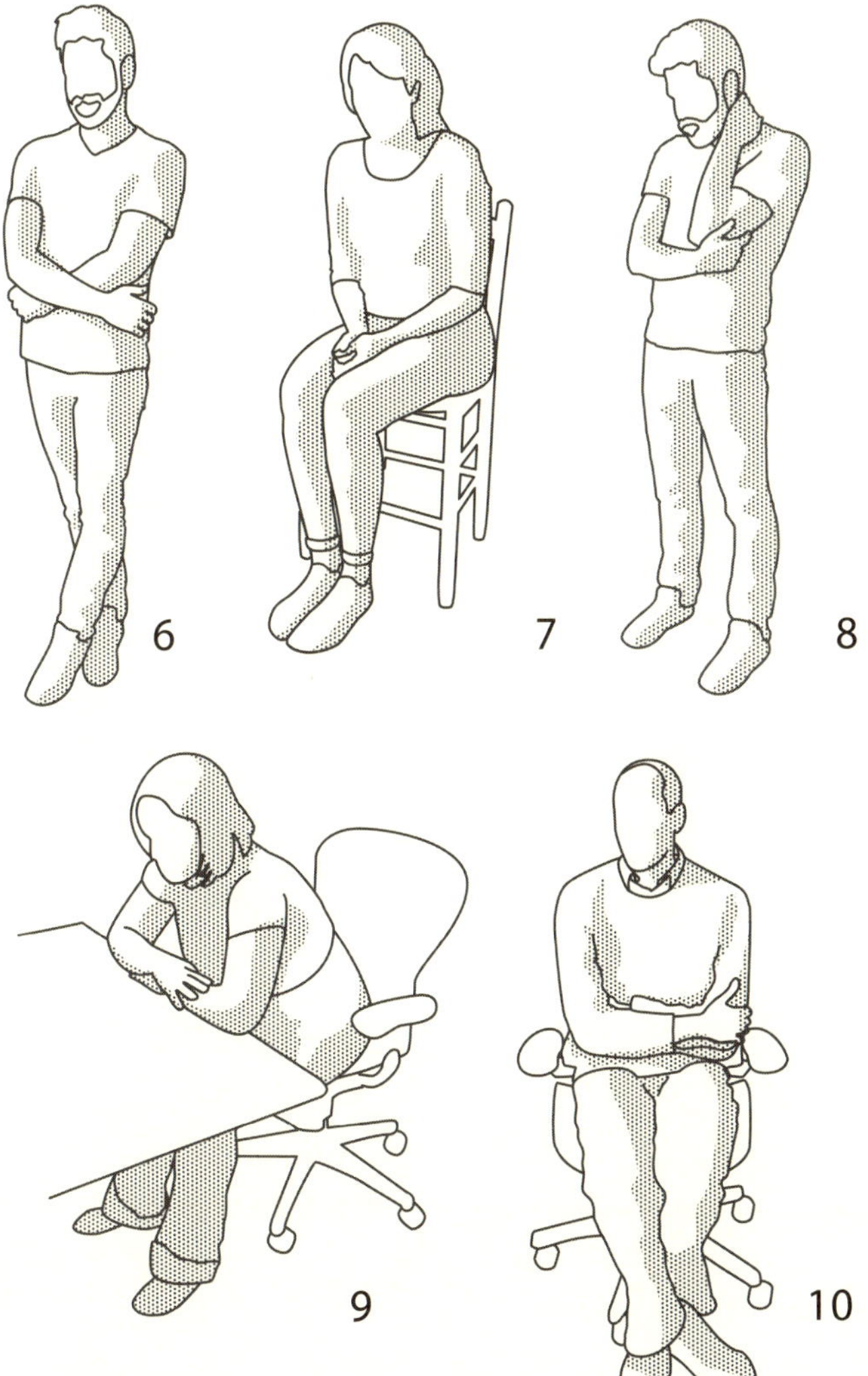

かどうかに影響していたのです。

しかし、この影響は単にパワーポーズを画面上で「見た」だけで現れた可能性もある、と私たちは考えました。実際に自分でパワーを表すポーズをとらなくても、そうした姿勢を目にしただけで「パワーがある」状態に誘導されて行動に変化が現れたとも考えられます。そうすると身体が心に影響を与えたのでなく、心の状態が変化しただけということになり、研究の目的から外れてしまいます。身体がどう心に影響するかに絞って検証するのが今回の目的です。

そこで、その点を考慮して実験の方法をいくつか変え、二度目の実験を行ないました。まず、参加者にとってもらうポーズを伝える際、写真で見せる方法をやめ、口頭でどんな姿勢かを説明して、そのとおりの姿勢を一分間とってもらいます。五種類あったポーズを二つに減らし、ポーズをとってもらう時間は合計二分間にしました。また、パワーにまつわる実験であることを気づかれないよう、実験の目的についてうその設定を用意しました。偽の心電計のリード三本を参加者に装着してもらい、電極の位置による心拍数への影響を調べると説明したのです。さらに、先の実験ではさいころを振って勝つ確率が六分の一と低かったため、勝ち負けの確率を半々にし、参加者がとる「リスク」の確率を下げて調整しました。

そして重要な変更点が、測定する項目です。参加者の自己申告による感じかたや、リスクを進んで取るかどうかに加え、ホルモンの変化も調べることにしました。第5章で、テストステロン（自信を高めるホルモン）とコルチゾール（ストレスホルモン）の分泌量がパワーや地位の有無に応じて変動することにふれました。パワーが増すとテストステロンが上がり、コルチゾールは下がります。この状態が、自分の考えや行動に自信を持てて不安が少なく、難しい状況でも自分を発揮できる理想の状態です。

もし、パワーポーズをとることが、自分にはパワーがあるという気持ちを参加者から引き出したのであれば——パワーポーズで体内の生理的な準備状態が変わった結果、その人がパワーを感じたのであれば——、ホルモンレベルにも変化が現れるはずです。この点をここで調べておこうと考えたのです。私たちは「身体を広げる姿勢をとると、テストステロンが上がりコルチゾールは下がる。身体を小さくする姿勢をとると、逆にテストステロンが下がりコルチゾールが上がる」と仮説を立てました。

この仮説を直接裏付ける証拠が、二〇〇四年にヒューマン・フィジオロジー誌で発表された小規模な研究論文にありました。この研究では、「コブラのポーズ」という身体を大きく使うハタヨガの基本ポーズを三分ほどとったあと、身体への影響を調べています[3]。コブラのポーズを説明しておくと、まず床の上にうつぶせになります。足はそろえ、つま先まで伸ばします。両手のひらは肩の下で床につき、肘は曲げた状態で脇を締めるように身体にぴったり沿わせます。それから腕を伸ばし、上体（肩、胸、腹）を床から持ち上げてアーチ状に反らせます。頭を上げ、視線は斜め上に向けて、コブラが頭を持ち上げるイメージで（インターネットで実際のポーズの画像を見てみてください）。軽く身体を反らせる姿勢なので、慣れていない人にとっては何の苦もなくできるポーズとはいかないかもしれません。

研究者が知りたかったのは、コブラのポーズをとったあとのホルモンレベルの変化でした。これに、私たちも関心のあったテストステロンとコルチゾールが含まれていたのです[4]。この研究では、コブラのポーズをとる直前ととったあとに被験者の血液を採取しています。

結果は、すべての被験者で血清《けっせい》中のテストステロンレベルが上がり、血清中のコルチゾールレベルが下がりました。平均するとテストステロンの上昇率は一六パーセント、コルチゾールの減少率は一一パーセントで、どちらも統計的に有意な変化が確認されています。

これは興味深い結果です。身体を広げるポーズを一つ実践しただけで、自信と不安に関連するホルモンの量がそれぞれ変化したことが、実際に数値に表れているのです。[5]とはいえ、これまで見てきたようにヨガには心身の健康に効果があることが研究でも確認されています。では、ヨガとは無関係の簡単なパワーポーズにも、ヨガと同じような効果はあるのでしょうか？　また「パワーのないポーズ」をした場合は、逆の効果が生まれるのでしょうか？

ホルモンの変化を調べる方法として、私たちの実験では参加者が決められたポーズをとる前と、とってから一五〜二〇分後にそれぞれ唾液を採取しました。[6]

結果はどうだったでしょうか？　男女両方の参加者を調べたところ、パワーポーズをとったグループはテストステロンが一九パーセント上昇し、コルチゾールは二五パーセント減少しました。一方、ローパワーポーズをとったグループでは反対に、テストステロンは一〇パーセントの減少、コルチゾールは一七パーセントの上昇がみられました。最初に立てた仮説のとおりだったのです。

さらに、初回の実験と同じく、とったポーズとその後「自分にパワーがあると感じるかどうか」にも、非常に強い相関性がみられました。リスクに対する許容度も同様で、勝つ確率が六分の一から二分の一に上がったため、手元の二ドルで賭けに挑戦する人の割合は増えましたが、両者の差は実質的に同じという結果が出ています。ハイパワーポーズをとったグループは八六パーセントが賭けに挑戦した一方、ローパワーポーズをとったグループでは六〇パーセントで、その差は二六パーセントポイントです。勝つ確率が六分の一だった初回の実験では、これが三三パーセント対八パーセントで差は二五パーセントポイントでしたから、同等と言っていいでしょう。

つまり、勝率が上がればリスクを取って賭けに出る人はポーズと関係なく増えますが、ハイパワーポーズをとったかローパワーポーズをとったかによる差ははっきり出たということです。
この研究で、身体を広げたオープンな姿勢をとることによって——パワーを身体で表す姿勢をとることによって——心理面、行動面に変化が現れるのに加え、生理的な状態にも変化が生じることを示す証拠が確認できました。どれも、パワーが人にもたらす影響と一致する変化です。

身体を広げる姿勢と小さく閉じる姿勢の影響を調べた心理学者は、私たちの前にもいました。姿勢をパワーやプレゼンスと直接関連づけた研究ではありませんが、心理学者のジョン・リスキンドは一九八〇年代に行なった実験で、背筋を伸ばした姿勢にはうつむいた姿勢と比較して多くの利点があることを示しています。自信や自己コントロール感が増すと同時に、ストレスが減り、粘り強く問題解決にあたる、また受け取ったフィードバックに対して建設的に反応するといった効果も確認されています[7]。また、一九九〇年代前半にサビン・ステッパーとフリッツ・ストラック(ペンをくわえて笑顔を作る実験をしたチーム)が行なった研究では、よいパフォーマンスをしたというフィードバックを受けた際、うつむいた姿勢で座っている人よりも背筋を伸ばした姿勢で座っている人のほうが誇らしさを強く感じたと報告しています[8]。

私たちのパワーポーズの実験が二〇一〇年に発表されて以来、パワーポーズや、身体と心の関係を示す同様の現象を検証する研究が重ねられてきました。そして、身体を広げた力強いポーズ、背筋を伸ばした「よい姿勢」がもたらす効果が明らかにされてきたのです。

前出のリスキンドによる実験には、後続する多くの研究も示すように、注目すべき発見があります。力強さを示すパワーポーズでなくても、軽く身体を開くのを意識する程度の姿勢、「まっすぐちゃんと座る」ぐらいの姿勢でも、同じような効果があるのです。さらにいえば、これからみていくように、身体を広げる動きや「声を広げる」話しかた（ゆっくり話すなど）にも、私たちがどう感じ、考え、行動するかを左右する力があります。パワーを表す姿勢や動きをすることで、感情、思考、行動、身体にパワーが満ち、普通の日常でも困難な局面でも、本来の自分で臨むことができる（さらには実力を発揮してうまくやり遂げられる）ようになるのです。

どういうことか、詳しくみていきましょう。

感情

パワーポーズがホルモンにもたらす影響を検証した私たちの研究結果は、心理学的な表現でいう「記憶に焼きつく」[9]ものになりました。人々を惹きつけたのです。私も惹きつけられました。でも、この結果は大きな全体像の一部にすぎません。一番重要で確かな発見は、実験が示したように、身体を広げた力強い姿勢をとることによって、さまざまな意味で前向きな気持ちになれる、自分にはできる力があると感じられることかもしれません。自分のなかにパワーを感じられて、自信や確信が持て、ストレスや不安が少なく、楽しく楽観的になれるのです。

私たちの実験では、参加者にパワーポーズをとってもらったあと、個人的なパワーに関連したさまざまな質問に回答する形で、そのときの気持ちを表してもらいました。ほかの研究者も同じような手法をとり、パワーを実感させる効果は繰り返し確認されています。[10]

しかし、パワーポーズの効能は、意識していないレベルでも存在します。心理学者のリー・ファンのチームは、パワーポーズの効果と、第5章で紹介した役割を設定する方法（上司の役と部下の役を決めるなど）のような、従来の力関係の操作による効果とを比較する実験を行なっています。[11] 実験では、被験者にハイパワーポーズかローパワーポーズのどちらかをとってもらい、その後「ハイパワーの役割」か「ローパワーの役割」のいずれかを与えます。実験の意図を意識せずにポーズをとってもらうため、被験者にはエルゴノミクス（人間工学）チェアの市場調査が目的だと説明します。とる姿勢の指定は無作為で、身体を広げた（ハイパワーの）姿勢をとる被験者は、片方の腕をひじ掛けに置き、もう片方の腕は近くにある別の椅子の背にのせます。足は片方の足首を反対側の腿の上にのせる形で組み、片方の膝が外側に突き出た格好です。私たちのパワーポーズ実験で使った図5のポーズに似た姿勢です。もう一方の小さく縮こまった（ローパワーの）姿勢をとる被験者は、手を腿の下に敷き、足はぴったりそろえ、肩を落として座ります。こちらは私たちの実験の図7に近い姿勢です。次に被験者を「上司」（ハイパワーの役割）か「部下」（ローパワーの役割）のいずれかに決めます。上司役は、これから行なうパズルを解く課題で、部下に指示を出し、評価し、報酬を与えると説明を受けます。一方の部下役は、上司役から指示を受け、評価され、報酬を与えられると説明されます（実際には共同で課題に取り組むことはなく、こうして役割をそれぞれ明確にするだけで力関係は操作されます）。

役割の操作を終えると、被験者が無意識下で抱いている「自分にパワーがあるという感覚」――パワーの概念が認知的にどの程度「喚起され」「手に届く」状態か――を、単語を完成させる課題を使って調べます。課題で示される単語は一部が欠けていて（たとえば「l_ad」など）、力を想起させる単語（「指導する」の意のlead）にもなれば、力とは無関係の単語（「荷を積む」の意のload）にもなります。被験者は「最初に思い浮かんだ単語」を書くよう指示されます。

この結果、ハイパワーの姿勢をとった場合も、ハイパワーの役を割り当てられた場合も、いずれも自分にパワーがあると意識的に感じる気持ちが強まりましたが、自分にパワーがあるという無意識下の感覚に影響をおよぼしたのは姿勢だけであることが判明しました。どういうことかというと、身体を広げる姿勢をとった被験者のほうが力に関連する単語を連想する率が高く、自分にはパワーがあるという感覚が無意識のうちに喚起されていることを示しているというのです。実験を行なったファンは次のように記しています。「本実験は、パワーが行動面、心理面でどう現れるかにおいて、身体の姿勢が役割よりも強い影響力を有することを示し、……パワーは具現化され、身体の状態に表れるという考えを支持する結果となった。力を持つ人のように考え、行動するためには、力のある役割を与えられたり、力のある立場にあったときのことを思い出したりしなくてもよいことになる」つまり、簡単な姿勢を数分間とるだけで、力のある立場を与えられるよりも大きなフィードバック効果が生まれるということです。これは非常に興味深い点です。

さて、パワーポーズの効果は文化の枠を超えて有効なのでしょうか。これを確かめるため、心理学者のローラ・パクらは、アメリカと東アジアの参加者をくらべた比較文化研究を行なっています。東アジアの大半の文化では、自身の支配力を誇示するようなボディランゲージは、一般的に公の場ではふさわしくないものとされます。そうすると、こうした文化を背景に持つ人にはパワーポーズの効果はない可能性が考えられます。ですが、その一方で、身体を広げる姿勢が文化を問わず（世界中の文化を超え、さらには動物の世界でも）支配性や優位性に結びつくことを考えれば、パワーポーズはほぼどこであっても（人目につかないところで個人的に実践した場合はとくに）効果を発揮するはずだ、とも考えられます。

パクの研究では、私たちのチームが用いた「両手を広げて机の上に置く姿勢」と「身体を広げ背筋を伸ばして座る姿勢」をとってもらったところ、アメリカ人、東アジア人どちらの被験者にも、自信がわいてくる効果があったと報告しています。

しかし、ふさわしいとされる非言語表現のタイプには文化によって違いがあることを考えれば、微妙な差異、つまり「このポーズはこの文化ではあまり効果がないが、別の文化では効果がある」といった違いはありそうです。パクの研究では、東アジアの被験者にとって、自分にパワーがあると感じたり行動的な気持ちになったりする効果がみられなかった姿勢が一つありました。机の上に足をのせ、両手を頭の後ろで組んでひじを外側に突き出す、あのポーズです。

これはなぜでしょうか?

理由として、東アジアの文化で「身体を広げる」際は、縦（垂直）方向に身体を伸ばしたり物理的な空間をとったりするのに対し、西洋では横（水平）方向に広げるという違いが背景にあると考えられます。東アジアの文化圏では、たとえば立つか座るか、お辞儀をするのにどれくらい深く頭を下げるか、乾杯の際にグラスをどの高さまで上げるかなどに、その人が持つ力の程度が表れます。文化心理学が専門のシエンヌ・ティアンによると、ミャンマーのある地域では、子どもは年長者の前では相手より頭を低くするものと決められています。朝、子どもは両親が起きてくるまで床に座って待ちます。僧侶が家を訪ねてきたときは、僧侶は椅子に腰掛け、その家の大人と子どもは床に座るのがならわしです。社会の階層における位置づけが、その人が縦軸で見たときにどの高さにいるかに表れているといえます。低い位置にとどまるということは、地位が低いということなのです。[12]

西洋文化圏では、占める空間を水平方向に広げる動作、たとえば足を机にのせる、腕を大きく広げるジェスチャーをするといった姿勢は心の余裕にもつながります。しかし東アジアの文化では、水平方向に身体を広げて誇示するような動作を人前でとると、社会的に不適切とされたり礼を失すると受け止められたりする場合が多いのです。グーグルの画像検索で「アメリカ　CEO」と「日本　CEO」をくらべてみるだけでも、そのイメージがつかめるのではないかと思います。

そう考えると、パクが示した結果も納得がいきます。東アジア文化を背景に持つ人は、机に足をのせるというほぼ水平に身体を伸ばした姿勢に戸惑いを覚えるわけです。パクらはこのポーズについて、論文の中で次のように説明しています。「アメリカ人、東アジア人ともに、このポーズは謙虚、謙遜、ひかえめといった東アジア圏の文化規範にもっともそぐわないものとみなした。……姿勢がどんな効果をもたらすかは、姿勢の種類と、その姿勢がその文化でどのような象徴的な意味を持つかによって決まる[13]」

身体を広げる姿勢には、不安を減らし、ストレスにうまく対処できるようにする効果もあります。ジョン・リスキンドは自身の実験で「うつむいた、何かを恐れているような姿勢をとった人は、リラックスした姿勢をとった人よりも、より強いストレスを感じていることを口頭で表現した」と報告しています。否定的なフィードバックを受け取るときも、身体を大きく広げた姿勢でいるほうが、厳しい評価に対しても「自分の運命は他者の手に左右されない、自分で決められる」という気持ちがあまり揺らがずにすむといいます[14]。動揺することが少ないのです。

オークランド大学で行なったこんな実験があります。参加者は、スポーツ選手が使うテーピング用のテープが人の生理機能や気分、パフォーマンスにどう影響するかをみる実験だと説明を受けます[15]。参加者には背中にテーピングがされ、参加者の半分は背筋を伸ばした状態を促す形に、残りはうなだれた姿勢を促す形にテープが巻かれます。参加者はこの姿勢をとった状態で社会的ストレステストを受けます。これまでに紹介した実験でもたびたび使われている手法です。参加者は、自分があこがれの仕事に採用されるのにふさわしい理由を五分間で述べる準備をしたあと、相手を不安にさせるほど無表情を貫く数名の面接官の前でスピーチをします。私たちが行なったパワーポーズの実験と違うのが、スピーチをしている最中にポーズをとる点です。面接官の前で話をしながら、背筋を伸ばし肩を後ろへ引く身体を広げる姿勢や、肩を落としてうなだれた姿勢（図11、12）をとるのです。スピーチをしたあと、参加者は自身の気分や自尊心の程度、脅威を感じているかどうか（脅威を感じさせるようなさまざまな状況を想定し、どの程度怖いと感じると思うか）を評価します。その結果、うなだれた姿勢をとった参加者とくらべて、背筋を伸ばした姿勢で座った参加者はより熱意や強さを感じ、緊張が少なく、より活発だったという結果が出ました。また、あまり脅威は感じず、自尊心も高いことが答えに表れています。

スピーチの内容にも違いがみられました。背筋を伸ばした姿勢で話したグループは否定的な言葉が少なく、肯定的な言葉を多く使う傾向があり、これはすでに見てきたほかの研究結果と一致しています。さらに、「私は（Ｉ）」や「私に（ｍｅ）」など一人称の代名詞を使う回数が少ないことも判明しました。これは自分自身について話す頻度が低いことを意味します。意識が自分に集中して不安にかられている状態ではなく、難しい状況にあっても目の前の今に向き合えるだけの自由があることの表れです。社会心理学者のイヴァ・ケイスヴィッツ、ジェームズ・ペンベイカーらによる一連の研究は、「私は」と頻繁に口にする人ほど、力がなく自分に確信が持てていない傾向があることを明らかにしました。ペンベイカーはウォール・ストリート・ジャーナル紙のインタビューで次のように述べています。「自信がある人、力がある人、高い地位についている人は地位の低い人よりもよく『私』と口にする、と誤って考えられています。……これは完全

図11

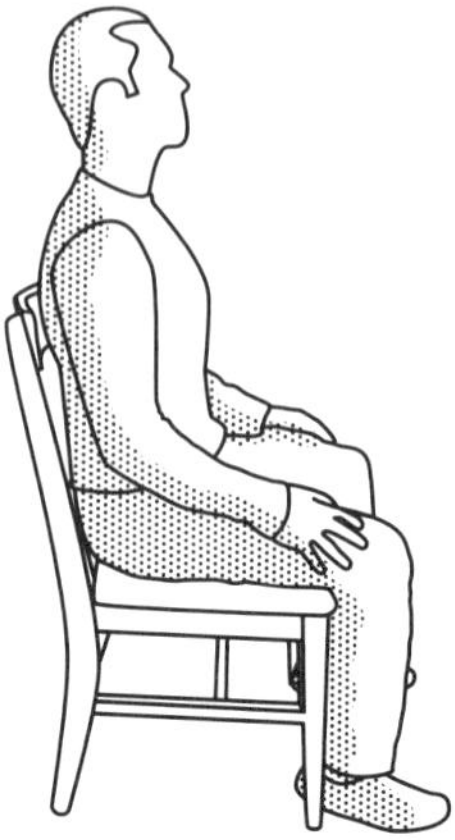

図12

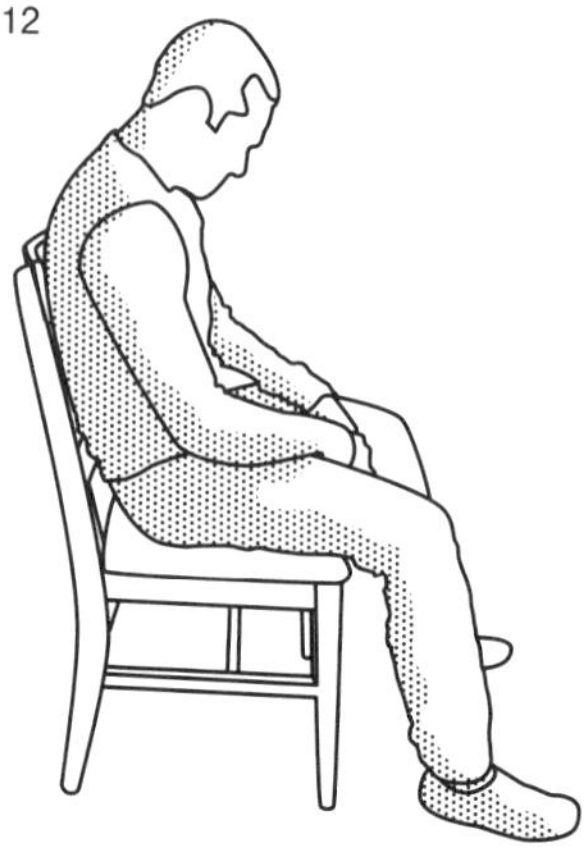

背筋を伸ばした姿勢とうなだれた姿勢

な誤解です。高い地位にある人は意識が外の世界に向いていますが、地位が低い人は自分自身に意識が向いているのです[16]」

二〇一四年、ドイツのヴィッテン・ヘルデッケ大学所属の心理学教授ヨハネス・ミハラクは、うつ病で入院している患者三〇人を対象に、背筋を伸ばした姿勢とうつむいた姿勢を無作為でとってもらう実験を行ないました[17]。参加者にはコンピュータ画面上で三二の単語を見せます。半数はポジティブな意味の単語（美しい、楽しいなど）で、残りの半数はうつに関連する単語（疲労、落胆したなど）です。その後しばらくしてから、見た単語を思い出してもらいます。すると、うつむいた姿勢で座っていた参加者は、ポジティブな単語よりもうつに関連する単語をより多く記憶しているという結果が出ました。背筋を伸ばして座っていた参加者にはそうした偏りはみられず、ポジティブな単語もそうでない単語も同じくらいの数を記憶していたといいます。ミハラクは、うつの患者に「マイナスに作用している習慣化した姿勢や動きを変えるよう指導することで、ネガティブに偏った情報処理機能を抑えられる可能性がある」とし、「マインドフルネスを取り入れた、身体への意識を高めるトレーニングをうつ病の患者に行なえば、身体と心が相互に作用しあうプロセスを直感的に体得するのを促し、効果が期待できる」と提案しています。

ミハラクはうつを抱える人の歩きかたについても調査し、やはり腕の振りが小さい、頭の動きが少ない、全体的に前かがみであるといった特徴に気づきました。そこで、これも気分の結果としてそうなっただけでなく、動きが気分の原因になっているのだろうかと疑問を持ちました。これを解明するためミハラクは、私の研究にも協力してくれたクイーンズ大学バイオモーション研究室の生物学者、ニコラウス・トロヤ（第6章参照）とチームを組んで実験を行ないました[18]。その内容を見ていきましょう。

まず、研究室へやってきた参加者に、身体の動く部分、関節や手足などにセンサーを装着してもらいます。その状態でランニングマシンを使って歩いてもらい、六分間歩いたところで、目の前のモニタに大きな横長の目盛りが表示されます。目盛りには印（カーソル）があり、歩いている参加者の動きの何かを表す数値が示されているのですが、何を表しているのかは参加者には知らされません。参加者は「体内に起きている変化をフィードバックして知覚させ（バイオフィードバック）、歩きかたをそれに合わせて調整できるかをみる研究」とだけ説明を受けます。

目盛りには説明がありませんが、参加者が歩きかたを変えると、それに合わせてカーソルが右か左へ動きます。ここで、カーソルができるだけ右端または左端へ（人によってどちらかは異なる）動くように歩いてください、と指示を出します。ただし、どうすればそうなるかの説明はありません。参加者は知らされていませんが、じつは目盛りの片側は「うれしさ」を表す歩きかたの特徴（背筋をまっすぐ伸ばし、手足の動きが大きい）を示し、反対側は「悲しさ」を表す歩きかたの特徴（身体を丸め、手足の動きは小さい）を示しています。さらに、左右の概念について固定化したイメージを持つ人もいるのを考慮して、偏りをなくすために、右側をうれしそうな歩きかた、左側を悲しそうな歩きかたに設定した人と、逆に右側を悲しそうな歩きかた、左側をうれしそうな歩きかたにした人の両方の設定を用意しました。

一分もすると、参加者はコツをつかみ、目盛りが示す意味はわからないながら、指示されたとおりカーソルを右端か左端にした状態で歩けるようになりました。数分後、参加者は歩くのをやめ、ポジティブな単語とネガティブな単語を取り混ぜた単語が読み上げられるのを聞き、それぞれが自分にあてはまるかを答えます。それが済んでまた八分間歩いた後、先に聞いた単語を思い出してもらいます。さて、どんな結果が出たでしょうか？　うれしそうな歩きかたをさせられた人（もちろん、本人は明確にそうとは認識していませんが）は、ポジティブな意味の単語を多く覚えていて、ネガティブな単語はわずかしか思い出しませんでした。つまり、感情面の記憶バイアスが生じていることを示しています。逆もまたしかりで、悲しそうな歩きかたをした参加者には、ネガティブな単語を偏って覚えている記憶バイアスが生じていました。これはうつ病と診断されている人によくみられる現象です。

姿勢と同様、動きも脳に感情を伝えるほか、脳の記憶まで左右しているのです。手足を大きく振り、背筋を伸ばして軽快に歩くと、自分についての記憶も同じようについてくるというわけです。

第6章でふれたとおり、自分にパワーがあると感じると、パワーのないときとくらべて声も広がり、広いスペースへ届きます。スタンフォード大学の心理学者ルシア・ギロリーとデボラ・グルエンフェルドはこれを「社会的なスペースを主張する方法の一つ」と表現しています。自分にパワーがあると感じているときは、あわてて早口になることもありません。間《ま》を取るのを恐れません。いま自分が使っている時間を堂々と使っていいのだと感じます。話しながら、聞いている人と直接アイコンタクトを取ったりもします。ギロリー、グルエンフェルドの二人は、ゆっくり話すことは一種の開放性を示すと考察しています。「ゆっくり話すと、ほかの人にじゃまされるリスクがあります。ゆっくり話すことで、私たちは妨害されるのを恐れていないのだと示しているのです。ゆっくり話す人は、はっきり聞き取ってもらえ、理解してもらえる可能性が高くなります。やりとりをしている相手もゆっくり時間をとれているのです」

二人は、身体を広げる姿勢と同様、ゆっくりと話す行為にも、身体から心へのフィードバック効果があるのではないかと考え、検証する実験を行ないました。実験では、数種類の文を一文ずつ、速さを調整してコンピュータ画面に流し、被験者はそれに合わせてさまざまなスピードで声に出して文を読み上げます。その後、用意した質問に答えてもらい、自分にどれくらいパワーや自信、能力があると感じているかを測ります。[19] たとえば「声に出したとしても、自分の意見にはほとんど影響力はないと思う」という文を見て、1から7の段階でどのくらいそう思うかを答えます。すると、被験者の話すスピードと、自分に力があると感じる度合いは反比例するという結果が出ました。つまり、ゆっくり文を読むほど、そのあとで自分にパワーや自信、能力があると感じていたのです。これは、あわてずに話すことによって明確に意思疎通をはかる時間がとれ、社会不安に襲われて本来の自分を出せない事態にならずにすむ、と解釈できそうです。

姿勢や動き、話しかたを通じて身体を「広げる」ボディランゲージをとることで、自分のなか

に自信とパワーを感じ、不安は軽減し、自分のことに集中しすぎず、全般的にポジティブになれるのです。

■■■思　考

身体の姿勢は感じかたに影響するだけでなく、自分自身についてどう考えるかにも影響します。自分をどんな人間だと受けとめ、表現するかもそうですし、それについて確信し納得しているかも含みます。こうした自己概念は、人と理解し合う力、仕事でいい成果をあげる力、あるいは本来の自分を発揮する力などを伸ばす場合もあれば、そぐ場合もあります。

ソウル大学校の大学院生、ジャミニ・クォンが心と身体のつながりについて研究したいと思うようになったのは、薬が原因で身体が部分的に麻痺し、数カ月にわたってベッドで療養生活を送ったのがきっかけでした。コロンビア大学の学部生だったときのことです。発症したのは三叉《さんさ》神経痛でした。三叉神経は顔から脳へ感覚を伝達する神経です。三叉神経に異常が起こると、歯を磨く、化粧をするなどの日常的なわずかな刺激にも、非常に強い痛みを感じます。「あまりに痛くて水を飲むのもやっとでした。一三キロ近く体重が落ちました」クォンはそう振り返ります。

ベッドの上で長い時間を過ごす日々が続きました。起きて身体を動かしていた生活から一転、うつぶせになって自分をかばうように閉じた姿勢で過ごすことが増えたのと、痛みそのものとが相《あい》まって、自分で自分を追い込むような考えがじわじわと忍び寄り、絶望にさいなまれたといいます。「じっと動かずにベッドにいると、つねに疲れて落ち込んだ気持ちでした」

それでも少しずつ動きを取り戻し、そっと気をつけながら立ち上がって、動いてみるようになりました。そして以前は大好きだったけれどあきらめていた、絵を描くことに再挑戦したのです。絵を描くためには、それまで長い間とっていた縮こまった姿勢を必然的にやめることになりました。「私はたいてい大きな絵を描くので、また絵を描いてみようとすると、立って腕を伸ばす姿勢をとらなくてはいけなくなったんです」

動くようになると、身体の回復だけでなく、心の回復にもつながりました。「私にとって、この『認知の具現化』が自分を取り戻すきっかけをくれました。認知プロセスは身体を通して変えられると確信しています」とクォンは言います。ここで念のため述べておくと、身体に障害があると暗く希望を失った無力な人生を送ることになる、というわけでは決してありません。クォンが経験した心理状態は、病気を発症して間もない時期によくみられるケースですし、診断の内容や経過の予測がきわめて不透明だったために、そうした気持ちがさらに強くなっていたと考えられます。身体の障害に順応してさまざまな形でいきいきと人生を歩んでいる人は大勢いますし、あとでその点にもふれるつもりです。

大学で学んだことと自身の体験を合わせて、クォンは身体の姿勢が自分自身や自分の能力のとらえかたにどう影響するのか、またそのとらえかたによって創造力が伸びたり奪われたりするのかを知りたいと考えました。そこで、自身が長い間とっていた無力に感じる姿勢と、パワーポーズではなく普通の中立的な姿勢が与える影響を比較した実験を行ないました。その結果、力のない姿勢には、複雑な問題に取り組むときに、粘り強さと創造力を損なう傾向がみられました。さらに、「自分は役に立たない」「すぐに自信をなくす」など自分を卑下《ひげ》する気持ちがあるかをみると、力のない姿勢のもつ影響力はさらに顕著になったのです。[20]

つまり、パワーのない姿勢を一時的にとるだけで自分を否定的にとらえる気持ちが強まり、その結果、難しい課題に向き合う意欲がくじかれ、創造力も鈍ってしまったのです。中立的な姿勢をとった人は、自分の悪い面についてあれこれ思い巡らすのでなく、目の前の課題のことを考えました。目の前の今に意識を向け、頭のなかの考えにとらわれたり、この先またうまくいかないのではという不安にかられたりしなかったのです。

姿勢が自己イメージにおよぼす影響については、ほかの研究者も同様の結果を得ています。その一人、サンフランシスコ州立大学でホリスティック・ヘルスを専門にするエリック・ペパーは、三〇年以上にわたって身体と心の関係を研究しています。ペパーがスポーツ心理学者のヴィエッタ・ウィルソンと共に行なった研究では、被験者に背筋を伸ばした姿勢とうなだれた姿勢をそれぞれ一分間ずつとりながら、自身にまつわるポジティブな記憶やできごとを思い出してもらいました。すると九二パーセントの人が、背筋を伸ばして座ったときのほうが楽しく前向きな気持ちを容易に思い出せたと答えています[21]。

リスキンドもこの「一致」を指摘しています。ネガティブな姿勢でいるときより、ポジティブな姿勢でいるときの方がポジティブな記憶を思い出しやすいのです。ミハラクが行なった歩きかたの実験も同じことを示していました。前向きな記憶は前向きな姿勢と呼応します。第1章に出てきた言葉を使えば、この二つは「シンクロする」のです。自分についてのポジティブな記憶を思い浮かべられれば、自分を信じる気持ちを今もこの先も自然に抱きやすくなります。自分を楽観的にとらえられるようになるのです。

マドリード自治大学で心理学を研究するパブロ・ブリノールのチームも、同様の実験を行なっています[22]。被験者の学生は、背筋を伸ばし胸を張って座るか、前かがみになって顔を下に向け、目線を膝に落として座るか（やってみてください）、いずれかの姿勢をとるよう指示されます。

その姿勢で数分間座ったあと、今後、仕事の上で役に立ちそうな自分の長所を三つか、もしくはマイナス要素になりそうな短所を三つ挙げてもらいます。最後に、普段の自然な姿勢に戻ってもらい、将来仕事で自分がうまくやれる可能性について評価する質問に答えて終了です。

ブリノールらが分析した結果、学生の自己評価は、長所か短所を挙げてもらったときにとっていた姿勢によって変わってきました。背筋を伸ばして座っていた学生のほうが、自分について肯定的で自信のある見かたをしたのに加え、自分が挙げた自分の特性について、より強く確信している傾向がみられたのです。一方の前かがみに座っていた学生は、自分の長所と短所のいずれについても確信が持てていないことを示しました。自分自身を把握するのにも揺れていたのです。

第5章で少しふれましたが、力を持っている人は抽象的に考えるのが得意です。伝えられたことの要点をつかみ、情報を総合して、複数のアイデアの中にパターンや関係性を見いだすのが抽象的な思考です。数分の間パワーポーズをとった人にも、これはあてはまります。姿勢と役割の影響力の強さを比較したリー・フアンも、それぞれが抽象的な思考にもたらす効果を調査しています。被験者はばらばらになった絵の断片を統合して、全体像を完成させるという知覚力をみるテストに挑戦しました。ここでも、パワーポーズをとった人の成績は、パワーのないポーズをとった人や力のない役割を与えられた人を上回っただけでなく、力のある役割を与えられた人も上回っています。パワーポーズをとったグループがもっとも頭が切れる、抽象的な思考力をみせたのです。

「抽象的な思考」という概念自体が抽象的ですし、抽象的に考えるのがうまいと何がどうプラスになるのだろう、と思うかもしれません。たとえば、社会的評価が問われるような場面を例にとってみましょう。ストレスのかかる交渉の場で、初めて聞くものを含む複数の意見やアイデアに耳を傾け、それを総合して、有益な答えを出さなくてはいけないとします。多岐にわたる情報の中から本質を抜き出し、きちんと筋が通った状態にその場ですばやくまとめる。まさに、教室でも取締役会でもそのほかの場面でも、「プレッシャー下で本来の自分を発揮する」というプレゼンスの真髄の一つです。

身体をのびのびと広げると、自分を肯定的に見ることができ、肯定的な自己イメージに自信が持てるようになります。頭の中が整理され、創造力や認知の持続力、抽象的な思考力を発揮する余裕が生まれます。

行動

パワーポーズは行動接近システムをはたらかせます。接近システムは第5章で取り上げたとおり、自信をもって行動を起こし、機会があれば接近してつかみ、リスクを取って粘り強くやり抜くように私たちを促します。この接近しようとする志向性を発揮するのは、実験でさいころを振って賭けに出る場面に限りません。

コースタル・カロライナ大学の心理学者たちは、身ぶりがリーダーシップ力にもたらす効果を調べる研究を行ないました。実験では被験者に、背筋を伸ばした姿勢かうつむいた姿勢のいずれかで一分間座ってもらいます。その後、グループで作業をするのでテーブルの好きな場所を選んで座ってくださいと指示します。すると、背筋を伸ばして座った人は一貫してテーブルの正面（通常、リーダー的な立場の人が座る位置）に座り、うつむいて座った人は正面の近くを避けて座りました。報告では「背筋を伸ばした姿勢をとることで、大事な面接や会議、仕事、決定等の前に、自分がリーダーシップをとるという意識を強化できるかもしれない」とまとめています。[23]もっと細かな効果もあります。小学生を対象にした日本の研究では、よい姿勢で座らせたところ書き取りの能率と精度が上がったそうです。[24]よい姿勢でいると自分に「エネルギーがわいてくる」感覚が高まり、何であれ物事がスムーズにできるようになるといえます。[25]

心理学者のジル・アレンと同僚の研究者たちは、身体を広げる姿勢が摂食障害のある人に何らかの効果を与えるのではないかと考えました。ここでいう摂食障害は、自身の身体のイメージについて否定的な気持ちを持っているために、身体に害になるほどカロリー摂取を制限してしまう状態を指します。実験では、摂食障害の症状がみられる女性を対象に、身体を広げる姿勢、中立的な姿勢、身体を縮こまらせた姿勢のいずれかを数分間とってもらいます。すると、身体を広げた力強い姿勢をとった人は、自分の身体について抱いていた否定的な見かたから解放され、制限をかけた食べかたをやめ、健康的な量のカロリーを消費する生活に移行できたという結果が出ました。それだけでなく、身体を広げる姿勢を自然にとった場合も偏ったカロリー制限をしない食生活につながり、縮こまった姿勢を自然にとった場合は制限した食べかたに傾きがちなことがわかったのです。アレンらは論文の題を「堂々と座り堂々と食べよう」とつけています。[26]

向社会的行動、すなわち他者のためになる行動をとるには、「接近」する気持ちで動く勇気が必要なことが多いものです。たとえば、ハイパワーポーズかローパワーポーズをとってもらったあとで、飛行機事故の現場で助けを呼ぶ、無実の罪で囚《とら》われている人の解放運動に加わるなど、人を助ける必要のある状況でどれだけ進んで行動しようと思うかをたずねた研究があります。結果は、パワーポーズをとった人のほうが、こうした設定で進んで他者を助けたいと答える率が有意に高かったことを示しています。

三叉神経痛に苦しみながら再び絵を描き始めた大学院生、ジャミニ・クォンの実験では、力のない姿勢をとった人は難題を前にしたときに粘り強さに欠けたと報告しています。事実、力のない、身体を閉じた姿勢は、粘り強さを損なうだけでなく学習性無力感を増長します。学習性無力感とは、何らかの困難な状況から逃れようと努力したもののうまくいかなかった場合、自分の手には負えないと感じて無力感におちいる状態です。太古の昔であれば、これも捕食者から身を隠したり、危険で気まぐれな群れのボスに服従の意思表示をしたりするのに役立つのかもしれませんが、二一世紀の私たちの役に立つという例は見つかりそうにありません。

身体を広げると解き放たれ、接近し、行動し、粘り強く取り組むことができるのです。

■■■ 身体

身体が心をつくり、心が行動をつくる様子をみてきましたが、身体が身体そのものを導くこともあります。

プレゼンスは多くの場合、物理的に身体に現れます。現れて、とどまります。難しい状況に直面したり不安を感じたりすると、私たちはたいてい、戦うか逃げるかどちらかを選ぼうとします。形は違いますが、どちらも目の前の現実から離れる行動です。逃げれば物理的にその場からいなくなるわけですから、向き合うのをやめることになります。戦う場合もやっていることは同じです。強い脅威を感じたりいらだったりして、目の前の現実を受け止めて対応することを放棄している点では同じなのです。

非言語行動は、本来の自分を発揮できるよう私たちの身体を導いてくれます。ホルモンはそのはたらきを担うメカニズムの一つです。また、第7章でふれたように、呼吸のしかたを変えるだけでも神経系のはたらきは大きく変わり、過剰な闘争・逃走反応を抑えたり、力を与えたりしてくれます。でも、パワーポーズが力をさずけ、今この瞬間にしっかり向き合うよう身体にはたらきかける形は、これだけではありません。

ケンブリッジ大学で心理学を研究するウンヘ・リーとシモーヌ・シュナールは、被験者をハイパワーポーズとローパワーポーズのいずれかで座らせ、その前と後で重さ数キロの箱を持ってもらう実験を行ないました。すると、堂々と身体を広げる姿勢で座ったあとで箱を持つと、最初に持ったときよりも軽く感じると答える人が多いという結果が出ました。持つのが二度目になるので、重さに慣れたためだと考えられます（ハイパワーでもローパワーでもない姿勢で座った場合も、二度目に持ったときのほうが軽いと感じています）。しかしうなだれた姿勢で座った人にはこの「慣れ」の効果がみられず、二度目に持ったときも一度目と同じ重さに感じると答える傾向がありました[27]。

スポーツ心理学の分野では、ボディランゲージを応用して選手のパフォーマンスを上げる取り組みに関心が集まっていますが、これも意外なことではありません。二〇〇八年、スポーツ心理学者のゲイル・ヨーレとエステル・ハルトマンは、サッカー選手の非言語行動とペナルティキックの成功率の関係を調べています。対象になったのは、ワールドカップ、欧州選手権、欧州サッカー連盟（UEFA）チャンピオンズリーグで行なわれたPK戦三六試合の計三五九キックです。分析によると、ペナルティキックを蹴る直前の動作が回避的で落ち着きがなかった（ゴールキーパーとのアイコンタクトを避けるなど）選手は、シュートを外す確率が高い傾向が確認できました。分析を行なったヨーレらは、回避的な非言語行動をとることによって選手が消極的になり、プレッシャー下で緊張して失敗につながったのではないかと考察しています。[28]

身体を広げた動作をすると、身体的な力とスキルが上がるのを感じます。身体を小さく縮める動作は逆の効果をもたらします。

身体を大きく広げると、ベストな自分を発揮できるように身体が生理的に備えてくれます。戦うか逃げるかの本能を超え、しっかり足を踏みしめて、目の前の状況に向き合えるようになるのです。

痛み

パワーポーズをとると力がわいてくるのを感じられます。パワーポーズには、ほかにも身体の状態にプラスにはたらく効果があるのでしょうか？　たとえば、痛みは身体が感じるものですが、心理的な要素も同じくらいかかわっていることを考えると（これは科学的に多くの分野で証明されています）、姿勢と痛みの間に関連性はないのでしょうか？

これを調べるため、心理学者のヴァネッサ・ボーンズとスコット・ウィルターマスの二人は支配的な姿勢、服従する姿勢、中立的な姿勢をとってもらう前後で痛みに耐えられる限界が変わるかをみる実験をしました。止血帯《しけつたい》を用いて、痛みに対する被験者の許容範囲を調べる手法です。まず被験者の腕に血圧測定用のカフを巻き、加圧していきます。被験者にはこれ以上締め付けられると耐えられないと感じたところで知らせるように指示し、その時点で加圧をやめて測定します。最初の測定が終わったあと、被験者は三つのなかから無作為に割り当てられた姿勢を二〇秒間とり、そのあとでもう一度痛みの限界値を測定します。[29] 結果は予想どおり、支配的な姿勢（足を開き、腕は両側に大きく伸ばす）をとった場合は、服従する姿勢（膝をついて身体を低くし、お尻をふくらはぎにつけて両手は腿の上に置く）や、中立的な姿勢（腕を下ろした状態で普通に立つ）をとった場合よりもより強い痛みを受け入れられるようになった、というものでした。

身体を広げることで肉体的な痛みにも強くなります。

パフォーマンスとプレゼンス

ここまで、身体を広げる姿勢や動作にはさまざまな効果があることをみてきました。自分にパワーがあると感じられるようになる、自信が持てて楽観的になれる、感じていたストレスが和らぐ、自己イメージが肯定的になる、抑制から解放されて自分の考えを主張できる、行動を起こし、困難に直面してもやり抜ける、強くいられるように身体が備えてくれる――。こうした効果は、大事な場面に臨むときや大きな挑戦をするときに本来の自分を発揮できるよう導いてくれます。

でも、本来の自分でいると、それは一緒にいる相手にも伝わるのでしょうか？　プレゼンスが、本当に目に見える形でよりよいパフォーマンスに結び付くのでしょうか？　私とキャロライン・ウィルマス、ダナ・カーニー、アンディ・ヤップの研究チームはそのはずだと考え、具体的な仮説を立てました。「ストレスのかかる採用面接を受ける前にパワーポーズをとって臨むと、本番で本来の自分を発揮でき、その結果、面接でのパフォーマンスに好意的な評価が得られて採用につながる」という仮説です。[30]　なぜ面接を受ける前なのかというと、前にもお話ししたように、人と交わる場で力を誇示するようなパワーポーズをとると、逆効果になる場合が多いからです。妙なだけでなく、相手を不快にしてしまいます。初めて会ったばかりの人が両手をV字に掲げた勝利のポーズをしていたり、テーブルに足をのせて頭の後ろで手を組んだりしていたら、どうでしょう？　あなたが面接官だとして、採用面接を受けに来た人がこんな格好をしていたとしたら……？

実験にやってきた被験者には、あこがれの仕事につくための模擬採用面接を受けてもらうと説明しました。第1章で説明した実験を覚えているでしょうか。あの実験と似た方法です。被験者には短い時間を与え、その間に「なぜわが社があなたを採用すべきか」の質問に五分間で答える準備をしてもらいます。準備した答えは訓練を受けた二人の面接官の前でスピーチとして発表し、面接官はそれを評価するという流れです。さらに面接はビデオで録画し、別の審査員が評価すること、架空の話ではなく本当の自分について話してもらうこと、五分間をめいっぱい使って話してもらうことを伝えます。

面接官役の二人の研究者は白衣を着て、紙をはさんだクリップボードを手にし、終始一切反応せずに中立的な表情をするよう徹底されています。ほかの実験結果で見てきたように、話している相手から一切フィードバックがないというのは、否定的な反応をもらうよりも不安になるものです。

スピーチの内容を準備する間、被験者には以前の実験でも採用したハイパワーポーズかローパワーポーズをとってもらいます。この姿勢をとるのは面接の前であって、面接中ではありません。ここがこの実験のポイントです。面接はビデオに録り、二人一組で三組いる審査員が評価をします。審査員は実験の仮説や目的についてはまったく知りません。これも重要な点です。

一組目の審査員二人は面接全体のパフォーマンス（「全体として面接の内容はどの程度よかったか」）と雇用の可能性（「この候補者は採用されるべきか」）の評価、二組目の審査員は提示された質問に対するスピーチの内容（知性が感じられる、仕事に適任である、構成にまとまりがある、率直でわかりやすい）の評価、そして三組目の審査員は私がもっとも知りたい非言語要素による自己表現（自信がある、熱意がある、人を惹きつける、ぎこちなさやおどおどしたところがない）を評価します。

結果は予測したとおりでした。ハイパワーポーズをとってスピーチの準備をした人のほうが、面接全体のパフォーマンスがよいと評価され、「採用」するのにふさわしいという判定を受けました。スピーチの内容そのものにはポーズによる影響はみられませんでした。ですが、ハイパワーポーズをとった人のほうが非言語要素による自己表現の評価が非常に高かったのです。その人を採用したいかどうかを左右したのが、まさにこの点でした。つまり、審査した人は、面接を受けた人の非言語行動を通した自己表現から判断して、その人を雇いたいと感じたのです。

■■■ iPosture

電車の中や待合室、そのほか公共の場所ならどこでも構いません。周りを見回してみてください。携帯電話など、電子端末《たんまつ》の画面をのぞき込んでいる人がどれくらいいるでしょうか？　今や世界中どこであっても、「たくさんいる」という答えが返ってくるでしょう。

そもそも、つねに姿勢に気をつけていようとしても難しいものです。人の姿勢や動きは、座っている椅子や机、空間の広さ、使っている機器などによっても必然的に左右されます。これを自分の意志でコントロールするのはさらに難しいものです。

ニュージーランドの理学療法士スティーブ・オーガストは、電子機器を使うときに首を下に向けて猫背になる姿勢を「iHunch（ハンチは背を丸める、身をかがめるの意）」と名づけ、これを解決する策を研究してきました。この姿勢は「テクスト・ネック（メール首）」ともいわれ、私たちの研究チームでは「iPosture（電子端末を使うとき特有の姿勢の意）」と呼んでいます。オーガストは次のような解説をしています。「完璧な姿勢をとった状態だと、耳たぶは肩の真上にくるはずです。私が患者さんの治療を始めた三〇年以上前にも、いわゆる老人性の脊柱後弯症《せきちゅうこうわんしょう》はよくありました。背中の上部が前方に湾曲したままになる、高齢者世代にみられる症状です。今は、同じように胸から首にかけて前方に丸まった状態が一〇代の子どもたちに広がっています。人の身体を横から見てみるとはっきりわかります。まっすぐに伸ばそうとすれば伸ばせるなら丸くなった猫背の状態、伸ばせなければ湾曲してこぶのようになっているということですが、早い段階で後者になってしまいます。すでにかなり大きな問題ですが、どんどん広がっているのです[31]」

人間の頭の重さは平均で五・四キロあります。頭部が両肩の上でバランスの取れた状態にあるとき、それだけの負荷が首にかかっているわけです。しかし、たとえばスマートフォンを使うために首を前に六〇度曲げた状態では、首にかかる負荷は二七・二キロにまで増えます。オーガストはほうきを使ってわかりやすく説明してくれました。「まず、広げた手の上にほうきを垂直にのせて、バランスをとってみます。難しくありません。次に、ほうきの柄の方を持って、六〇度傾けた状態に保ってみます」傾けた状態でバランスを保とうとすると、かなり大変です。これを実際にやってみせると、見た人は納得するそうです。「首もこれと同じです。スマートフォンやタブレットなどを見るのに首を曲げていれば、首まわりの筋肉に同じことが起きます。八時間もその状態でいれば、当然痛くもなりますよね[32]」

オーガストは私のTEDトークを見てある疑問を抱き、私にコンタクトをとってくれました。それは私も抱いていた疑問です。スマートフォンやタブレットやノートパソコンに向き合って長い時間を過ごしていると、力のない姿勢をとったときと同じような影響が出てくるのでしょうか？　テクノロジーの発達で、目の前の今に向き合うことは難しくなっています。現実に一緒に座っている人と対話するのでなく、端末に向き合ってメールに返信したり、SNSで近況報告したりしていると、私たちの意識はその場を離れ、自分を取り囲む世界から離脱しています。こうした端末はすでに認識の上で私たちの意識を目の前の今からそらしています。それだけでなく、私たちのパワーを奪うような姿勢、その場に向き合う能力を損なうような姿勢を物理的に強いてはいないのでしょうか？

それまでオーガストは、うつむいた姿勢が筋骨格系《きんこつかくけい》にもたらす影響、たとえば首から上背部《じょうはいぶ》にかけての痛みや頭痛、そのほか身体に生じる問題に注目していて、心理的な影響にはあまり目を向けていなかったそうです。「うつむいて身体を小さくする姿勢が、自分に自信を持てなかったり、他者に対して従属的になったりする影響があると考えたことはありませんでした」と言います。しかし、そうした影響を示す研究結果は、彼が患者をみてきた経験とも一致していました。「端末が小さくなるほど（患者の）自己主張が弱くなるだけでなく、首への負荷も大きくなります（すぐにかしばらくしてからかの違いはあるものの、これが首の痛みや頭痛をもたらす）。これはみんな比例しているんです。完全に呼応した（かつ論理的な）相関関係といえます。端末が小さくなると、それを使うためにもっと首を曲げて小さくなる、すると自信をもって自己主張しなくなり、首への負荷は増えて痛みが増す、という流れです[33]」

まったく、なんということでしょう。

この関連は詳しく調べる意味がありそうです。私は社会心理学者のマーティン・ボスと一緒に、「うつむいて端末を使う姿勢をとると自信をもって自己主張しなくなる」という仮説を検証する実験を行ないました。[34] 実験では大きさの違う端末を四種類（ｉＰｏｄタッチ、ｉＰａｄ、ＭａｃＢｏｏｋプロ〔ノートパソコン〕、ｉＭａｃ〔デスクトップパソコン〕）用意し、無作為でいずれかを被験者に使ってもらうことにしました。

被験者は部屋で一人になり、渡された端末を五分間使います（実験条件が守られているか確かめるため、本人の了承を得たうえで被験者の様子はビデオで撮影します）。端末を五分間使ってもらうため、いわば時間つぶしの目的で、全員に同じアンケート調査に回答してもらいます。

被験者の行動をみる方法は、意図が知られないように考慮しました。端末を使って五分間でアンケートに答えたあと（この作業は全員が同じように行ないます）、実験者は部屋に戻って端末を回収し、時計を見て被験者にこう伝えます。「私が今から五分後に戻ってきて、結果を説明し、謝礼をお渡しして実験は終了です。五分経っても来なければ受付へ呼びに来てください」こう言われた被験者は、果たしてどの程度待ったあとでみずからアクションを起こしたでしょうか？

これが、私たちが被験者のアサーティブネス、すなわち自己主張の度合いをみるために考えた設定です。アサーティブネスは行動心理の観点からみると、その人のパワーを示す中心的な要素といえるかもしれません。被験者は実験を始めるときに自分の携帯電話などを預けているため、一人残された部屋で時計を見ながら、担当者が戻ってくるのを待つしかない状況です。

私たちの予測どおり、被験者が担当者を呼びに行くまでの時間は、使った端末の大きさと有意に関連性がありました。一〇分が経過し、担当者が戻ってくる前に呼びに来た人は、スマートフォンを使った被験者では五〇パーセントにすぎませんでした。

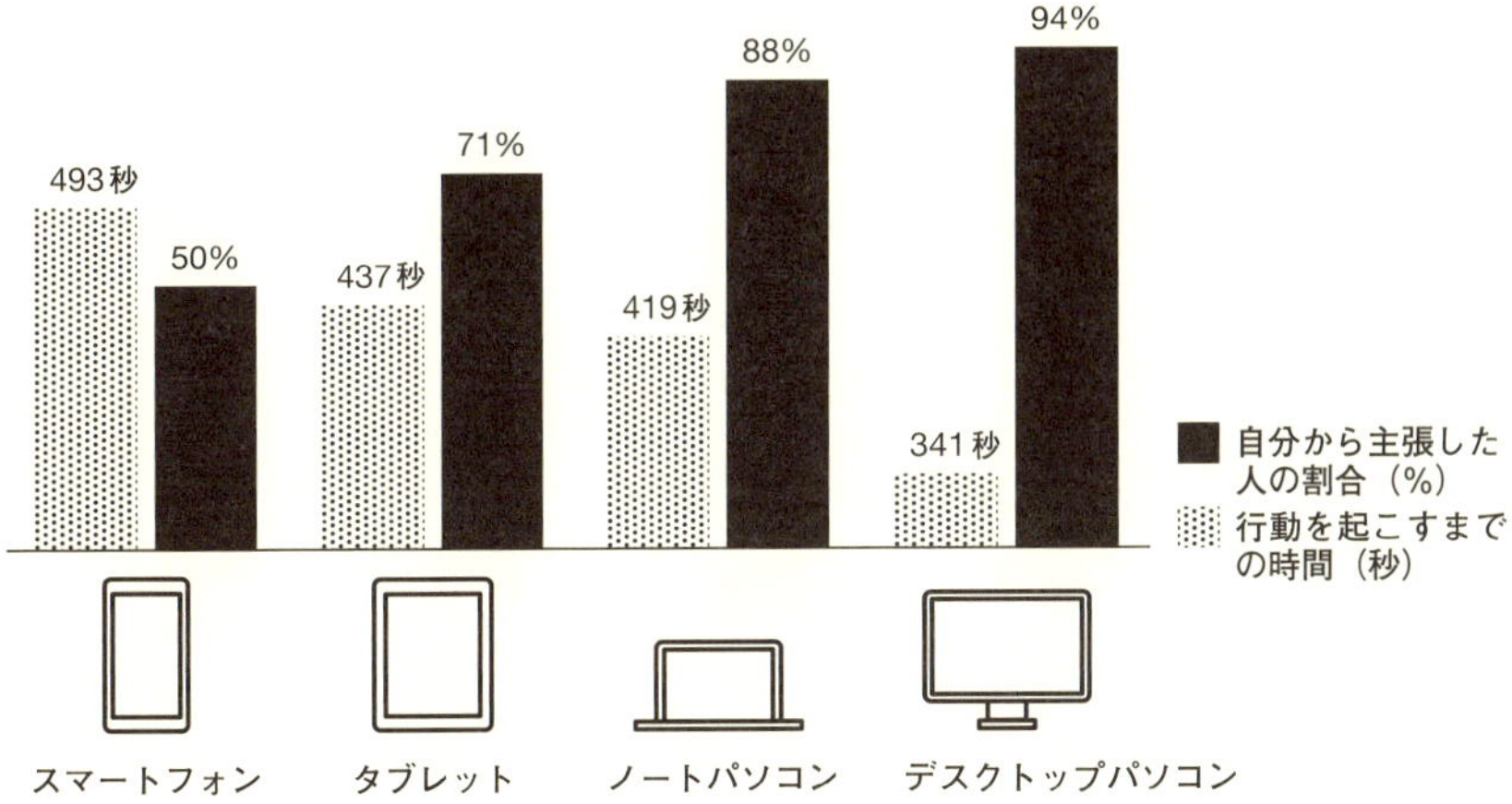

端末を使う姿勢（iPosture）と自己主張

一方、デスクトップのパソコンを使ったグループでは九四パーセントもの人が自分から呼びに来たのです。結果はグラフのとおりです。大きい端末を使うほど、自分から主張する人が増える傾向があるといえそうです。さらに、大きな端末を使った人のほうがみずから動いて呼びに行くだけでなく、長く待たずに行動に移す傾向もみられます。端末が小さくなると、それを使うため必然的により身体を小さくした姿勢になり、縮こまった内向きの姿勢を長くとっているうちに自分にパワーがないように感じてくる――これが私たちの導いた結論です。

これは何だか皮肉な話です。私たちの多くは、小型のモバイル機器を日々駆使して、生産性や能率を上げようとしているはずです。それが、こうした機器をたとえ短時間でも使うことによって、自己主張の意欲が弱くなるかもしれない、ひいては生産性や能率を下げてしまう可能性もあるというのです。

画面と長時間向き合わなくてはいけないのなら——おそらく私たちの多くがそうですが——、どんな端末を使うかよく考え、できるだけ首や背筋を伸ばして身体を小さくせず、広く空間を使うように意識するのがよさそうです。

頭の中でパワーポーズを思い描く

クリスティーンは非営利組織に勤め、身体に障害を持つ人が自分の可能性をせばめるような考えから解放されるよう支援しています。彼女は私のＴＥＤトークを見て次のようなメールをくれました。

私のパワーポーズは、実際に身体を使ってするポーズではありません。誰にも見えません。私がそうしているのを誰も知りません。私が頭の中でしていることだからです。私の身体は、物理的な身体とは違います。五感の感覚はありますが、使えるのは片方の手の一本の指だけです。それでも、私はいろんなジェスチャーをしたり手を動かしたりする自分を思い描いています。教室でプレゼンテーションをするときは、頭の中でパワーポーズをつくります。自分の思い描くとおりにやりたいからです。

人が私を見て、最初にあてはめる分類はおそらく「女性」だと思います。まずそこで一撃を受けます。次が「身体に障害があって車椅子に乗っている」でしょう。それが次の一撃です。私は力のない弱い存在だとみなされると思います。でも、私はパワーに満ちています。私の身体がどうしているかは関係ありません。私は頭の中で自由に動き、今いるこの部屋全体を自分のものにしています。私は自分を主張しますし、能力があって、ときには大胆で、恐れることを知りません(少し無謀《むぼう》ともいえるかもしれませんが、それもいいと思っています)。これはすべて自分が創り出したパワーによるものだと思っています。私はどんなしぐさもポーズも、目を通じてでも表現できます。

身体に障害を持つ人も、想像力を使って、自信をもって自分を主張できるようになれる、と言っていいのでしょうか?

こうした疑問を持ったのは彼女だけではありません。身体の姿勢や動きが大きく制限される障害を持つ人から、たくさんの声が私のもとへ寄せられました。そして多くの人が同じことを書いていました。「頭のなかでパワーポーズをとる自分を思い描くと、力がわくのを感じます。これについて研究したことはありますか?」というのです。

そのとき、まだ自分で実際に検証してはいませんでした。ですが、心のなかでパワーポーズをとるだけでも自信がわいてくるはずだとは考えていました。それにはいくつか根拠があります。まず、脳内活動と行動への影響という点で、頭のなかで動作を思い描く行為と実際に身体を動かす行為はかなり近いことが、長年の研究でわかっています。ある動作の流れを頭のなかで思い描くことによって、実際に行動に移したときにうまくできる力がつくこともわかっています。また、ある動作をすると活発にはたらく脳の領域(運動野と呼ばれる領域とその周辺)の多くが、同じ動作を頭のなかで思い描いたときにも活発になることも研究が示しています。もう少し間接的な根拠としては、思い描く場合も実際に身体を動かす場合もほぼ同じ長さの時間がかかる点、またパーキンソン病を患うと動きが遅くなりますが、同様に頭のなかで動作を思い描くのもゆっくりになる点も、頭のなかでシミュレーションする行為と実際の行動が同じ神経系のはたらきを促すことを示唆しているといえます[35]。

最近の技術では、身体に麻痺のある人が頭のなかである動作を思い描いているときに、磁気共鳴《じききょうめい》画像装置（ＭＲＩ）で脳内の活動を読みとり、その人が何を考えているか、身体をどう動かしたいのかをとらえることも可能です。ある研究では、機能的磁気共鳴画像装置（ｆＭＲＩ）を使って、その人が想像しているのが家のなかを歩いている場面なのか、テニスをしている場面なのかを判別しています[36]（この研究は、「閉じ込め症候群」〔意識はあるが、身体が完全に麻痺しているため動いたり意思表示したりできない状態〕を抱える患者にテニスをしているところを想像してもらって脳の状態を調べ、意識の覚醒状態をみる、という形で応用されています[37]）。別の研究では、四肢《しし》麻痺のある人に手をのばしたり物をつかんだりしているところを想像してもらい、脳をスキャンしました。続いて微小電極アレイと呼ばれる器具を後頭頂葉《こうとうちょうよう》という部位に取り付けます。後頭頂葉は動作を思い浮かべたときに活発になり、麻痺のある被験者はセンサーを使って自分の手足を動かすのと同じようにロボットアームを動かしたといいます[38]。もちろん、頭のなかで動作を思い描くだけでは身体からの感覚のフィードバックはありませんが、パワーポーズをとる自分を思い描くだけでも自信をもって行動できるようになることは十分考えられます。

障害を持つ人から寄せられたたくさんのメールに背中を押され、私たちのチームは「パワーポーズをとる自分を思い描くだけで力がわくのを感じる」という仮説を検証する実験に取りかかりました。最初の実験として、二〇〇名の参加者をインターネット上で募り、細かな点まで明確にした指示を伝えて、それぞれ自分が部屋でハイパワーポーズかローパワーポーズのどちらかをとっているところを二分間、思い描いてもらいました。また、途中で飽きてしまわないように、自分が指示されたポーズをとっている間に知らない人が部屋を出入りする場面を思い浮かべてもらい、どんな人だったかのイメージを覚えておくようお願いしました[39]。

頭の中でポーズをとってもらってから、やっている間にどんな気持ちだったかを言葉で表現してもらいました。力がわいてくる感じ、力のない感じ、今この瞬間に集中している感じ、萎縮した気持ちなど、私たちが注目する表現があるとしても、こちらから例を挙げることはしていません。参加者は米国内から広く集め、年齢、人種、宗教や文化的背景もさまざまな人が含まれています。

回答を分析した結果、ハイパワーポーズをとる自分を想像した人の七〇パーセントが、私たちの分類でいう「心地よく自信がある状態」を表す表現を使いました。驚いたのは、そのように感じると答えた人の割合が高かった点だけでなく、そう答えた人が自身の気持ちを表す言葉として選んだ表現に一貫性があった点です。つまり、多くの人が同じ言葉を使ったのです。「私は……と感じる」という文の空白の部分に、自分がイメージする自分を表す表現を入れてもらったところ、次のような答えが多くみられました。

オープンで強い
落ち着いていて自信がある
肩の力が抜けて、冷静な状態
落ち着いていて、自信があり、揺るがない

これに対して、ローパワーポーズをとっている自分を思い浮かべた人の間では、ポジティブな見かたはすっかり影をひそめてしまいます。七二パーセントの人が「社会的に脅かされていると感じる状態」に分類される言葉を使っていたのです。自分のイメージを表す表現として出てきたのは次のような答えでした。

ぎこちなく、緊張して落ち着かない
びくびくして孤独を感じる
自分が愚かに思えて恥ずかしい気持ち
自分の中に閉じこもっている気持ち
脅かされていて無防備な感じ
ものすごく居心地が悪い

なかにはもっと激しい表現をした人もいました。「息がつまりそうな感じ」「責めさいなまれているような恐ろしい感じ」などです。

さらに、頭のなかで思い描いた場面について説明してもらう試みもしました。こちらも選択肢などは示さず、自由に回答してもらう形式です。先にふれたように、より主体的に実験にかかわってもらうため、参加者には指示した姿勢をとる自分をイメージしてもらいながら、そこへ知らない人が出入りする様子をあわせて思い描いてくださいと伝えています。それが誰なのかなどの詳細は指定していません。もし、うなだれたローパワーポーズでいると脅威を感じ無防備な気持ちになるのだとすれば、自分のまわりに知らない人がいる状況を思い浮かべるときに、どんな影響が出るでしょうか？

「ローパワーポーズをとった自分をイメージしている人は、他者に注意が向いて、警戒しているんじゃないか」と推測したでしょうか？　そう、そのとおりです。部屋でポーズをとる自分をイメージしながらどんな状況が頭に浮かんだかを自由回答でたずねたところ、ローパワーポーズ組の八二パーセントの人が、知らない人がまわりを行き来する様子を詳しく書いてくれました。非常におもしろいので、いくつかご紹介しましょう。

「バイクに乗った男性、医者の女性、ヒッピーが入ってきました」

「カウボーイがいて、帽子にブーツ、青いチェックのシャツという格好をしていました。それからポニーテールに『アイラブＮＹ』のＴシャツを着たブロンドの若い女の子がいて、続いてサンタの帽子をかぶった熊が来て食べものを探していました。大柄な男の人がハンバーガーがいくつも入った大きな袋を持っていて、部屋の離れたところにいる私にも匂いがわかりました」

「背の高い男の人が何人か来て、私をじっと見ていました。何をしてるんだと聞かれたのでヨガをやっていると答えました。男たちが笑い出して私を押しのけようとして、私は転んでしまいました。私は『あなたたちもやってみて効果があるとわかれば笑ったりしないはずだ』と言いました」

「『パイレーツ・オブ・カリビアン』に出てくるジャック・スパロウに似た、アイラインを引いて海賊風のパンツを穿《は》いた人と、髪をおさげにして青いワンピースを着た女の子と、白い短いあごひげのある、少し年齢が上の男の人がいました。最後の人はホセ・クエルボのテキーラのコマーシャルに出てくる人みたいな感じでした」

実験に参加してくれた人にここまで詳細を記述してもらうことは、私の場合、やろうとしてもできません。意図していないのにここまで引き出せる、しかもかなり多くの参加者から引き出せるのは、本当に稀《まれ》です。まさか実験を撹乱《かくらん》しようとでもしていたのかというと、そうではなさそうです。もう一方の、頭のなかでハイパワーポーズをとった人たちは、不特定の知らない人にはあまり意識を向けていなかったようです。詳細まで説明した人は一六パーセントにすぎませんでした。ハイパワーポーズ組にポーズをとる自分を思い描いていたときの状況を説明してもらうと、ポーズをとっている自分の姿勢やまわりの部屋の様子を落ち着いて観察し、とくに判断を下すことなく淡々とそのままを描写しています。自分はただそこにいた、という感じなのです。回答の例を挙げてみましょう。


「木の床に白い壁の部屋で、腰に手をあてて立っていて、知らない人が入ってくるのを見ながらその人たちの印象を心のなかで思い描いていました」

「足を五〇センチくらい開いて、手は腰にあて、ひじを外側に突き出すようにして、部屋の中に立っていました。部屋に入ってくる人の第一印象を思い描こうとしていました」

「私が机に向かっていると、知らない人が何人か入ってきて部屋を歩いていました」

「狭い白い部屋に立っています。床は木の床です。手は腰にあてて、ひじは外側に突き出して、足は幅五〇センチくらい開いています。人が何人か部屋に入ってきています」

「部屋の中に立っていて、手は腰にあて、ひじは外に向けています。両足は五〇センチくらい開いています。部屋は広くて、木の床です」

置かれた状況に向き合い、自然な自分でいられている人は、ほかの人が自分をどう見ているか、自分を脅かしてこないかなどはあまり気にかけません。もちろん、ほかの人の声に耳を傾け、それに応えることもできなくてはなりませんが、それにとらわれすぎては逆効果なだけでなく、自分をつぶしてしまいます。自分に対する自信が失われ、いま何が起きているかをつかむ力を奪ってしまうのです。自信に満ちたパワーポーズを思い描くだけでも、人は目の前の今に意識を集中して向き合うことができました。判断を下すことなく周囲の様子に気づき、見知らぬ人が同じ空間を行き来しても脅威に感じることなく、力を誇示することもなくいられたのですから。

この結果は、前に紹介した「うなだれた姿勢をとった人のほうが、自分を指す一人称の代名詞を面接のスピーチで頻繁に使った」というオークランド大学の研究結果と矛盾しないのだろうかと思うかもしれません。二つの研究には決定的な違いがあって、一つは相手がいる状態での口頭による表現、もう一つは頭に思い描いた世界を文章で表現しているという点です。頭のなかでポーズをとる実験では、参加者はほかの人と交わったり他者から評価を受けたりはしません。一方、面接のスピーチの実験では、まさに自分が話しているときにそれが起きていました。面接の実験でうなだれた姿勢をとった人が「私は」と何度も言ったのは、ネガティブな評価を受けないよう自己防衛しておきたい気持ちの表れと考えられそうです。面接官が判断を下す前に、自分をこう見てもらいたいという方向へ口頭で誘導しようというわけです。一方、頭のなかでポーズをとる実験のときのように、社会的な評価を受けるわけではない場面について文章で表現する場合、プレゼンスはセルフアウェアネスの形で現れます。セルフアウェアネスとは自分の心と身体の状態を認識することで、これには自分を指す代名詞「私」が必要になるのです。

先のクリスティーンがメールに書いてくれたとおり、そして私の実験やほかの研究が示しているとおり、身体を自在に動かせなくてもパワーポーズの効果は得られます。現実的にも、障害のあるなしにかかわらず、大事な場面の前にパワーポーズをとりたいけれどできるスペースがない、一人になれる場所がない、という場合は多いでしょう。でも、いつでもどんなところでも、頭のなかでワンダーウーマンやスーパーマンのポーズをとる自分を思い描くことはできるのです。

バーチャル空間での効果

パワーポーズの効果がはたらくのは、現実世界と心のなかの世界だけではありません。バーチャルの世界でも同じです。ゲームなどバーチャルリアリティの世界で自分を表すアイコン、「アバター」をどんなキャラクターに設定するかによって、実際のふるまいが変わってくるというのです。仮想空間での自分を表す「分身」に、その人が知覚的に自分自身を見いだしているとき、アバターの特徴を自分でも取り込む傾向にあることを研究結果が示しています。この現象は確かなもので、「身体イメージ転移（body transfer illusion）」と呼ばれ、性別をまたがって起きる（男性が女性キャラクターのアバターを使い、自己投影する）場合もあります。[40]

スタンフォード大学の研究者、ニック・イーとジェレミー・ベイレンソンが、アバターの背の高さがバーチャル空間で交渉する際のふるまいにどう影響するかを調査した実験があります。[41] 現実世界では、周りの人よりも垂直方向に占める空間が広い人（つまり背が高い人）は、概して社会的な力や地位を持つ傾向にあります。イーらの実験で、背が高い、低い、中くらいの三種類のアバターを用意して参加者に割り当てたところ、残念ながらバーチャルな世界でも背の高さは有利になったという結果が出ています。背の高いアバターをもらった人は、それ以外のアバターの人よりも有利に交渉を進めたのです。具体的には、背の低いアバターを使った人は、背が高いか中くらいの人よりも、不利な条件を受け入れる傾向が二倍近く高いと報告されています。実験を行なった二人は、アバターの特徴が実際の行動に影響する現象を、さまざまに姿を変えるギリシャ神話の海神にちなんで「プロテウス効果」と名付けています。

没入型バーチャルリアリティが行動におよぼす影響を調べた実験のなかで、私が気に入っているものを一つ紹介しましょう。参加者は二種類あるいずれかの設定をゲームのなかで体験します。一つはスーパーヒーローのように空を飛べる能力がある設定（腕の動きで飛びかたを調整できる）、もう一つはヘリコプターに乗って飛ぶ設定です。[42] どちらの設定も、参加者をランダムにさらに二つに分け、一方はゲームのなかで人を救うミッション（糖尿病の子どもにインスリンを届ける）を与え、もう一方には人助けとは関係のないミッション（空の上から街を眺める遊覧飛行をする）を与えます。つまり、空を飛べて人を助ける役、ヘリコプターに乗って人を助ける役、空を飛べて遊覧飛行する役、ヘリコプターで遊覧飛行する役の四種類の設定でゲームをするわけです。ゲームが終わって実験が終了する段になったところで、実験者はペンが一五本入ったペン立てを「うっかり」倒し、床にばらまいてしまいます。ここでペンを拾おうと動くのは誰か、一番手を貸そうとするのは誰か――これをみるのが実験のねらいです。

ばらまかれたペンを拾おうとするかどうかには、ゲームのなかで与えられたミッションの種類（人助けをするか遊覧飛行をするか）による差はみられませんでした。その代わり、飛びかたによって差が出たのです。ヘリコプターに乗って飛ぶ設定だった人にくらべて、スーパーヒーローのように自分で空を飛べる設定だった人のほうが、ペンを拾うのを手伝う確率が有意に高く、行動に移すまでの時間も短いという結果が出ました。また、自分で飛べる設定だった人のほうがゲーム中に「実際にその場にいる感覚」が強い、つまりゲームの中のミッションをより「リアルに」感じて取り組んでいたことがわかっています。

「気をつけ」の姿勢

軍隊の兵士にはよく「気をつけの姿勢」をとるよう号令がかかります。一般的に、あごを上げ、胸を張って肩を引き、お腹を引き締めた姿勢を指します。背筋を伸ばし、両足をしっかり踏みしめた、直立不動の体勢です。敬意を示すほか、周囲に注意を向けていることや自身の強さを示す姿勢でもあります。兵士がこの姿勢を身につけるよう訓練されている理由は明快です。生死にかかわる決断を左右するような情報を司令官が伝えるとき、兵士はその場に全精神を集中させなくてはなりません。気をつけの姿勢をとることで、目の前の状況に集中して向き合えるのです。

集中力がそがれていると、力がわく姿勢、力のない姿勢のどちらをとっている場合でも、それぞれが持つマイナスに作用する要素に影響されやすくなります。うつむいてスマートフォンに注意を奪われていたり、あるいは単にうなだれて座っていたりして、目の前の状況に意識を向けていないと力がそがれてしまうのは、これまで見てきたとおりです。自分の身体がとっている姿勢に無頓着《むとんちゃく》でいると、自分を見失ってしまいます。

さらにいえば、誘惑されやすい要素がそろった状況などでは、自分の姿勢を意識していないと判断を誤ってしまうこともあります。自分にパワーがあると感じると抑制から解放されやすいため、自分をコントロールすることも重要です。パワーがみなぎっていて注意が散漫な状態にあると、自分のなかの基準が甘くなり、ほしい結果を手に入れるためにまずい近道をしてしまったりするのです。私がアンディ・ヤップほかの数名と一緒に行なった、車のハンドルやブレーキペダルを模した運転シミュレーションゲームを使った実験で、それを示す結果が出ています。車を速く走らせてレースを制した人が勝ち、というのがゲームの設定です。練習として一度コースを走った後、次のレースで五分を切ればボーナスで一〇ドルがもらえると参加者に伝えます。ただし、レースで走る際にはルールがあり、それを守らなければいけません。[43]

参加者は知らされていませんが、実験の仕掛けとして二種類の運転席があります。一つはスペースに余裕があり、椅子に高さがあって視界が広くとれる席。運転する人は腕を伸ばしてハンドルを操作し、ペダルを踏む足も伸ばせます。もう一つは狭く、椅子が低いため視界も低い運転席で、ハンドルを操作するには腕を曲げ、ペダルを踏むにも足を曲げた姿勢になります。すると、手足を伸ばせる座席で運転した人のほうが、全体的に危険な運転をする傾向がみられました。走っていて物にぶつかったり、ぶつかった後は停止するルールを守らなかったりする頻度が高かったのです。

自分が個人的なパワーを持っているときは、それを自覚しコントロールすることが、プレゼンスにはきわめて大切であること、兵士でなくてもそれぞれの形で「気をつけの姿勢」をとる必要があること――この結果はそんな教訓を示しているといえそうです。

「ヒトデになる!」

その日、空港のお手洗いで手を洗っていると、隣で手を洗っていた女性が話しかけてきました。

「あの、すみません、もしかして……」そこまで言ったあと、両手をのばして上に挙げるポーズをとっています。私は「ええ、そうだと思います」と答えました（「もしかして……」のあと、腰に手をあてる人がより多い気がします）。彼女はシャノンといって、パワーポーズを自分の生活に取り入れていて、さらには同僚や友人、家族にも勧めて一緒にやっていると話してくれました。家では夫と四人の子どもたちと、パワーポーズに自分たちだけの名前をつけたといいます。その名も「ヒトデになる！」。子どもが緊張しているときなど、「ヒトデになろう！」と声をかけているそうです。

私がいいなと思ったのは、シャノンが家族と一緒に自分たちのやりかたで取り入れている点です。そしてちゃんと効果があったのです。自分にとってとても大きな意味があるんですと言うように、シャノンは大切にしているアクセサリーを見せてくれました。ヒトデの形をした華奢《きゃしゃ》なダイヤの指輪です。いつでも自分のなかにパワーを呼び起こせることを忘れないようにと、夫から誕生日に贈られたものだそうです。

社会運動家のマギー・クーンは「権力《パワー》はごくわずかな人の手に集中すべきではなく、無力さは多くの人の手に抱かせるべきではない」と言っています（多くの人が賛同できる言葉だと私は思います）。これは個人的なパワーについても社会的なパワーについても言えることです。じつに多くの人が自分は無力だという思いに打ちのめされそうになっています。私たちはとりわけそうしたくない場面に限ってみずから道を閉ざしてしまうものです。自分には力がないと感じ、それを受け入れてしまうことが多いのです。自分は無力なのだと認めて受け入れてしまえば、その認識は固定化されて、私たちは現実から身を引いてしまいます。

でも、私たちは身体を使って個人的なパワーを手に入れることができます。身体が思考、感情、行動を促し、つくり、導いてくれることは多くの研究が証明しています。[44]身体が心に影響するのはまぎれもない事実だと言ってさしつかえないでしょう。この「影響」は、自分を試される大事な場面で真に最高の自分を発揮できる力を、促す方向にも妨げる方向にも作用するのです。

では、ヒトデになったりワンダーウーマンのポーズをとったりすれば、あらゆる場面であらゆる人に効果があるのでしょうか？　もちろんそうとは言えません。みなさんもおそらくご承知のとおり、どんな人にもどんな場面でも効く万能の介入法はありません。私がみなさんに何より心に留めておいてほしいのは、身体はつねにあなたの脳に力強くメッセージを送り続けていること、そしてメッセージの内容はあなた自身が自分でコントロールできるのだということです。これまでに数多くの研究が、さまざまな手法を使って身体と心のつながりを検証しています。呼吸、ヨガ、声を低くする、頭のなかで身体を開く姿勢を思い描く、あるいは背筋を伸ばして座るなど、その形はさまざまです。身体をのびのびと広げる方法は無数にあります。身体は心に影響し、それをつかさどるのが迷走神経の緊張であっても、血圧やホルモン、あるいはまだ解き明かされていない未知のメカニズムであっても、その結果ははっきりしています。身体を物理的に広げることで自分についての感じかたが変わり、前向きで建設的なサイクルが生まれるのです。ですから、みなさんにはぜひ、自分に一番あった方法を見つけてほしいのです。この効果を利用しないのはもったいないことです。

身体を広げると、目の前の今に落ち着いて向き合え、パフォーマンスも上がります。姿勢や動作などのボディランゲージを通して、人はあなたに対する見かたを決めます。でも同時に、どんな姿勢をとりどんな動作をするかは、自分が自分自身をどう見るかを決め、さらにその見かたは自分の行動、人とのやりとり、生理状態を通して強化されます。

私たちはみんな、誇りとパワーをもって行動したいと思っています。そうすれば重圧のかかる状況にもありのままの自分で落ち着いて臨めます。身体をどう動かすか、どうふるまうかが、人生をどう歩んでいくかを決めるのです。

身体が心をつくる。心が行動をつくる。そして行動があなたの未来をつくります。私にはパワーがある、私はできるはずだと身体で自分に伝えるのです。全身で今と向き合い、熱意をもって、本当の自分を発揮してください。そのために、自分にとって最高のパワーポーズを見つけてみましょう！

presence

第9章

パワーポーズを実践する

まっすぐ前を向いて座りなさい。

――あなたが子どものころ、おばあちゃんに言われた言葉

パワーポーズはどんなときにとればいいのでしょう？　私たちがパワーポーズの恩恵を受けるとすれば、たとえば次のような場に出る前が考えられます。採用面接、権力のある相手との会議、教室でのディスカッション、難しい対話、交渉事、オーディション、スポーツの試合や大会、人前でのプレゼンテーションなどです。ほかにも、みなさんから寄せられたメールには、パワーポーズが効果を発揮する例として次のような場面が挙げられていました。

・初めての場所へ出るとき、新しい人と知り合うとき、外国で母語でない言葉を話すとき
・自分のため、または誰かのために声を上げたり意見を言ったりするとき
・力を貸してほしいと依頼するとき
・仕事上やプライベートで、誰かとの関係を打ち切るとき
・仕事を辞めるとき
・重要なフィードバックを受けるとき、または自分が返すとき

私たちが出会う困難は人によってさまざまですし、同じ経験をしても緊張したり不安になったりするかどうかは人によって違います。だからこそ、自分がどんな状況で、またはどんな相手を前にすると、身体を縮めた萎縮した姿勢になるのかを知っておくのは大切です。つまり、そうした場に出る前にパワーポーズをとるようにすればいいわけです。さらに、プレッシャーのかかる場面や、普段の生活のなかで、自分がどんな姿勢をとっているかを意識する習慣をつけると、非常に効果があります。

大事な場面の前にとるポーズ

重要な場面に臨む前に、身体を大きく使ったパワーポーズをとって、自分にはたらきかけてみましょう。プレッシャーのかかる大事な場面の前に少し時間をとって、できるだけ広いスペースを占めるような姿勢で自然に構え、自分にはパワーがある、大丈夫、ちゃんとできる、と呼びかけます。そうして自分を解き放ち、本来の自分を発揮して、大事な場面に果敢に挑戦します。これからすることに脳が一〇〇パーセント向き合えるよう、準備ができた状態で臨めるわけです。本番前のウォームアップと考えてください。

・ある意味、毎日がチャレンジの連続です。朝起きたらまずパワーポーズで一日を始めてみましょう。ベッドから出て、好きなパワーポーズを二、三分間とります。
・家や会社のデスクなど自分だけの空間にいるときは、文化的な規範やステレオタイプ、組織や社会での位置づけにとらわれる必要はありません。言い換えれば、どれだけ支配的なしぐさをしても構わないわけです。それを利用して、こうした場所では思い切りビッグなポーズをとってみましょう。

・家やオフィスではない公共の場にいるときも、少しでも一人になれる場所があれば活用しましょう。エレベーター、トイレの個室、階段などでもできます。

・順番を待っているとき、椅子に座って背中を丸めてスマートフォンをのぞきこむのはやめます。立つか、少し周りを歩いてみましょう。

・物理的に身体を使ってポーズをとれなければ、心のなかでやります。身体を大きくのびのびと広げた自分を想像してみます。頭のなかでワンダーウーマンやスーパーマンになってみます。

・大事な場面に臨む前、座って待つ以外の選択肢がない、という場合は、両腕を椅子の背に回し、後ろで両手をしっかり組みます。この姿勢は両肩と胸が自然に開きます。

・もし可能で効果がありそうなら、プレゼンの聞き手や会議の相手より先にその場所へ行ってみましょう。身体を大きく広げて、自分が話をする空間を占領する気持ちで。空間を自分のものにしてしまえば、あなたが聞き手の「ホーム」へ乗り込むのでなく、あなたの「ホーム」へ相手がやってくる、という形にできます[1]。

■■■ 大事な場面の最中には

大事な場面に臨む前に力を引き出すパワーポーズをとるのは一つの鍵です。そして同じくらい大切なのが、もう少し控えめな、でも力強く背筋を伸ばして身体を開いた姿勢を、大事な場面の最中にキープすることです。パワーポーズは挑戦を前に一人で心の準備をするときにはいいのですが、会議中にはふさわしくありません。人と一緒に何かをする場面でハイパワーなポーズをとると、社会の規範にそぐわなかったり相手を萎縮させたりして逆効果になるのは前にもふれたとおりです。そもそもコンピュータに向かって仕事をしている時間が長ければ、ずっとパワーポーズでいるわけにもいきません。力を見せつける姿勢でなくても、ちょっとした点に気をつければよい姿勢は可能です。

・プレゼンテーションや会話の間、背筋を伸ばしてまっすぐな姿勢で立つ、または座る。
・両肩を後ろへ引き、胸を張る。
・呼吸は深く、ゆっくりと。よい呼吸法を意識すると集中できます（肩が丸まっていて上半身がうなだれた状態だと、よい呼吸を保つのは難しくなります）。
・あごを上げて水平に保つ。ただし上げすぎると相手を見下しているように見えてしまいます。
・その場から動かず（歩き回らず）に立つ場合は、両足をしっかり床につけて立ちます（足先は交差させない）。安定感が出て、たとえ誰かが軽く押したりぶつかってきたりしても、バランスを崩してよろめいたりしません。

・可能なら動き回る。スピーチや講演では演台から離れて話すのが、この二〇年ほどの一般的な傾向です。理由としては、動きがあるほうが聞き手を惹きつけるからですが、話す側にとってもいきいきとして力がわいてくる効果があります。動くことで自分のスペースが広がり、空間を自分のものにできます。

・スペースが許せば、何歩か歩いて足を止め、そこで話を続けます（落ち着かない様子で行ったり来たりするのはよくありません。緊張しているかいらだっているように見えてしまいます）。動いたり歩いたりする際、不規則に動く、または絶えず動くのは避けます。動きはきびきびと明確に。[2]

・支えになる道具を使う。話しているといつのまにか自信のない姿勢になってしまうなら、身体が閉じないように支えを使いましょう。立っているならテーブルや椅子の背、ホワイトボードなどに片手を添えてみます。座っている場合は、前に乗り出すようにして両手をテーブルの上に置く、または膝の上で固く組んだりせず椅子のひじ掛けに置く、などです。こうした大きな支えがなければ小さいもので構いません。水の入ったグラス、レーザーポインター、リモコンなど、何でもいいので手に持つと、腕を縮こめる、手を組む、握りしめるといった動作を自然としなくなります。

・オープンなジェスチャーを取り入れてみる。身体を開いたジェスチャーには強さと温かみの両方があります。たとえば両腕を大きく広げて手のひらを上に向けるしぐさは、相手を歓迎する気持ちや信頼感を表します。

・「ペンギンの手」に注意する。不安で自信がないとき、脇から肘までの上腕部を身体の脇につけたまま、肘から下だけを動かしている場合がよくあります（やってみてください）。これも身体を小さく縮める動きですが、ぎこちなく不安な気持ちになり、実際にそう見えてしまいます[3]（この指摘を提供してくれたのは、よき友人でボディランゲージの専門家、ジョン・ネフィンジャーとマット・コフートの二人です）。

・物理的なスペースを広くとるのに加えて、時間的なスペース（余裕）もとること。これは話をする場面ならほぼどんな状況にもあてはまります（クイズ番組の回答者になるときだけは、非常に速いテンポで話さなくてはいけないので別かもしれません）。たとえば、プレゼンをする、企画を売り込む、面接を受ける、難しい話を切り出す、主治医と話し合う、職場で大事なフィードバックに答えるなど。自信がなく落ち着きを失っていると、人は早口になります。時間をとりすぎているような気になって気後《きおく》れし、早くその場から逃げ出したい気持ちの表れです。

・間合いを取ること！　沈黙を恐れると、間合いが持つ力を生かせません。

・喉の筋肉をゆるめるようにして、普段と同じ声の高さを保ちます。

・失敗したら（誰でも必ずします）、内向きに小さくならないこと。身体が閉じてきたと感じたら対抗手段をとりましょう。肩を引いて身体を開き、パワーを取り込みます。

■■■ いつも姿勢を意識する

知らないうちに身体を縮めた自信のない姿勢をとってしまっていることは多いものです。これを避けるにはどうしたらよいでしょうか？

・身体が縮こまってきた、うなだれてきた、小さく消え入りそうな姿勢になってきたというときは、いま何が起きているのか見つめてみましょう。どんな状況、どんな刺激があって身体がそう反応しているのでしょうか？　何が引き金になって自分にパワーがないと感じているのでしょう？　これをわかっておくだけでも、次に同じような状況に置かれたとき、対処するのが楽になるはずです。

・姿勢を確認する習慣をつくる。

―スマートフォンを味方につける。たとえば一時間に一回、姿勢を確認するようリマインダーをセットするなど（ただし、スマートフォンを手にうつむいて背を丸めないこと）。

―家やオフィスの中、ドア、コンピュータの画面のまわりなどに付箋《ふせん》を貼っておく。

―信頼している友人や家族、同僚に協力してもらい、姿勢が悪くなっていたら教えてもらうように頼む（相手にもそうしてほしいか聞いてみる）。

・よい姿勢を促すように空間の使いかたを工夫する。

―たとえば、一緒に研究をしているニコ・ソーンリーはパソコンのマウスを身体から離れたところに置いて、使うたびに腕を伸ばすようにしているそうです。

―見ると楽しい気持ちになる写真を壁などの見上げる位置に貼り、背筋を伸ばして目線を上げる機会をつくる。

・手足を縮めて丸くなった体勢で眠ることが多い人は、眠りにつく前に一度身体を伸ばしましょう。朝、目が覚めたときに身体が丸まっていたら、ベッドから出る前に身体を伸ばします。

・パワーポーズを毎日の習慣とセットにする。たとえば私のアシスタントをしてくれているアナは、歯を磨くときにもう片方の手を腰にあてているとか。

・電話をしている時間が長い仕事なら、ヘッドセットを使う。受話器を耳と肩の間にはさんだ姿勢より、そのほうが話しながら（あるいは聞きながら）腕を伸ばす自由がききます。

・パソコンに向き合う仕事などの場合、座って仕事をするよりも立ってするほうが、心理面をはじめ健康面での利点が多いことが明らかになってきています。もしできる環境にあるなら取り入れてみましょう。[4]

・一日に数回、机から離れてひと息つく時間を作る。たとえば歩きながら会議をする「ウォーキング会議」はおすすめです。気分が晴れるのに加えて、コミュニケーションが活性化する、仕事に積極的にかかわれる、クリエイティブな発想で問題解決にあたれるといった効果があります。[5]

・ウェアラブル端末の中には姿勢をチェックする機能がついているものがあります。予算にもよりますが、取り入れるのも一つの手です。この分野の技術はまさに日進月歩なのでどれがおすすめとは言えませんが、選択肢はたくさんあります。

・空調の効いたオフィスでいつも寒い思いをしている人は少なくないですよね。ひざ掛け、ブランケット、ストール、巨大カーディガンなどにくるまって身体が縮こまっていないでしょうか。世話焼きのお母さんみたいで恐縮ですが、それよりも賢く重ね着をするほうが姿勢にはいいはずです！

・ほかの人と一緒に身体をのびのび動かす場に参加しましょう。スポーツジム、ランニング、ヨガ教室、ダンスなどいろいろあります。身体を伸ばせる機会を活用していきましょう！

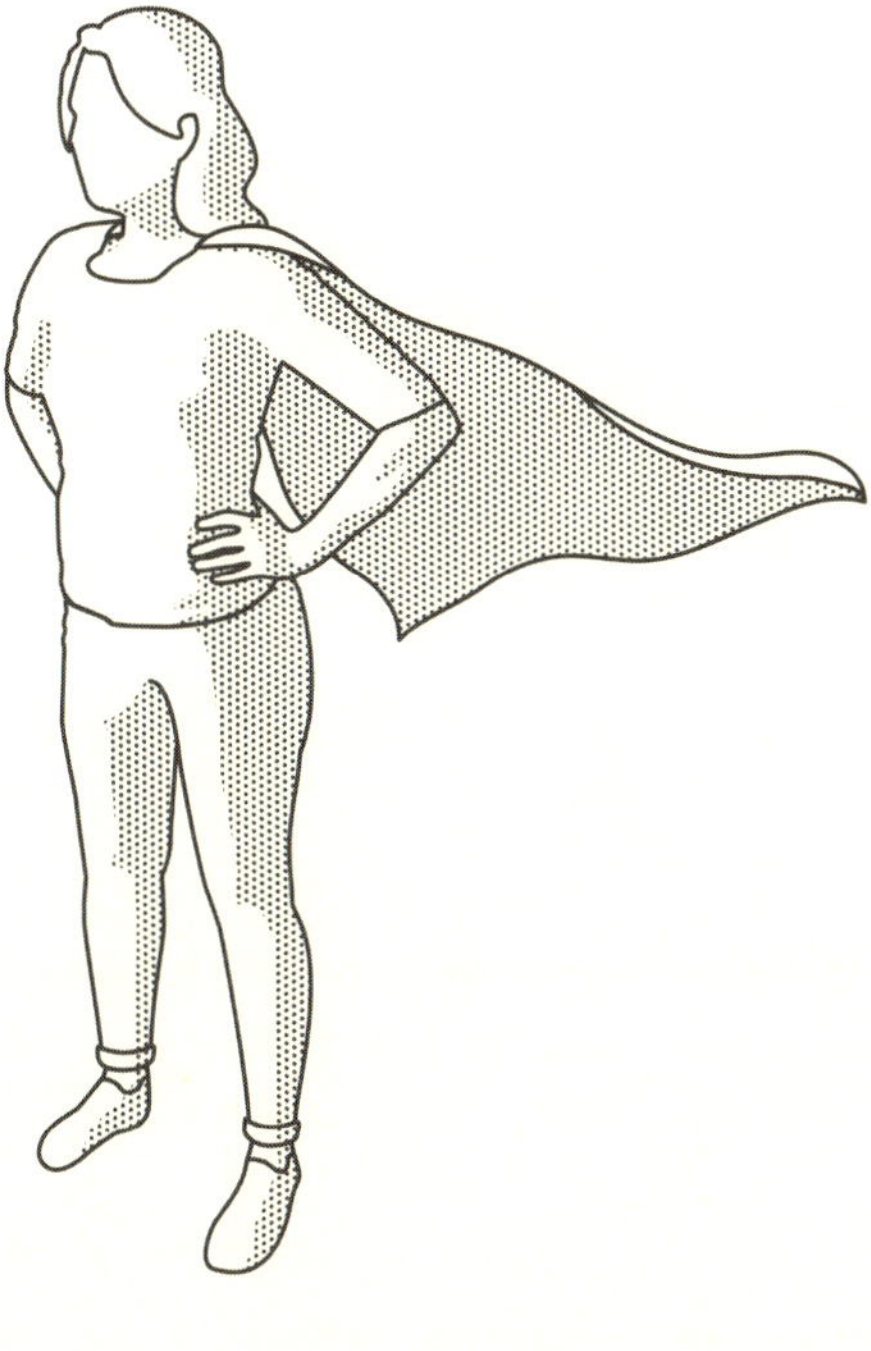

presence 第10章

セルフナッジ——小さな変化を大きな違いに

どんなに重い荷物でも、夕暮れまでなら誰でも運ぶことができる。どんなにつらい仕事でも、一日だけなら誰にでもできる。日が沈むまでなら、誰でも気分よく、辛抱づよく、愛に満ちて、清く生きることができる。そしてこれこそが人生の真の姿なのだ。

——ロバート・ルイス・スティーブンソン

私は以前、ある種のプレッシャーを感じるとパニックにおちいることがありました。たとえば学術雑誌に論文を投稿して、批判的な評価が返ってきたり掲載を拒否されたりすると、末期の「何とかして(何でもして)論文をよくしなくてはモード」に入ってしまうのです。そうしたフィードバックを受けると間髪《かんはつ》容れずに取りかかり、編集者と査読《さどく》者からのコメントを一字一句、気分が悪くなるくらい細かく分析し、頭を抱えて悩み、一つひとつに対して「完璧な」改訂を加え、すみずみまで抜かりなくよくできた返答レターを用意して、全部まとめて編集者へ送り返す——という作業を即座にやるのです。すべては不安と恐怖に突き動かされての行動です。

こういうとき、理性の人、友人のホリーはいつも私に言いました。「別に今日やらなくたっていいんだよ」そう、ほとんどの場合、そのとおりです。その日にどうしてもやらなくてもいいのです。少なくともその日は寝て、あとでゆっくり考えればいいのです（そのほうがよい決定ができる場合が多いことを複数の心理学者が示していますし、私の研究でも取り上げています）[1]。

それから時が流れ、私は二つのことに気づきました。一つは、ペースを落とすことはパワーにつながるということです。ゆっくり話す、間合いをとる、空間を自分のものにするという行為がパワーにつながるように、プレッシャーにさらされたときも時間をとってどう対処するかを見極め、意思決定のプロセスを焦らないことがパワーになります（作家のアン・ラモットは著書でこう書いています。「完璧主義は圧政者の声であり、人々の敵です。完璧主義は人を生涯にわたって窮屈《きゅうくつ》なところへ押し込め、狂気へ押しやってしまいます」[2]）。立ち止まってゆっくり考えるのも「広げる」手段の一つです。ホリーは「時間をかけなさい」と私に伝えてくれていたのです。その「時間」はまぎれもなく私のものなのですから、私に使う資格があるのです。

パニックになり焦って対応していた私の行動は、身体を縮めて物理的に小さくなるのと同じように、自信やパワーのなさの表れです。それは決していい結果にはつながりません。ストレスがのしかかって、すでに一〇〇パーセントの力を発揮できる状態ではなく、おそらくよい結果にならないとわかっていながら焦って動く必要がどこにあるのでしょう？　それは果敢でも何でもなく、ただ反応しているだけです。

走っている列車は外から止める力が加わらない限り走り続ける、とニュートンの慣性《かんせい》の法則は言っています。ペースを落として落ち着くため、心のなかで暴走する列車を止めるため、私には力が必要でした。ペースを落とすためには、そうしていいんだと自分で思えるようになる必要がありました。こうしてプレッシャーにさらされたとき、自分は無力だと感じているせいで、意思決定のプロセスを暴走させ、本来持っているスペースよりもずっと狭いところに自分を押し込めていたのです。これでは誰だってうまくいくはずがありません。自分は力がないのだという気持ちを受け入れて流されてしまうのをやめ、自分のなかにあるパワーを引き出すべきだったのですが、それが難しかったのです。

もう一つ気づいたのは、ちょっと矛盾するようですが、何もしないことによってできることがある、という発見でした。脅威を感じる気持ちが和らいだのです。何もしないことで、暴走する列車を止める力が自分のなかにあるのだと気づきました。解放され、認知機能をフルにはたらかせて、現状に目を向け、対処できるようになったのです。ワーキングメモリが向上し、頭も明晰になり、物事を多元的にとらえられるようになりました。何もしないことでできることがあっただけでなく、私がそれまでしていたようなことをするよりは、何もしないほうがずっとよかったわけです。

不安にかられ、目の前にある問題や脅威をとにかく片づけてしまいたい、と焦っていたとき、自分の行動に満足できたことはありませんでした。そして決して望んだような結果にもつながりませんでした。第1章でお話ししたとおり、プレゼンスとは何かに勝つことではありません。何か特定の結果を手に入れたいという気持ちに動かされて達成できるものとは違います。もちろん、本来の自分で臨めれば最終的によい結果がついてくる場合は多いでしょう。でもプレゼンスの本質は、難しい挑戦にも恐れずに立ち向かい、不安に足がすくむことなくその場に臨み、悔いなく終われることです。

それは、いますぐ変わろう、変えようとして瞬間的に到達できるものではありません。ゆっくり、徐々に、行きたい方向へ少しずつ自分を誘導していくのです。私も、すべてがかかっているかのような大きなプレッシャーを感じるたび、落ち着いてひと呼吸おこう、結果にこだわりすぎるのはやめよう、と言い聞かせ、少しずつ自分を変えていこうとしました。変わろうと決めただけですぐに変われたわけではありません。けれど、その都度少しずつ自分を前へと誘導していくたびに、次にパニックにおちいりそうになったときによりどころにできる記憶が一つずつ増えていきました。「この前できたんだから、今回もやってみようか」と思えるようになったのです。ペースを落とすことで、自分の中に力がわいてきました。そして、不安に突き動かされてではなく落ち着いて、理性的に応じられるようになった結果、周りの反応が自分の力になり、行動が変わっていったのです。

私が頭に負った深い傷から「立ち直った」のも、これと同じでした。本当に少しずつ、一歩ずつ、もどかしいほどゆっくりとした歩みでした。[3] どうやって立ち直ったの、と聞かれることがありますが、これ以外に答えはありません。少しずつ自分を促して、変えていったのです。長い長い間、ぬかるみの中にいるような日々の中で、ゆっくりと自分を導いていきました。少しでも前に進めると、それが新たなインスピレーションと知識の源になってくれ、もう少しやってみようと思えました。耳に入ってくる内容を理解しようと苦心しながら、パニックにならずに授業を終えられると、小さな勝利を一つ手に入れました。だんだんできるようになるにつれ、私が本当にできる人、強い人であるかのように周囲が接してくれるようになりました。自分ではまだそう思えなかったけれど——。

自分がハーバードの教授になるなど、本当にまったく考えもしませんでした。一九九二年の私は、今週もなんとか希望を失わずに乗り切ればいい、単位を落とすのではと心配せずに最後まで授業を乗り切りたい、ただそれだけを考えていました（実際は何度か単位を落としました。脳がまだ授業に戻れるほど回復していなかったのです）。具体的な目標などありませんでした。もう少しだけ本当の自分を取り戻したい、もう少しだけ頭のきれを取り戻したい、ガラスの壁を通して見ている感じでなく、目の前のことに主体的にかかわれていると感じたい、そう思っていました。自分の中に変化が起きていたときも、それをきちんと認識していたとはいえません。

こうして変化は起きるのです。困難を乗り越えなくてはいけないとき、私たちは少しずつ自分を誘導《ナッジ》します。少しだけ勇気を持てるように、もう少しだけ一歩踏み出して行動できるように、自分を促すのです。自分を取り囲んでいる不安や恐れ、無力感という気持ちの壁から一歩踏み出せるように。本来の自分にもう少しだけ近づけるように。やがて徐々に、時間が経つうちに、目指していたところへたどり着けるのです。たとえ、はじめは何を目指しているのかすらわからなかったとしても。

ナッジ

二〇〇五年ごろ、それまでの数々の研究結果にもとづいて、経済学者と心理学者のグループがある理論を掘り下げる動きが起こりました。「人々の行動をよい方向へ変えるのに一番効果的なのは、態度や選好を大きく転換するよう求めることでなく、ほとんど気づかないくらいにささかなやりかたで健全な方向へ誘導することではないか」という考えかたです。このアプローチにもとづく手法は劇的でも大胆でもありませんし、引き出される結果も最初は小さなものです。ですが、時間が経つにつれて変化は広がり、大きくなります。変化が変化を呼んで大きなうねりになり、やがて人々の行動だけでなく態度や社会的な規範までをも変えていきます。社会規範が変われば、コミュニティを越えて起きた人々の行動の変化はさらに広がり、定着します。新しい

「現状」になるのです。

二〇〇八年、シカゴ大学の経済学者、リチャード・セイラーとハーバード・ロー・スクール教授のキャス・サンスティーンが共同で執筆した『実践　行動経済学――健康、富、幸福への聡明な選択（原題：*Nudge*）』がベストセラーになったのをきっかけに、人間の行動様式に対する従来の見かたを見直そうという動きが世界の政策決定者の間で広がりました。二〇一〇年には英国のデイヴィッド・キャメロン首相のもと「行動洞察チーム」通称「ナッジ・ユニット」が設立され、行動経済学のアプローチを社会福祉サービスの分野で試験的に適用する試みが始まりました。目指したのは、公共サービスの情報提供のしかたを改善して実際の利用を増やすこと、より効果的な政策を考案することです。たとえば、ナッジ・ユニットが試行した事例として、市民の多くが期限内に税金を納めていますよと伝えるメッセージを発信しただけで、期限内に税金を支払う人が大幅に増え、税収が二億一〇〇〇万ポンド増えた例があります。それほど費用のかからない介入法としては、なかなかの成果です。[4] 二〇一三年には米国でも、政府主導で行動科学の研究者を集めたチーム「ナッジ・スクワッド」が結成され、不健康な食生活の改善や学校中退者を減らすなど、社会問題への導入を始めています。

ナッジが効果を上げた実例を一つ見てみましょう。従来、家庭で消費するエネルギーを減らそうと呼びかける場合、家に断熱を施す、省エネ型の家電に買い替えるなど、大きな変化をともなう提案が中心でした。こうしたアプローチの何が問題かというと、実際に行動に移すには規模が大きすぎる点です。応じられるのはわずかな人に限られますし、そういう人たちは志向も環境も推奨《すいしょう》されている行動にすでにかなり沿っている場合が多いのです。たとえば、賃貸でなく持ち家に住んでいて、環境問題に関心があると自認している人が、キッチンのリノベーションを考えているとします。お金があれば、これを機に新しい省エネ型の食器洗浄機を購入するかもしれません。こうした設備を導入すれば、それが可能な少数の人はかなりの省エネルギーにつなげられるでしょう。けれども大多数の人は、電力会社の領収証の裏に「省エネのヒント」として書かれていたからといって、では大金を出して買い替えよう、とはならないわけです。このように大きな負担を要するやりかたは、もともと省エネに関心があったわけではない人の態度を変えるには有効ではないのです。

二〇〇六年、二人の若者がまったく新しいアプローチを試みました。二人は省エネルギーの推進を目指し、オーパワー社を立ち上げます。従来のようにお金のかかる大きな変化を直接求めるのではなく、二人は時間をかけた小さな変化を人々に促す方法をとりました。各家庭の電力使用量のお知らせに、近所の人と比較するとあなたの家の使用量はこれくらいですよ、と表情入りのアイコンを入れたのです。笑顔のマークがつけば、周辺の家庭とくらべて省エネを実践できているることになります。この一見小さな工夫で、導入した家庭の七五パーセントで一・五パーセントから三・五パーセントの省エネにつながったそうです。対象になったのは一都市や二都市ではなく、さまざまな人口規模や人口構成の全米の地域におよびます。柔軟性に欠けるこれまでの手法ではごくわずかな家庭でしか実際の変化につながらなかったのですから、明らかな違いです。[5]

早くからナッジに注目している研究者、たとえば心理学者のダニエル・カーネマンは、ナッジを「中程度のゲイン」が得られる「ナノサイズの投資」と表現しています。[6] かかるコストは低く、必要なメカニズムは行動経済学者が「選択アーキテクチャー」と呼んでいる、「望ましい意思決定のために考えられたしくみ」です。[7]

ナッジが効果的な理由はいくつかあります。まず、ナッジはあくまで小さく、心理的、物理的なコミットメントが最小限ですむこと。オーパワー社のケースでは、自身をとくに環境保護に熱心ではないと考えている人でも、近所の人がやっていると知ると、消費電力を少し減らそうと進んで取り組んだといいます。

二つ目は、ナッジは心理的な近道、つまり手っ取り早い方法で機能すること。これまでたびたびふれたとおり、私たちの認知資源には限りがあるため、意思決定のたびに与えられた情報のすべてに注意を払うことは不可能です。手っ取り早い方法の一つが、ほかの人の行動に倣《なら》って、恥をかいたり気まずい思いをしたりしなくてすみそうな選択をすることです。オーパワー社の例の場合、人々の行動を促したのは、規範的な影響（社会的に何が適切かにもとづいて行動を決める）でした。これと対照をなすのが、情報による影響（客観的な現実を評価し、それにもとづいて行動を決める）です。人間の行動は後者よりも前者に左右される場合が多いのです。私たちはよく、ほかの人がどうしているかを見て、どう行動するのがふさわしいか推測します。観察する相手と自分を結びつけて考えている場合にはとくに顕著です。他者が自分と似ているほど、影響を受けやすくなります。これを知るとそうだろうかと感じる人が多いのですが、私たちは一人ひとりが違う存在なのだと思いながらも、まわりに溶け込みたいという気持ちを強く持っています。といっても友人がそろって崖から飛び降りるのを見れば自分もそうする、ということではありません。ある行動がとくに大きな犠牲を払うものでなければ、どう行動するのが「正しい」か、あるいは「最適」なのかを時間と認知資源を費やして考えるよりも、周囲に合わせておけばいいと考える、という意味です。

そして三つ目が、一般的に考えられているように「態度から行動が生じる」（ある製品について好ましく思っているからその製品を買う）のではなく、態度と行動の因果関係はじつは逆で、

「行動から態度が生じる」らしい、ということです（ある製品を好ましく思うのはすでにその製品を買って持っているからであり、さらにはそれを買ったのは友人が使っていたから、バーゲンになっていたから、店の棚で一番手に取りやすいところにあったから、などの理由である）。

私たちがいかに他者の影響を受けやすいかに注目した研究はたくさんあります。でも、「自分で自分に影響を与える」ことについてはどうでしょう？

二〇一三年、私はこの三つの原則——「最小限の心理的、物理的コミットメント」「心理的な近道を使う」「行動から態度が生じる」——が、自発的に自分を変える行動に結びつけられるのではないかと考えました。企業や政府が多くの人の行動を誘導できるように、私たち個人も、自分の行動を健全で生産的な習慣へ誘導できるはずです。[8]

ごく小さなナッジを通じて少しずつ変化を起こせれば、仕事上の成功もそうですが、自信や安心感、自己効力感の向上、いい人間関係、健康、幸福感などにつながるのではないか、という発想でした。たいていの人はナッジが変化を起こせるなどと期待していませんから、実際に効果が現れたり変化が起きたりすると驚きます。「へえ、本当に効果があるんだ！」と思うのです。

私はこれを「セルフナッジ」と呼ぶことにしました。セルフナッジとは、自分のボディランゲージや心の持ちかたをほんの少し変えて、目の前の心の状態や行動をよい方向へ少しだけ変えることです。わずかな変化ですが、やがて大きな違いにつながります。もっと大胆で体系化された変化や、長期的な人生の目標、実際はそう思えていないのに形の上だけ取り入れる自己肯定などと違い、セルフナッジは私たちが自然に持っている特性にはたらきかけます。セルフナッジする場合、現実と目標の差は小さくてすみます。行動する前から気が重くなるようなゴールではないので、途中でやめてしまう可能性も低くなります。その結果起きる行動の変化は本物で、持続性があり、その後も拡大されていくのです。

ゆるやかな変化、小さな一歩

「自分を変える」というテーマについて、非常に大きな意味のある心理学的研究をしているのがキャロル・ドゥエックと共同研究者のチームです。ドゥエックらは、膨大な人数の生徒を対象に数々の実験を重ねた結果、学校でいきいきと伸びる子には「成長型マインドセット」、すなわち「自分は伸びる、できるようになる」という思考が備わっていることを見出しました。これは「停滞型マインドセット」、つまり「自分の能力はもう決まっていて変えられない」という思考と対照をなしています。子どもたち（と大人）が、結果ではなく取り組むプロセスに目を向けることで、驚くほど成果が出るようになるのです。TEDxのスピーチで、ドゥエックは次のような例を紹介しています。[9]

シカゴのある高校では、卒業に必要な授業がいくつか決められているなかで、単位を落としてしまうと「未合格」という判定がつくそうです。これはすばらしいことだと思います。というのは、「不合格」といわれれば「自分はだめだ」「希望がない」と思ってしまいます。でも「まだ合格していない」といわれれば、「自分はまだ学んでいる途中なんだ」と受けとめられます。未来への道が開かれていると感じられるのです。

米国の学校の多くが、意図せずして子どもたちに不幸な停滞型マインドセットを持たせる仕組みになっている、とドゥエックは指摘します。試験の点数、成績評価、能力を見せることが大事だと子どもたちを駆り立て、知能や才能をほめる傾向にあるからです。そうではなく、学校は成長型マインドセットを育てるように意識して、子どもたちの努力や取り組みかた、集中力、忍耐力、熱意、進歩をほめるべきだとドゥエックは提案します。「取り組んだプロセスをほめることで、強くてしなやかに伸びる子がつくられる」というのです。すると子どもたちは結果よりも過程を大事にし、難しい課題を前にしたときも、「自分ができないことを試される場」ではなく、「挑戦する機会」ととらえるようになります。

これは成績を上げるためだけではなく、ほかの場面にもあてはまります。テキサス大学オースティン校のデイヴィッド・スコット・イェーガーは、一〇代の若者にうつ症状が発症するのを防ぐ方法を探っていました。高校生活のはじめの時期によく起きる現象です。問題の背景の一つに、子どもたちが「性格は決まっていて変えられない」ととらえている点があるとイェーガーは考えました。誰もが自分をあまり好きになれなかったり、周囲から社会的に分類されたりランク付けされたりしているという思いを抱きがちな時期ですから、これでは自信を失ってしまいます。イェーガーは三つの高校から九年生六〇〇人を集め、実験を行ないました。実験群の生徒には「人の性格は決まっていて変えられないものではない」「いじめる側もいじめられる側も、その人の変えられない特性に原因があるわけではない」という内容の文章と、脳の可塑《かそ》性について述べた記事を読んでもらいます。その後、性格がどう変えられるかを自分の言葉で文章にします。九カ月後、このグループのうつの傾向を調べたところ、平均してとくに上昇はみられませんでした。しかし、性格ではなく運動能力の柔軟性について書かれた文章を読んだ統制群の生徒では、うつの傾向が三九パーセント増えていたのです。思春期のうつ発症率と一致する数値でした。[10]
ナッジの鍵は選択アーキテクチャーだともいえます。人々がよい選択をする環境を作ることです。セルフナッジとは自分でその環境を設計し、かつ自分が環境そのものになるということです。望ましい選択を促すような環境を作ることで、みずから健全な行動をとれるようになるのです。

■■■ 小さな変化を大きな違いにするため、自分をどうナッジするか

意識して身体の姿勢を変えることは、究極の小さな変化ともいえます。しかし、効果を長続きさせるにはどうすればいいのでしょう？　これはよく聞かれるのですが、ちょっと難しい質問です。というのは、実験室で参加者がすることもなくただ一人でいる状況では、パワーポーズをとっても効果はすぐに消えてしまうはずです。効果を持続させるには、ちゃんと定着させ、伸ばし、固めなくてはなりません。強化することが必要です。どうすればできるのか、見ていきましょう。

まず「**私たちの行動はさまざまな形で自身の行動を促し、強化していく**」点についてです。少し前にもふれましたが、私たちの態度は行動から引き出される場合が多いのです。「態度にもとづいて行動する」のとは反対です。これは「身体への表出が生じて感情が呼び起こされる」というウィリアム・ジェームズの説と似ています。

勇気をもって、あるいは力を発揮して一度何かを達成できたとします。次に同じような場面がやってきたときにそのときの経験を思い出すと、二回目、三回目は最初より楽にできるものです。主体的に行動できているという気持ちや自己効力感が強化されて、自分はできるはずだという感覚が高まります。不安にとらわれずに、目の前の状況に集中する力が生まれます。いい結果にな

った理由を外の要因に求める（たまたま運がよかったから、人が助けてくれたからなど）思考をやめ、自分のなかにある要因（粘り強く頑張ったから、知性があったから）を認められるようになります。

深呼吸する、笑顔をつくる、姿勢よく座る、パワーポーズをとるなど、非言語的な方法を取り入れて実践しているとき、私たちは「今、自分はちゃんとやれているのだろうか」という自己評価にとらわれて自分を見失ったりはしません。自己評価にとらわれて自分を見失った状態とは、第1章で紹介したマリア・ポポーワが「つねに計算し、評価を下し、渦巻く思考や予測、不安、判断、そして直接の経験から絶えず派生するメタ経験」と表現した状態です。そうではなく、目の前の今に向き合い、持っている力をできるかぎり発揮できます。やり終えたあとで、自分のパフォーマンスを健全に前向きに振り返り、呼吸や姿勢を変えたらうまくできたことに気づきます（もっとこうすればよかった、と繰り返しネガティブに思い返す振り返りとは違います）。パワーポーズの習慣が自分のなかの基準値を少しずつ変えていくかもしれません。それはやがて、行動を大きく変えることにつながります。最初の変化を足掛かりに、それを強化するように、さらに新たな変化が連鎖して生まれるかもしれません。

パワーポーズをとると起きるホルモン変化などの生理的な変化は、それにともなう行動も同じように強化します。たとえば、不安になるとコルチゾールの分泌が増え、びくびくしながら行動することになり、次に同じような状況に向き合ったときにまた不安を感じてしまいます。反対にテストステロンが高いときはおそらくうまくいって、さらにテストステロンが増えます。

身体から心にはたらきかけるナッジなら、心を通じて心に介入する方法にどうしてもつきまとう、大きな心理的な「無理」がありません。たとえば「私は自信がある！」と言い聞かせるような、言葉で自己肯定する方法は後者の例です。こうしたアプローチがうまくいかない場合が多いのはなぜでしょう？　それは、少なくとも現時点ではそう思えていないことを自分に言い聞かせる方法だからです。自分に自信が持てなくて悩んでいるときに、「自分に自信を持てないのは間違っている」「自分に自信を持っていいんだ」と言い聞かせても、そんな自分の声を簡単に信じられないのは当然です（「自分に自信を持っていい」のが事実だとしても）。一般的に「自己肯定」とは、自分で自分に判断を下す「自己判断」の形をとります。すでにストレスで心がすり減っていて、社会的な判断に非常に敏感になっているときは、自分への不信を強める結果になるでしょう。一方、パワーポーズのように身体から心にはたらきかけるやりかたは、身体を利用するアプローチです。身体はもっと根源的かつダイレクトに心につながり、自分には自信があるのだと伝えてくれます。そうして心理的に無理だという障壁を回避できるのです。

　セルフナッジが長期的に効果を現すもう一つの形が、**「自分の行動をほかの人が強化してくれる」**点です。非言語による表現は、片方が伝えて相手は受け取るだけ、ではありません。一方が表現し発信すると相手から反応が返ってくる、双方向の対話です。このやりとりを通じて、お互いが相手に対して抱く印象、自分自身に対して抱く印象の双方が強化されます。目の前のやりとりだけでなく、この先似た状況になったときも、その影響は続くのです。

　有名な心理学の実験に次のようなものがあります。カリフォルニアのある小学校で子どもたちにテストを受けさせ、その結果をもとに選んだ「今年成績が大きく伸びそうな生徒」数名の名前を学年のはじめに先生に伝える、という設定です。[11] ただし先生は知らされていませんが、テスト結果をもとに選んだというのはじつはうそです。全員のなかから無作為に選んだ生徒を「成績が大きく伸びそう」と伝えただけで、ほかの生徒ととくに違っていたわけではありません。伸びるとされた生徒のグループと、そうでないグループを追跡して比較する実験です（おことわりしておくと、この実験が行なわれたのは一九六〇年代で、当時の基準は満たしていましたが、人を対象とする実験の現在の倫理規定は満たさないと考えられます。ですからお子さんがこのような実験の実験台になることはありませんのでご安心を）。

さて、結果はどうなったでしょうか？ もし自分の子がこの先急激に成績が伸びると言われたら、あなたは接しかたを変えるでしょうか？ 部下だったらどうでしょう？ 友人だったら？

実験の先生たちは、成績が伸びるとされた生徒に対して、成績が伸びるのを後押しするように接しました。授業中によくあてて発言させる、励ますように前向きに声をかける、学ぶ機会をどんどん与えるなどです。その結果、学年のはじめには差がなかったにもかかわらず、学年が終わる時点では、成績が伸びるとされた生徒たちはそうでない生徒を試験の成績で上回る結果になりました。そう、「予言が自己成就する」というのはこういうことなのです。私たちは相手がどんな人なのか、どんな行動をとるかを予測したうえで、予測した行動を引き出すようなやりかたで相手に接します。そして最初の予測は正しかったと納得する、というわけです。

一九七四年、プリンストン大学の心理学者が発表した有名な論文に、ボディランゲージが持つ自己成就の力を検証した実験があります[12]。研究者が知りたかったのは、大学入試の面接で白人の面接官が黒人学生を面接する際、無意識のうちに冷たくよそよそしい、相手の自信をくじくような物理的な姿勢（相手の学生にまっすぐ身体を向けない、腕を組む、相槌《あいづち》を打たないなど）をとっていないか、そしてもしとっているとすれば、そうした態度が面接での学生のパフォーマンスにどう影響するか、でした。最初の実験で、白人の面接官は無作為に割り当てられた黒人学生もしくは白人学生の面接を行ないました。すると確かに、白人面接官は黒人学生を面接する際に冷たくよそよそしいボディランゲージを使い、黒人学生は白人学生にくらべて面接の内容を低く評価される傾向がみられました。次の実験では、訓練を受けた白人の就職面接官を二つのグループに分け、一方は冷たくよそよそしいボディランゲージ、もう一方は温かく相手に関心を示すボディランゲージをとるよう指示し、無作為で黒人学生もしくは白人学生を面接してもらいました。その結果、面接官が温かみと関心を示す態度をとった場合、黒人学生と白人学生のパフォーマンスに差はみられませんでした。面接官が冷たく関心を示さない態度をとった場合は、黒人、白人学生ともに、いい内容の受け答えができませんでした。

さらに、どちらの場合も、面接を受ける側のボディランゲージには面接官のボディランゲージとの一致がみられました。面接を受ける側が無意識のうちに面接官のしぐさをまねていたのです。これは実社会のコミュニケーションで私たちもよくやっています。つまり、私たちのボディランゲージはしばしば先入観に基づいていますが、それが一緒にいる相手のボディランゲージにも影響しているのです。「この相手はたいした力は見せないだろう」と思っていれば、相手をはねつけてやる気をくじくようなボディランゲージをします。すると相手もそれを感じ取り、そのとおりになる——たいした力を見せられずに終わるのです。こんな状況で完璧に面接をこなせる人などいるでしょうか?

自信のある、開放的なボディランゲージをとると、周囲もそれに合わせて反応します。そうやって、相手がこちらをどう見ているかに加え、自分が自分をどう見ているかも無意識のうちに強化されるのです。

「自分を変える方法」がことごとく失敗に終わる（さらには逆効果にもなる）のはなぜか

なぜセルフナッジがいいのでしょう？　行動を変えるぞと決意して取り組むのではだめなのでしょうか？　前に紹介したように、以前はエネルギー消費を減らそうとして、家に断熱をほどこすような大掛かりな変化を人々に促そうとしていました。同じように私たちも自分を大きく変えようとします。どちらの場合も、この作戦は力不足です。こうした傾向を引き起こす元凶の一つが、少なくとも米国では、何度となく挫折を繰り返す「新年の抱負《ほうふ》」でしょう。ここにはうまくいくのを阻む心理的な罠がたくさんあるのです。

まず、新年の抱負は壮大すぎます。成績でオールAを取る、週三回運動するなど、大きな目標を立てるのは理論上は前向きな一歩ですが、こうした目標は、実際に達成に向けて進んでいける構造になっていません。達成に至るまでには小さな変化を数えきれないほど実現しなくてはならないですし、そこに至るまでの一歩ずつをどう進んでいけばいいかの手順はありません。

壮大な抱負を掲げると、目標とする結果までが遠すぎて、手が届きません。身近に感じられなかったり具体的にイメージできなかったりして、生活のなかで実際に実現させるのが難しいのです。目標までの道のりが遠いということは、その間に失敗する機会がたくさん転がっているということです。すると途中で投げ出す機会も多くなります。「どうせすでにできていないんだし、やってもむだだ」と心のなかで言い訳《わけ》をするようになります。突然「週三日ジムに通うぞ」と決意しても、おそらくほとんどの週で守れず、そうなると自己効力感は下がり、自信も気分もやり抜く意志も停滞してしまいます。

キャロル・ドゥエックの取り組みが示すように、プロセスに目を向ければ私たちは挑戦を続け、途中で投げ出さず、難しい課題を「失敗するかもしれない脅威」と感じるのでなく「成長する機会」だととらえられます。新年の抱負は基本的に結果重視です。励みとして私たちを動かすものというより、迫ってくる脅威のようになっている場合が多いのです。対してナッジは「何を達成するか」より「どうやって達成するか」を大事にするしくみのため、結果につながるのです。

壮大な決意はマイナス面に意識を向けがちになる、という側面もあります。伸ばしたい強みのようなプラス面でなく、欠点や弱みなど、自分のなかの「変えたい点」に目が行くのです。自分のなかの好きになれない点について毎日考えるのは楽しくないですし、やる気がくじかれてしまいます。それよりも、自分のプラス面をもっと伸ばせると考えるほうがわくわくしますし、やるぞという気になれます。

そして、新年の抱負のような決意は、内発的な動機、すなわちその人が自分で自発的に何かをしようと思う気持ちを弱め、外発的な動機づけに変えてしまう場合があります。そうなるとうまくいかないことは長年の研究で明らかにされています。外発的な動機づけ、たとえば「金銭的な報酬がもらえるから」「罰を受けたくないから」などは、つねに存在するわけではないからです。本当に好きなことで目標を持って何かを達成しようとしている場合、外発的な動機づけがあると内発的な動機をつぶしてしまうことがあるのです。[13]

私自身の例をお話しすると、私は以前から運動の一環としてランニングを始めたいと思っていました。走るという行為は美しく優雅です。優美な一定の動きを繰り返す、最小限の装備でいい、ジムに行く必要がない、屋外のどこでもできる——そんなところに惹かれていました。以前は毎年のように、新年を迎えるたびに「今年こそ走る人になる」と決意していました。私がイメージしていた「走る人」とは、自分を律していて、速く走れて、マラソンを完走できる人です。とはいえ、初心者がゼロから始めてこのイメージどおりになるまでにはしばらくかかります。私はそれが受け入れられなかったのでした。とにかく結果を求めて——自分の定義する「走る人」になるというゴールだけを見て——いた私は、そこへ至るまでには長いプロセスがあるという現実を無視していたのです。走りに行くと、短い距離をゆっくり走るだけでもつらいものでした。走るたびに今日もだめだった、と感じていました。プロセスを楽しめていなかったのです。今度こそ走るのを習慣にするぞと決意するたび、すぐに走ることが嫌になっていきました。それが何よりも問題でした。内発的な動機があってもすぐに消えてしまいます。外からやる気を引き出す要因がほとんどなかったからです。手の届かない外発的な目標ばかりを目指していた私は、自分のなかの内発的な動機を見つけて伸ばすチャンスに気づかずにいました。そして、一月が終わるころには走るのをやめてしまっていました。

やがて、違うアプローチをとってみました。まず一回だけ走りに行こう、と決めるのです。それで楽しければ、もう一回走ろう。スピードも距離も、自分が気分よく走れる範囲で走ることにしました。わき腹が痛くなったらやめ、もっと本格的に走っている友人についていこうとするのもやめました。長い時間がかかる、大きすぎる目標を追いかけるのを一切やめたのです。そして走るという行為を、自分が楽しみにできるような前向きな体験にする方法を見つけました。走ることを自分の好きなことに結びつけて、自発的な動機ができたのです。それは旅行でした。私は旅をするのが好きですが、仕事で行くとなるとたいていあわただしく、訪れている場所を見て回り、その土地を知る時間がとれません。ですが、短い時間でも走りに行けば、少しでも自分の足でその土地を見て、感じることができます。自然の中に作られたトレイルを走るのが好きなことにも気づきました。こういうときは速く走らず、自然の中で過ごす時間を楽しんでいますから、昔思い描いていた「走る人」とはだいぶ違います。そのとき自分にできなかったこと（本格的なランナーのように、速く美しく走る）を追いかけるのをやめて、できること（仕事で知らない土地へ行く機会を楽しむ、自然を感じる）に目を向けたのです。かつて新年の抱負を掲げて意気込んでいたときとはまったく違う着地点です。マラソンを完走したかというと、もちろんしていません。マラソンに出ることはおそらくなさそうですが、それでいいと思っています。今も走ることは続けていて、そこに意味があるのですから。

セルフナッジ

身体から心にはたらきかける方法は自分を誘導するのに効果的ですが、セルフナッジの方法はほかにもあります。小さな変化をきっかけに、心をすこやかにし、行動を変え、決めたことを思いどおりにやり抜けるようにするさまざまな方法を世界中の研究者が突き止めています。

二〇一四年、私は同僚のアリソン・ウッド・ブルックスと共同で、「セルフナッジ――内面の変容が認知、感情、行動をどう変えるか」と題したシンポジウムを性格・社会心理学会の年次集会で開きました[14]。

同じハーバード・ビジネス・スクールで教えるブルックスがとくに関心を寄せているのは、人が本番で実力を発揮できなくなる心理的なハードルについてです。これは彼女自身が歌い手としての顔も持っていて、数えきれないほど人前で歌ってきた経験とも関連しています。彼女はステージに立っても落ち着いていられるそうですが、それは恵まれた資質というだけでなく、そうした落ち着きがリーダーシップをうまく発揮できることにもつながるといいます。一方、大事な場面に落ち着いて臨めず苦労している人が多いのが現実です。そこで、本番であがらないようにするために誰でも簡単にできる方法がないかを研究することにしたのです。[15]

　ここで先におことわりしておきましょう。彼女が導き出した結果は、多彩なパロディが世界中に出回ったフレーズ、「平静を保て《キープ・カーム》」シリーズが好きな人はちょっと驚く内容になりました。

　私たちの多くが知っているとおり、本番であがるステージフライトに襲われると、不安の過剰摂取で何もできなくなってしまったような感覚におちいります。そうして不安におちいっているとき、周囲の人は何と声をかけるでしょう？　「落ち着いて」と善意で言いますよね。ところがじつはこれはまずいアドバイスかもしれない、というのです。不安というのは心理学的にいうと高覚醒状態の感情です。前にもふれましたが、私たちは不安を感じると心理的に警戒した状態をとります。高度な警戒態勢に入るわけです。心臓がドキドキし、汗をかき、コルチゾールのレベルが上がります。このような反応はすべて、神経系が自動的にコントロールしています。こうした自動的に起こる覚醒状態を制御したり急に緩和したりするのは、ほとんどの人にとって不可能です。自分で自分を「落ち着かせる」のが無理なだけでなく、人から「落ち着いて」と言われることで、自分が「落ち着いていない」のを意識してしまいます。するとさらに不安が増してしまうのです。

　ところが同じ高覚醒状態の感情でも、不安のように負の感情ではないものがあります。ポジティブといっていい感情、「興奮」です。覚醒状態を抑えるのは無理でも、その解釈のしかたを変えることはできるはずだとブルックスは考えました。感情の覚醒レベルを低くしようとしてうまくいかないよりも、ネガティブな感情をポジティブな感情に変えてみればいいのでは？　不安を興奮に変えてみたらどうだろう？

　ブルックスはこの予測を検証すべく、被験者が緊張してあがりそうな設定を三つ用意しました。歌のコンテスト（曲目はジャーニーの「ドント・ストップ・ビリーヴィン」でした）、スピーチコンテスト、難解な数学の試験です。被験者にはそれぞれ自分の「本番」前に、（1）「落ち着こう」と自分に言う（2）「わくわくしてきた」と自分に言う（3）とくに何もしない、の三つのうちのどれかを無作為で割り当て、やってもらいます。

　その結果、「人前で歌う」「スピーチをする」「数学の試験を受ける」のいずれの状況でも、本番前に不安を興奮ととらえ直すようにした人は、それ以外の人よりいいパフォーマンスができたことがわかりました。ブルックスは、人はわくわくしていると「物事を機会ととらえるマインドセットが引き出されるため、これから起こり得るいいことをすべて頭に思い浮かべます。そして決断したり行動したりするときはそれが実現しそうな選択をするのです」[16]と説明しています。

　私と彼女のオフィスは廊下をはさんで二〇メートルも離れていないため、私たちはこの研究についてかなりあれこれと話をしてきました。そのなかでブルックスはこんなふうに話しています。「この現象を研究してまだ日が浅いけれど、不安になりそうな場面の前で『私はわくわくしてきた』と言ったり『わくわくする』ように努めたりするのは、限界収穫逓減《げんかいしゅうかくていげん》の法則にはあてはまらないだろうと思っています。つまり、やっていくうちに効果がうすれたりはしない、ということです。むしろやっていくうちにポジティブな効果が増していく。不安を興奮にとらえ直していくほど、楽しくなれるしうまくやれるようになるんです」そう、この手法がセルフナッジになる理由はここなのです。パフォーマンスの結果ばかりに目を向けるのでなく、いつでも目の前の今に集中することで、ゆっくり、少しずつ、より自信のある、力を発揮できる確かな自分へと、みずから導いていけるのです。

ブルックスはこうも言っています。「不安を興奮としてとらえ直すやりかたは、いろんな場面で役に立っています。人前で歌い演奏するとき、研究発表をするとき、ビジネス案をプレゼンするとき、学部生やMBAの学生や企業の幹部クラスを相手に講義をするとき、それからハーバードの同僚との日々のやりとりでも」心理学者が研究成果を自分の生活でも役立てているというときは、何かいいヒントがある証拠です。

自分が認識している感情の意味をとらえ直すだけで――不安を興奮に変えるようにもっていくだけで――、心の志向をシフトさせ、プレッシャーのなかで力を発揮するために必要な認知資源と生理的資源を十分に使うことができます。舞台へ上がるのが不安だった自分を、舞台で自分らしさを発揮できる自分に変えられるのです。

小さな変化を使って毎日をより満足のいくものにする方法には、ほかにどんなものがあるでしょうか？　カリフォルニア大学ロサンゼルス校の教授ハル・ハーシュフィールドは、驚くほどシンプルな方法のセルフナッジで、人が将来に備えて今どれだけ貯蓄すべきか、きちんと考えるようになることを発見しています。

これには背景情報が一つあります。二〇一四年にハーシュフィールドが一〇〇〇人を対象に「あなたの最大の敵は誰か」とたずねたところ、[17]半数が「自分自身」と答えたそうです。

私たちはどうやら、自分に対しては、他人に対して持っているほどの思いやりを持てないようです。将来に備えて貯蓄するという点で、これは大きな問題です。誰のためにお金を貯めるのか、その相手に感情移入できなければ、その人のためにこつこつ大金を貯めておこうなどと思えるでしょうか？　今の自分のために使ってしまえばいいじゃない、という声が聞こえてきそうです。
　将来に備えて、とりわけ老後のためにきちんと考えて貯蓄するためには、自分を好きになり、大事にできなくてはなりません。正確に言うと、未来の自分、すなわち退職後もたっぷりある資金の恩恵を受ける自分を好きになり、大事にするということです。未来の自分を気にかけ、それがどんな自分かを明確に思い描けなくてはなりません。大きな目標を掲げて団体などが資金を募る場合を例に挙げると、匿名ではない特定の個人の被害者、つまり災害や病気、犯罪被害などで困っている一個人を前面に出したほうが、一〇〇〇人の被害者のために寄付を募るより効果があります。一見、本当だろうか、と思いますよね。大勢の人を救うためなら寄付する額を増やそう、と思うはずではないのでしょうか？　確かにそうですが、何千人という人の状況を理解し、共感するのは簡単ではありません。でも、一人の人を理解し、共感することならできます。そしてその相手は明確であるほどいいのです。[18]
　ハーシュフィールドのチームでは、脳の活動を画像化して計測するニューロイメージングを用いて、被験者に一〇年後の自分を想像してもらう実験をしています。それによると、人が一〇年後の自分を想像しているときの脳の活動は、今の自分について考えているときの脳活動よりも、まったく別の人（実験で例に挙げたのはマット・デイモンとナタリー・ポートマン）について考えているときの脳活動に近かったことがわかっています。[19]
　ハーシュフィールドのチームはさらにこんな実験もしています。被験者に高齢になった自分をシミュレーションした写真を見せたうえで、貯蓄口座にお金を入れるとしたらいくら入れるかをたずねると、そうした写真を見なかったグループの二倍の額を入れると答えたというのです。将来の自分をイメージできると、その自分のために貯蓄しておこうという気持ちがぐっと高まるというわけです。[20]

将来の自分のイメージ写真を作って[21]（なんとインターネット上で作れるそうです）、将来のためにお金にかかわる大事な決定をするときに目につく場所に貼っておいたり、お金にまつわる決断をする前に未来の自分へ向けた手紙を書いたりするとよい、とハーシュフィールドは提案しています。今の自分と遠い未来の自分との距離を縮めること、将来の自分を具体的にイメージして身近に感じることがねらいです。

セルフナッジは着るものを変えるという表面的な変化でも可能です。どんな服装をしているかで私たちのものの見かた、感じかた、考えかた、行動のしかたは変わります。ノースウェスタン大学で、参加者に白衣を着てもらって行なった三つの実験があります。最初の実験では、参加者に白衣を着せたところ、集中力が持続する時間が長くなることがわかりました。次々に展開する慣れない状況で自分を発揮するためには大切な要素です。それだけではありません。興味深いことに、「これは医師が着る白衣です」と告げるとさらに集中力が続いたのです。一方「これは画家が着る白衣です」と告げた場合は、この効果がみられなかったそうです。[22]

感情のとらえかたを変える、将来の自分に親しむ、役割に合った服を着る——どれも、ゆっくり少しずつ「今」との向き合いかたを変えることで未来を変えられる方法ですが、わずかな例にすぎません。現在、ほかにもセルフナッジの方法を探ることに心理学者の関心が向いてきています。この分野の研究はまだ始まったばかりです。

うつを抱え、仕事にも全力で取り組めずにいたという女性、マリアからこんなメールをもらいました。

以前は「頭がいいこと」を自分の自信の大きなよりどころにしていました。臨床的うつ病を繰り返し発症して以来、新しい仕事につくたびに自分を詐欺師のように感じる気持ちが強くなっていました。

昨日、新しい職場へ出勤する四五分前、上司にあてて「やはり私にはこの仕事は引き受けられません」と伝えるメールの送信ボタンを押す五秒前までいきましたが、思い直してなんとかベッドから抜け出し、パワーポーズを作って雄叫《おたけ》びをあげ、シャワーを浴びて車を運転し、新しいオフィスの前まで行きました。

マリアが自分への自信が揺らぐような挑戦を前にしたとき、ひるむことは二度とない、というわけにはおそらくいかないかもしれません。けれど、彼女はこの先、新たな記憶、新たな自己認識、そして自己効力感や主体的に動いている感覚を手に入れていくはずです。もちろん、上司や同僚がそれを強化してもくれるでしょう。

大事なのは今日、この一時間、あるいは次の一瞬です。

サーフィンを覚えたイブ・フェアバンクスはこんなふうに表現していました。「うまくできるとうれしい、うれしいとまたうまくいく。自分にはできる力があるという気持ちが、挑戦を繰り返すうちにふくらんでいきました」

セルフナッジをしかけるたびに、うれしい気持ちがうれしい気持ちを呼び、パワーがパワーを呼び、プレゼンスがプレゼンスを呼ぶのです。

Presence 第11章

本物になるまでふりをし続ける

自分が思っていたよりも、私は大きな、よい人間だ。自分がこれほどすばらしいものを持っているとは気づかなかった。

――ウォルト・ホイットマン

これまで、本当にたくさんの人がそれぞれのストーリーを私のもとへ寄せてくれました。その一つひとつすべてをみなさんと共有したい気持ちです。寄せられた話の多くが、「あなたは私の人生を変えてくれました」という一文で始まります。でも、これは確実に言えますが、私が誰かの人生を変えたわけではありません。みなさん一人ひとりが、自分で自分の人生を変えたのです。私が紹介した小さなアイデアを心にとめ、私が思いもしなかったような方法で取り入れて、その可能性を広げたのです。この章では、そんなストーリーのいくつかをご紹介したいと思います。どれも、自分が大きな挑戦や困難を前にしたとき、あるいは挑戦や困難に立ち向かう誰かの背中を押すときに、身体が心を導くのだと知って、それを実践した人たちの話です。そうして自分や大切な誰かを、もっとも勇敢でもっとも自分らしい自分へ導いたのです。いってみれば、さまざまな形で本物になるまでふりをし続け、ついに本物になった人たちのストーリーとも言えます。

読者のみなさんが、ここに紹介する誰かに自分自身を見いだし、共感してもらえればというのが私の願いです。なぜかというと、私のTEDに非常に多くの人から反響があったのは、研究の内容そのものよりも、私自身が長い間「自分はここにいるべき人間ではない」と思いながら生きてきた、と告白したことが大きいと感じているからです。そのときは気づきませんでしたが、今はなぜそこに意味があるのかがわかります。「自分だけじゃないんだ」と思えたから、少なくともここに一人、そういう思いを抱えながら、それを（ほぼ）乗り越えた人がいるんだな、と多くの人が思えたからではないでしょうか。真実の話、真摯な告白は、それだけで力があります。

まず、ウィルの話から始めましょう。メールをくれたとき、ウィルはオレゴン大学に通いながら俳優としても活動している二一歳でした。

ある日、エージェントが電話をかけてきて、ウィルにぴったりの役を募集しているといいます。射止めるのはかなり難しそうですが、ウィルからすれば断れない話です。ちょうどオレゴンで撮影するメジャー映画で、監督とプロデューサーが「アウトドア系の若手男性俳優」を探しているのだといいます。エージェントはいったい何を考えてるんだ、とウィルは思ったそうです。とても、自分の力のおよぶところではない気がしました。それまでの実績といえば、テレビコマーシャルが数本と、小規模な映画に何本か出たほか、テレビドラマの一話分に出演していましたが、俳優になることにそこまで熱心ではありませんでした。けれど、そのオーディションではプロの俳優と競い合うわけです。

ウィルは、自分のことをどちらかといえばリスクを進んで取るタイプだと思っています。オーディションを受けることに決めました。とはいえ、当日、自信いっぱいで会場へ向かったわけではありません。到着し、控室を見回して「俺はいったい何をしてるんだ?」という気持ちがわきあがります。急に不安が押し寄せてきて、ふと、以前友人が言っていた話を思い出しました。面接の前に緊張したり不安になったりしたら、一人になれる場所へ行ってワンダーウーマンのポーズを二分間するといい、というものでした。

ウィルはお手洗いへ向かいました。「個室に入って、何をしてるんだろうと自分で自分を笑ったあと、両手を腰にあてて、あごを上げ、胸を張って笑顔をつくり、黙ってその場に二分間立ちました。深呼吸をしながら」このポーズに何の意味があるのかはよく覚えていませんでしたが、教えてくれた友人にはいつも一目置《いちもく》いていました。ウィルにとっては「変わったトリビアや、僕が夢を追うのに役に立ちそうな話題を教えてくれるという点では、絶対に間違いがない」友人なのです。彼の言うことならとりあえずやってみよう、と思えるくらい信頼していました。

「控室に戻ると、背筋を伸ばして椅子に座り、名前が呼ばれるのを待ちました」そして名前が呼ばれます。「会場の部屋へ入っていくときは、何の心配も感じていませんでした。失うものは何もなかったですし」

オーディションはみごとにうまくいきました。不安を感じなかったどころか、楽しんでできたのです。有名な監督を前に萎縮したりもしませんでした。オーディションでこれほど自分らしく、いきいきとしていられたことはなかったくらいです。

会場を出ると、父親が待っていてくれました。

「どうだった?」

ウィルはにこやかに答えました。「よかった!　うまくやれたよ!」

「じゃ、役をもらえたのか?」

一瞬、間がありました、「えーと……それはまだわからない。でもうまくいったんだ。すごく楽しかった。今までで一番気分よくオーディションに臨めたよ」

映画の役のことは忘れかけていたといいます。オーディションの間、プレゼンスをかなえ、目の前のやるべきことに全力で臨んでいるうち、結果がどうなるかは二の次になっていたのです。結果はもうどちらでもよかった、といってもいいくらいでした。

偶然ですが、ウィルの名字もカディといいます（親戚ではないのですが）。ウィルの名前は、主演のリース・ウィザースプーンがアカデミー賞候補にもなった「わたしに会うまでの一六〇〇キロ」の出演者としてクレジットされています。ウィルの情熱、自信、熱意はオーディションで発揮され、伝わったのです。そして自分のなかにパワーを感じられたおかげで、目の前の状況をうまく乗り切るのに必要な力を引き出し、その場で表現できたのです。オレゴンのカディ家とボストンのカディ家はそれから交流を続けています。映画「わたしに会うまでの一六〇〇キロ」が公開されたとき、ウィルはお父さんとともにボストンへやってきて、私と私の家族と一緒にプレミア上映を観たのでした。

ウィルの話は、プレゼンスがもたらす理想的な効果がみごとに現れた例です。自然にわき出る自信を感じながら、身体と心がシンクロした状態でパフォーマンスを行なう。目に見える結果がどう出ようと、満足感と達成感をもってその場を終えられる。ウィルの場合、目に見える結果の存在自体、頭から消えかけていたようです。

私のもとへ届いたエピソードの多くが、仕事や学校で壁にぶつかったときの話です。仕事でも学校でも挑戦しなければいけない場面は多いですし、うまくいかなかったときの影響も（不安も）大きいものです。たくさんの人がプレゼンスの手法をそれぞれの形で取り入れて、仕事探しや面接に生かしています。メラニーの場合はこうでした。

前の仕事を解雇になってから数カ月、あちこちで仕事探しを続け、毎回、自分が永遠に勝てないクイズ番組の回答者になったような気持ちでした。本当に自信を失ってしまう日々を過ごしていたんです。するとある日、息子があなたの動画を指して言いました。「ママ、これやってみなよ！」

で、やってみました。その後に受けた三社の面接の前に、二、三分間パワーポーズをとってみたのです。膝の上で手を組んでいたのをやめて、肩を広げるように両ひじをいすのひじ掛けにのせました。三社のうち二社から採用通知をもらい、いいと思ったほうに決め、来週の月曜日から新しい仕事を始めることになりました。

新しい職場へ行ったら、……もう背中を丸めた自信のなさそうな態度はしません。不安定な状態が続いて、自分には価値がないように思えても、身体が教えてくれるような気がしています。私たちはみんな星のかけらからできているんだ、と。

トーマスはプレゼンスの科学を仕事の会議で実践しました。

私は商社を経営していて、世界的なブランドともいくつか取引をしています。長年、仕事上の自分の意見や知識を伝えたり、今後の展望を発表したりする際、とくに支配的な態度の相手を前にしたときに思うようにいかず悩んでいました。あなたのＴＥＤを見て初めて、取引先のトップと交渉するときに、自分が力のない立場の非言語表現をいつもとっていることに気づいたのです。

そのころ、大型案件の交渉を始めて二カ月が経っていたのですが、明らかにこちらの分《ぶ》が悪くなっていました。交渉は毎回テレビ電話会議でやるのですが、自分がいつも覇気《はき》のない姿勢をしているのに気づいたのです。肩を落として、片方の手でよくあごにふれていました。

そこで、あなたの話にヒントをもらい、今日オフィスでやってみたのです。手を腰にあてて、足を開いて立ち、権限のある大事な相手とのテレビ会議を始めました。すると、自宅のキッチンで友人相手に話しているような気持ちで話せていました。

成果はありました。今回、五、六回目の会議で初めて、自分の意見と今後の展望を思いどおりに相手に伝えることができました。……そして契約にこぎつけたのです。これから社内でもパワーポーズを取り入れるよう勧めていくつもりです。いつか「両手を腰にあてている会社」として知られるようになるかもしれませんね！


カナダの大学で学んでいたナイジェリア出身のルネは、自分が場違いな気がしていたといいます。

授業中のディスカッションには一度も参加したことがありませんでした。入学したての一年生はみんなそうだろうと思うのですが、どこか気後れしていました。自分の意見なんてたいした価値はない、と思っていたのです。あるとき友人があなたのＴＥＤを送ってくれたのですが、それがぼくの大学生活を一変させたと断言できます。それから教室で手を挙げるようになり、自分から進んでカンファレンスに出て発言するようにもなりました。自分に自信がないという気持ちにじゃまされて——いや、ほかの何であっても何かにじゃまされて——、自分の本当の可能性に気づけずにいたのではもったいないんだと教えてもらいました。ありがとうございます。

ルネは自分に対する自信のなさを打ち破り、一学生として優秀な成績を収めるだけでなく、学内のリーダー的な存在になり、いまは起業家としての道を歩んでいます。

勉強や友人づきあいなど、子ども時代から思春期に経験する大事な問題を子どもたちにうまく乗り越えてほしいと願う、親や教師からの声も届いています。ノアは娘にプレゼンスの科学を教えて、不安を克服させた話を書いてくれました。

ビジネスリーダーを対象にしたエグゼクティブ・コーチであり、本も書いている者として、神経の可塑性と脳科学には強い関心を持っていますが、あなたのお話は仕事上の関心以上に惹かれるものでした。自分で見てから妻と二人の娘（八歳と一〇歳）にも見せました。以来、家族全員でパワーポーズをやっています。もう二、三カ月になるでしょうか。四年生になる上の娘のクラスでは毎週金曜日に、やりたい子どもが自主的に発表をする時間というのがあります。何でも好きなテーマについて、一人の子が三〇分間プレゼンをする「エキスパート・フライデー」という企画です。娘のソフィーは、みんなの前でプレゼンなんてとんでもない……という感じだったのですが、あるとき、どういうわけかやってみると言い出しました。驚いたのが（じつは私はほかのテーマにしたらと言ったのですが）、脳について発表する、というのです。当日、本番の一〇分前になるとソフィーは緊張してしまい、話を聞いてみるとパニック発作の一歩手前かなという気がしました。すると、誰に言われたわけでもないのに、娘はあなたが教えてくれたことを自分からやりました。本番の前にパワーポーズをとったのです。それで気持ちが落ち着き、準備ができたそうです。

そうして本番を迎え、無事にやり遂げ、娘は「最高だった！」と言っていました。

私たちはずっと娘に、教室の前に立ってちょっと話をするだけでいいからやってみたら、と話してきました。パワーポーズが力をくれたおかげで、娘はみんなの前に立って、三〇分しっかり発表することができました。今はまたやりたいと言っています。

レベッカは、高校一年生の娘が試験前にプレゼンスの科学を取り入れて成績が上がったと報告してくれました。

パワーポーズについてのTED、すばらしいと思いました。ちょうど運よく高校一年の娘も部屋にいたので、二人で一緒に見ました。娘は試験になると不安を感じてしまうことに悩んでいたので、半分は冗談のつもりで、でも半分はこれで本当に効けばいいなという気持ちで、試験前にパワーポーズをやってみることにしたのです。そうしたらなんと、この三カ月、試験はすべて満点を取っているんです！　最初はパワーポーズを始めた娘を見て怪しんでいた友だちも、今は一緒にやっていて、みんな成績が上がっているそうです。今は女子サッカー部全体に広まっています。地域全体にワンダーウーマンがいる、といってもいいくらいです！　もしかしたら、よくわかりませんがダンボの魔法の羽根のような効果なのかもしれません。でも、もしただの気分的な効果なのだとしても（私はそうは思わないのですが）、娘はかなり自分に自信を持てるようになり、プレッシャーがかかる場面でも実力を出せる自信がつきました。これはちょっとした奇跡だと思います。すばらしい知見をありがとうございました。

自分が教えている高校の教室で活用しているというバーバラは、こんな話をしてくれました。

去年の春、ＡＰコース（成績上位の生徒が大学レベルの授業を履修するコース）の物理のクラスでパワーポーズを取り入れました。一人、評価される場になるといつも緊張してしまい、試験のたびにまったく実力を出せない生徒がいました。そこであなたのＴＥＤを教室で見せ、やってみたらと話したのです。相関関係が因果関係を示すとは限らないのはわかっていますし、科学的に根拠のある実験をしたわけでもありませんが、それ以来、その生徒が物理の試験を受ける前に必ずパワーポーズをとるようにしたところ、それまでＣプラスからＢマイナスの間だったのが、ＡかＡマイナスを取るようになったのです。五月に受けたＡＰ試験では（五段階評価の）四を取りました。具体的に証明するのは難しいですが、パワーポーズのおかげだと確信しています。

「クレイジー・マム・ウィズ・キッズ（Crazy Mom with Kids）」というすてきなブログに、私の好きなエピソードがあります。ブログを書いているＣ・Ｇ・ロールズは作家でアーティスト、グラフィックデザイナーでもある、創意あふれる女性です。ある日の投稿に、六歳の娘セージの話が出てきます。テレビでやっていたホラー映画を見た彼女は、恐怖が頭から離れなくなってしまいました。「夜、寝ているあいだにお人形が襲ってくる」と言い張り、大丈夫だからと一生懸命なぐさめても、夜中に目を覚まして大きな声をあげてしまいます。部屋にあった人形とぬいぐるみを全部見えないところへ片づけてもだめでした。

続きはこうです。

そのとき、たまたまエイミー・カディのＴＥＤ「ボディランゲージが人を作る」に出会いました。これはすごいと思い、娘たち、とくにセージと一緒に試してみることにしました。「一緒にやってみよう。本物になるまでふりを続けてみよう」と、エイミー・カディの言葉を借りて娘たちに話しました。

カディが勧めていたとおり、娘たちには自分のパワーポーズを決めるように言い、毎日二分間その格好をしてみることにしました。セージはワンダーウーマンのポーズが大のお気に入りだったので、一人で部屋に入る前に、腰に手をあてて足を肩幅に開き、顔を上げたポーズをとることにしたのです。

効果はありました。私に頼まれたものを別の部屋へ取りに行くときや、一人で自分の部屋へ行く前に、セージは両手を腰にあててポーズをとったり、一位でゴールテープを切るときのように両手を高く上げたりしています。

やがて不安が消え、自信が戻ってきました。

それから一年が過ぎましたが、セージは見違えるように成長しました。自分自身のなかにいるワンダーウーマンを呼び起こすために、パワーポーズが必要だったのだと思います。

そしてそのおかげか、あのとき全部片づけた人形たちは、今もクロゼットに入ったままです。

小学校の先生をしている男性からはこんなメールが届きました。「本物になるまでふりをし続ける」方式を、選択性緘黙《かんもく》症をもつ五年生の男児に取り入れた話です。選択性緘黙症とは、小児期にみられる不安障害で、特定の社会的な状況で話すことができなくなる状態です。

私はほぼ毎日（その子と）日誌のやりとりをしていて、彼は日誌のなかで少しずつ自分を見せるようになっていましたし、教室でもわずかながらその兆《きざ》しがありました。そして（あなたのＴＥＤの）最後の部分、「本物になるまでふりをし続ける」のところを一緒に見て、これを毎日一回、私が教室にいるときに（毎日一時間ほど彼の教室にいたので）やってみたらどうかなと提案しました。ＴＥＤを見ながら私は彼にそっと話しかけました。将来君がやりたいことをやっている姿を見るのを楽しみにしていること、君は頭のいい子だと思っていること、言葉には表さないリーダーシップがあるのは、ほかの子どもたちが授業でよく君と組みたいと言っているのを見てわかること。トークを見ていた彼は、あなたが涙ぐむ場面で一緒に泣いていました（私はこのときは涙をこらえましたが、家で見たときは涙を抑えられませんでした）。そしてそれ以来、毎日一、二回、質問に答えるようになったのです。先日、読書感想を話し合う授業で最初の質問を担当してほしいと提案すると、ためらう様子もなくこなしてくれました。

本書のなかでたびたびふれましたが、パワーポーズはもともとスポーツと親和性が高いものです。勝利を表すポーズにはいろいろありますが、どれも実験で自信やプレゼンスを高める結果を示した姿勢と一致しています。これまで、さまざまな競技の選手と指導者が体験談を寄せてくれています。陸上、競技スキー、ボート、野球、バスケットボール、水球、サッカー、体操、バレーボール、ヨットなどがありました。

私のTEDが公開されてひと月も経たないころ、水泳のオリンピックチームでコーチを務める男性が、以前からチームで取り入れて大いに成果が出ているという、パワーポーズに似た手法について書いてきてくれました。選手の一部に、試合当日の朝、レースで勝ったときをイメージした動作をするよう勧めているのだそうです。男性によると、水泳選手が本番前に支配的なボディランゲージをよくとることは知られていて、これはほかの選手に自分の力を示すほかに、筋肉をゆるめ、自分を鼓《こ》舞《ぶ》する意味もあるといいます。ゴリラがやるような胸をたたくしぐさをすることもあるそうです。男性がコーチとして取り入れているアプローチは、レースがある日の朝起きてすぐに力を示す非言語ポーズをとるというもので、実力を出せずに落胆したり、不安や自信のなさに襲われたりする選手にとくに効果が出ているそうです。

ケニヨン大学で水泳と飛び込みのコーチを務めるジェス・ブックは、私のTEDを偶然目にし、選手のパフォーマンスを上げるのに役立つのではと考えたといいます。スイミング・ワールド誌の記事でブックは次のように語っています。「パワーポーズは、パワフルでありたい、強くなりたい、自信を持ちたいという気持ちを後押ししてくれます。チーム全体で取り入れたわけではありませんが、選手の多くが取り入れています。なかでも大きな効果があったのは、自分自身の思考にとらわれてプレッシャーを感じてしまう傾向にあった選手でした。パワーポーズをとることで生理的に力がわいただけでなく、ほかのチームメイトとの間に確かなつながりを築けたのです。自分自身の外につながりを持てたのです」

ケニヨン大学の競泳選手サラ・ロイドが、選手とコーチが全員で試合前に両腕を高々とかかげ、足を開いて立つポーズをとったときのことをこう書いています。

見たら間違いなく笑ってしまう光景でした。みんなでやっていると何だかおかしいですが、効果があったと思います。前のシーズンではなかったような形で、チームが一つにまとまっていました。みんなのエネルギーがものすごく高まって、個人のレースでもリレーでも本当に驚くくらいの記録で泳げたんです。みんな、プールサイドで喜びを爆発させていました。

バレーボールのチームで取り入れた話をしてくれたのは、中西部の高校で教師をしているスティーブです。

今日、受け持っている全クラスであなたのＴＥＤを見せました。生徒たちは積極的に興味を示して、とくにこちらから促したわけではないのですが、あちこちでパワーポーズをやっているのを見かけました。すばらしいと思ったのが、ちょうど今夜にあったバレーボールの試合でのことです。地区の一位をかけたプレーオフだったのですが、第一セットを落としたあと、第二セットの前に選手がコートでパワーポーズをとったんです。するとそのあと三セットを連取して、ファイナルに進めることになりました。選手が努力して練習を重ねてきた、監督の指導や判断がよかったという要素はもちろんあると思いますが、生徒たちはあなたが教えてくれたことを心から信じて、苦しい場面で実際にやってみたんです。試合後に選手たちが私のところへきて、「私たちのパワーポーズ、どうだった？　よかったでしょう？」と言うんです。本当にうれしいことです。ＴＥＤを通じて生徒たちにすばらしい教えをさずけてくださり、ありがとうございました。

私が強く心を動かされるのは、非常に厳しい困難な状況――家庭内の虐待や暴力、ホームレス生活、そのほか人を苦しみの底に突き落とす過酷な状況――を経験しながら、人生と未来とを再び自分の手に取り戻して歩み出そうとしている人の声です。そうした話にはいつも心を揺さぶられます。

戦闘経験がある元兵士の話を聞くことは多いのですが、ロベルトもその一人です。

私は戦闘員だった元兵士で、ＰＴＳ（心的外傷後ストレス）に悩まされながら、現在は心理学を学んでいます。たまたまあなたのトークの動画を見つけたのですが、端的にいうと、あなたが教えてくれた発見と個人的な体験談のどちらも、とても心に響きました。パワーポーズについての話を聞いて以来、自分のボディランゲージをよく意識するようになり、潜在意識的に人から距離を置いているようなとき、そんな自分に気づくようになりました。パワーポーズについて知ったことで、それまで閉ざしていた何かが開放され、不安や強い警戒心といったＰＴＳにともなう症状が克服できました。ＰＴＳと向き合う際、ボディランゲージを意識することを新たに始めてから、それまで自信がなかった種類のことがうまくできるようになりました。

家庭内暴力の被害者支援団体「ターニング・ポイント」でアウトリーチコーディネーターを務めるＣＪは、女子刑務所で講義を担当している経験を伝えてくれました。

私は家庭内暴力の元被害者です。（虐待関係から）抜け出したあと、家庭内暴力の被害者向けシェルターで働き始めました。これまで、自分自身で回復をめざすセルフヒーリングを重ね、個人的に成長できましたし、従来とは違う手法を使ってみずから学んできました。長年やってきて、自分はどこかいわゆるオタク気質なんだと思っています。いろいろな研究成果について学ぶのが好きですし、なかでも社会科学が好きです。

家庭内暴力の分野に二〇年たずさわって、女子刑務所の教育プログラムを手がけるようになりました。受刑者の女性たちは本当にスポンジのように学んだことを吸収していきます。脅威を感じたときに身体に何が起きてどう反応するか、昔の心の傷がどう今にかかわっているかについて学んだときはとくにそうでした。

授業ではあなたのＴＥＤを見せています。頭の上にぴかっと電球が灯《とも》るみたいにみんなの表情が変わる様子をお見せしたいくらいです。見終わったあとで、どんな場面でパワーポーズが役立つと思うかについてみんなで話し合っています。

パワーポーズを取り入れられる場面としてみんなが挙げたのは、次のようなものでした。

1　仮釈放審査委員会での審問のとき
2　刑務所内で取り調べを受けるとき

3　高卒資格試験などの試験を受けるとき
4　出所後、社会復帰して採用面接を受けるとき
5　刑務所内で優先権のある委員会のメンバーになる面接を受けるとき

あなたが教えてくれたパワーポーズの概念と、それがどう私たちを自分の本質に立ち返らせてくれるかにとても共感しました。「この科学を広めてください」と言ってくださってありがとう。私はそうしています。あなたの研究は刑務所のなかにも広がって、必要としている人たちの間でしっかり共有されています。

カリフォルニアに暮らすマックは、私たちの多くは経験したことのない困難に日々向き合って生きています。そんななかで時間を割いて思いを伝えてくれました。

私は二〇一二年の九月以来、ホームレスです。あまり楽しい話ではないので詳しくはふれません。お伝えしたいのは、あなたとパワーポーズが私を大いに救ってくれたということです。といっても、人生大逆転して立派な仕事についているわけではありません。でも、ホームレスである私が、厳しく、身を切られるような山ほどの困難にも向き合えているのは、昨冬、身を寄せたシェルターで、そのとき手元にあったタブレットであなたのTEDを見たおかげです。それまでの私は、痛切な恥の意識や、社会から取り残されているという気持ちを抱えていました。長いこと付き合ってきたうつと不安は、ホームレスになってからもほとんど解消されませんでした。たいていの場合、私は一見してホームレスだとわかりました。不

潔で、身なりもみすぼらしく、ホームレスだという空気を発していたに違いありません。

でも、今夜も段ボールの上で寝る身ですが、いま、私を見てもホームレスだとは気づかないと思います。通りでほかのホームレスに金をくれとよく声をかけられますが、いつも（にっこり笑って）「俺もここの人間だよ」と答えています。意識してパワーポーズをとって、自分の占めるスペースを大きくとり、その逆の姿勢をとりそうになれば意識して正すようにしているので、そのおかげが大きいと思っています。あまりだらだらと長く書くつもりはありませんが、あなたがどこかでバイオリニストや何かから反響があった、と話しているのを見て、ホームレスからメールが来たことはきっとないだろうと思ったのです。そういうわけで、とりあえず私たちにも効果がありますよということです。読んでくださってありがとうございます。ご活躍を願っています。

大学を出たばかりというスイスのアニケは、長く続いていた虐待関係に勇気をもって終止符を打ち、立ち直りつつあることを教えてくれました。

「自分に対する自信も、趣味を持とうという気持ちも、幸せでありたいという意欲も、すべて彼に奪われていました。もう自分ではなくなっていました」といいます。アイルランドの友人を訪ねているときにたまたま私のTEDを見つけ、二人は一緒に見ました。これはアニケの役に立つんじゃないか、と友人は直感したそうです。それが転機になりました。

それから毎日、その友人は、パワーを感じられる姿勢をとっているところを写真に撮って送ってこいとメールをしてきました。私がどこにいようと関係なく。何だかうそっぽく聞こえるかもしれませんが、これが私の人生を変えてくれたと思います。長い間それを続けていたら、あなたが言っていたとおり、ふりを続けるうちに本当にそうなれたんです。少しずつ以前の自分を取り戻しながら、あなたが教えてくれたことをいつも頭の片隅に置いていました。交際相手と別れるところまでこぎつけ、自分のよい面に目を向けられるようになっていきました。どんな状況でも、不安を感じはじめたらすぐパワーを感じるポーズをとるようにしました。

いまは、居心地のいい環境から定期的に外へ出てみるようにもしています。こうすれば大丈夫、という方法があるおかげです。昨日は（専攻分野の）上のクラスの教授が集まる場でプレゼンテーションをこなしました。私は一週間前に博士課程に進んだばかりです。以前なら何か言い訳を作って、行かなかったと思います。でも、行って、やってよかったと思っています。教授はみんな対等な立場で私に接してくれ、私も協力を取り付けることができました。いま、もう一度自分を信じられるようになりましたし、自分を誇りに思っています。

そこへ、アニケにとって自分を試される重大な場面がやってきます。

二日前、元交際相手に会いました。最後に会ってから一年半が経っていて、また顔を合わせるのは怖くて不安でいっぱいでした。大学の構内を歩いてくる彼の姿を見て、私は背筋を伸ばして堂々とした姿勢をとって、自分から近づきました。本当に初めて、自分がリードして彼と対話したんです。自信のある私の様子に、彼はひどく驚いていました。何年ぶりかでうれしい気持ちになれて、あなたのトークのおかげでここまで来られたと思っています。本当に簡単な方法で、でも本当に力をくれました。

さまざまな療法士や医師のみなさんがパワーポーズをシンプルな形で取り入れて、患者さんの役に立ててもらっているという例もあります。まずマイラのケースから。

私は南アフリカで臨床心理士をしていて、患者さんのネガティブな思考を転換するのにパワーポーズを取り入れています。患者さんがネガティブな考えにとらわれているとき、立ってパワーポーズをとるよう促しています。このポーズで立っているときは、否定的な考えが浮かぶことがなくなった、とみなさん話しています!

続いて、障害を持つ人を相手にインストラクターとして働く、オーストラリアのデイヴィッドのケース。

私は障害者向けインストラクターをしています。障害のある人がまずサポートのある環境で仕事をしてスキルを身につけるのを支援し、将来、一般の職場で働けるようになるのを目指しています。仕事のスキルを教えるのは簡単です。一方、自分に自信が持てるように手助けするほうは少し難しいと感じていました。でも、あなたが教えてくれたパワーポーズを取り入れるようになって変わりました。明らかに彼らの考えかたや心の姿勢に前向きな変化が出、不安も減りました。おかげで多くの人がフルタイムの仕事に就くことができています。

人間だけにとどまらず、パワーポーズを動物のために活用している例もあります。寄せられたメールのなかでもかなり異色《いしょく》だったのが、馬の調教師をしているキャシーの報告です。彼女は長年「馬が本来持っている意欲的な行動を促し、心と体のリハビリに役立てる」プロジェクトにたずさわっているといいます。

本当に驚くほどの成果が出ています（もちろん、あなたにとっては驚くことではないと思いますが）。あなたのTEDがあらゆる場面で活用されて結果を出しているのを知り、私もある馬に実験的に取り入れてみることにしました。この馬はほかの馬とくらべて体も大きく、丈夫で力もあるにもかかわらず、群れの階層のなかではいつも一番下位にいました。性格は内向的で、ほかの馬と交わって戯《たわむ》れたりもせず、遊んでいるときも目立つそぶりは決して見せませんでした。それでもすぐれた運動能力を現していて、とても才能があります。

そこで、あなたの研究結果を思い出して、この馬を物理的に荒くれ馬のように行動させる訓練のメニューを考え、実行してみました（獲物を捕まえる動物のように、何かをターゲットにして追いかけさせ、体当たりや攻撃をさせる動きで、馬が遊んだりふざけたりしているときにとる行動です）。これが私の想像をはるかに超える成果をあげました。三日後には同じ動きを放牧場でも見せ、ほかの馬に対して荒っぽくふるまうそぶりを見せるようになりました。これは今までまったくなかった行動です（ほかの馬たちは少々驚いた様子でした）。攻撃的になったわけではなく、テストステロンが増えてコルチゾールが減った馬ならまさにこうした行動を見せるだろうなと思わせる動きでした。

数カ月後、キャシーはこの続きを報告してくれました。

その馬、ヴァフィは、私たち（アイスランドの馬術愛好家と調教師）のコミュニティの間では、「家族向けのレジャー用の馬」にすぎないとして、ほとんどの人の記憶から消えていました。競技会で上位に入るような、能力にも体にも恵まれた、何より誇り高い馬とは明らかに違いましたから。

先週末、毎年春に開かれているアイスランドのホースショーがありました。私はヴァフィを最上位のクラスにエントリーさせました。現在世界ランク一位の馬と選手が出場し、ほかの九頭と競い合います。

で、どうなったかおわかりですよね。

ヴァフィは上位五位まで出られる決勝に残り、周囲を驚かせました。五位まではベルリンで開かれる世界大会への出場資格があります。なかなかの見ものだったのですが、大勢の人が「どんな魔法だか魔術だかを使ったらヴァフィがあんなに見違えるような馬になるんだ？」と不思議がっていたようです。

ホースショーには、私が今の牧場へ連れてくる前にヴァフィの購入を検討していた人たちも来ていました。みんな、ヴァフィを競技馬としてあまり評価せず、「子どもを乗せてトレイルを歩くくらいの馬」とみなしていたんです。この日、その見立ては間違いだったと気づいたわけですが、この「ミステリー」がどうやって起きたかを知ってさらに衝撃を受けたのでした。ヴァフィは前より体が強くなったり力量が上がったりしたわけではなく、自分の力や速さ、自分はすばらしい馬なんだということを自分から「見せたがった」のです。アイスランドの馬術の世界では、これはすごく大事な点です。アイスランドの馬はヴァイキングの馬ですから、私たちも審査員も馬のスピリットをとても大事にしています。競技場ではそれを披露するわけです。
　ありがとうございます。あなたの研究のおかげで、私にとっても馬にとっても、思いもかけなかったすばらしいことが起きました。

一年後、ドレイムルという新しい馬を迎えたキャシーが、次のような報告をくれました。

　世界大会に向けたアイスランドの予選を二カ月半後に控え、ヴァフィとドレイムルを予選に出場させる予定です。二、三年前には、周囲で馬にたずさわっている人は誰も考えもしなかったことです。ヴァフィとドレイムルはどちらも、パワーポーズをとって荒くれ馬のようにふるまうというアプローチを次の段階へ進めています。今のところ、効果は引き続き上がっているようです。二頭ともさらに意欲的で、ますます調子を上げて強くなっています。馬のバイオメカニクスの専門家も注目していますし、世界ランクに名を連ねるアイスランドの選手も、ドレイムルにどんな訓練をしているのか教えてほしいと訪ねてきました。あなたが始めたことが競技馬の世界に応用されて、その先へと進み始めています。[1]

先日届いたメールにはこうありました。

　いま、馬術関係者のみなさんと話をしてきたところです。パワーポーズを取り入れたアプローチには計り知れない可能性があるのではないか、と話してきました。この取り組みを始めて何年か経ちますが、馬たちはいまだにどんどん進化を続けています。パワーポーズを実践するようなサイクルで、進化が加速しているといっていいくらいです。畏怖の念さえ覚えていくうち、映画のベンジャミン・バトンさながら、馬がどんどん若く強くなっていくみたいです。

というわけで、こちらではパワーポーズの威力はまだ衰えていません!

ある意味、これは効果を示すエピソードとしては非常に説得力のある証拠かもしれません。誰も、馬たちにパワーポーズが何を意味するか説明したわけではないのですから。[2] キャシーと私は、調教師がはるか昔から――なんと二〇〇〇年以上前から――馬たちにパワーポーズをとらせようとしていたことを示す文献を発見しました。

「首を持ち上げ、頭のほうから弓状に曲げることを教え……馬が自分の美を最もよく誇示しようと思うときに、馬自身が示したい姿勢を馬にとれるようにしてやれば、馬は……堂々として活発に周囲の注目を集める姿を示すことになる。……自由にされたと思って喜び、誇りうる一切のことを他の馬に示しながら、しなやかな足取りを見せ、堂々とした態度で進んでいく」

クセノポン(紀元前四三〇年 - 前三五四年)

〔『クセノポン小品集』「馬術について」松本仁助訳、京都大学学術出版会より〕

先日、ある女性がしてくれた話に私は言葉を失い、涙しました。私が講演を終え、大勢の人が質問したり一言あいさつしたりしようと並んでいるときのことです。若い女性がじっと待っているのが目に入りました。ほかの人に聞かれたくない何かを抱えている人がいると、私は敏感に察知するようになっていました。目に切迫感を感じるのです。とても個人的なこと、ほかの人がいる前では話しにくいことを話そうと思ってくれているのが伝わってきます。

彼女を両側から支えるように友人が二人いて、それぞれそっと肩にふれながら、小さな声で声をかけ、彼女を励まし、勇気づけるようにしています。そして私の前へ来ると、彼女は目に涙をため、はじめはうまく言葉が出てこないようでした。長い沈黙がありました。気まずい沈黙ではなく、彼女と私の両方が、自分のいる場所を再確認しているような時間です。準備をしている時間。彼女は気持ちを落ち着かせるように、深呼吸を一つしてから話しはじめました。「あなたに会うために今日はここへ来ました。あなたが私の人生をどう変えてくれたのか、知ってほしかったからです」

その日、彼女が聞かせてくれた話も、私の人生を変えました。彼女の話はみごとに示してくれていました。私たちが身体を通じて真に最高の自分を引き出し、自分の内にあるパワーを解放し、困難な状況にあっても自身のパワーを総動員して本当の自分を発揮すること。さらにはほかの人からも本来のその人自身を引き出すこと。彼女の話はまさに、私の研究をみなさんにこんなふうに生かしてもらえればと願っていた形そのものでした。社会的なパワーや地位のないときにも、自身のなかにある個人的なパワーに気づいてほしい。勇気と寛容の心を引き出してほしい。人生の針路を自分の手で変えてほしい。自分のため、誰かのために、思うとおりに行動してほしい。そういう願いです。

あなたの体験をみんなに紹介させてもらってもいいかとたずねると、彼女はこう言いました。

「喜んでそうさせてください。それ以上の望みはありません。私の話を聞いて、ほかの誰かが勇気づけられて背中を押され、自分もやってみようと思えるのなら」

翌日の午後、私たちは改めて会って話をしました。クリスティンの話をみなさんと共有したいと思います。

ふと思い立って、私は南米へ渡りました。ごく若くして結婚し、三〇歳で離婚を経験したあと、この先、前へ進むにはもう少し広い世界を見ておきたいと思ったのです。それで南米へ向かい、ほかの何人かと一緒に住む場所を見つけました。私たちはツリーハウスと呼んでいました。再利用した木でできていて、木で組んだ高い脚柱の上にある家です。広々とした場所にありました。簡素で美しい家でした。

クリスティンは近くのカフェで働き始めます。

最初はうまくいっていました。でも、すぐにではなく、二、三週間が経ったころ、上司が私の身体のことにふれた発言をしてくるようになったんです。私の胸についてふれて、その胸ならもっとチップを稼げるはずだ、というようなことをだんだん言ってくるようになりました。毎日、繰り返し言ってくるんです。最初に思ったのは、がっかりだなという思いでした。彼には小さな子が二人います。家もかなり近いですし、小さな町です。彼にはそんな印象は持っていませんでしたし。でも、まあ、こういうこともあるのか、と……。そこまでひどい話じゃないかもしれない、と考えてみました。異国の地にいて、怖かったんですね。どこか居場所がほしいという気持ちが強くあって心のなかの大きな部分を占めていると、不安になるのだと思います。違う国へ行くというのは、居心地のいい安全な場所から出て、そこで自分でやっていこうということです。安心も安全も完全に失った状態でした。

セクシャルハラスメントは日に日にエスカレートしていきました。

とりあえず「まあ、私は強いし」と思って、そのまま流していました。「この人はそういうダメな人なんだ」と割り切ることにしたんです。でもどんどんひどくなっていきました。自分でも気づいていなかったと思うのですが、どんどん弱く消え入りそうな気持ちになっていたんだと思います。ある日、彼は私を名前で呼ぶのをやめ、非常に品のないさげすんだ呼びかたで呼ぶようになりました。それ以降、ずっとそうやって呼ばれるようになったんです。

そんなことをしていいはずはないですし、本当に嫌だったのですが、一方で、どこかで「本当にそこまで大げさに考えること?」という気持ちがありました。いま思うと間違っていますけど。

それからすぐ、数人の親しい友人が夕食に誘ってくれました。「気力も自信もなくし、打ちひしがれていて、行く気になれそうにない、と思っていました」が、クリスティンは出かけていきました。

こんなことに巻き込まれてるなんて、みんなには恥ずかしくて言えない。そう思っていました。でも、ふと思い返してみたんです。自分のスタート地点はどこだったのか、これまでどんな経験をくぐり抜けてきたのか、自分の根本はどんな人間なのか――そして、いま起きていることをみんなに話そうと決めました。みんな、男女どちらの友人も味方になって励ましてくれて、それが私の背中を押してくれました。上司には何か言わなくてはいけないとわかったんです。私が立ち上がって行動しなくてはいけない、自分自身のためにも、同じ経験をしたすべての人のためにも。この先同じ経験をするかもしれない人のためにも。自分のためとその人たちのために、やらなくてはいけないと思ったんです。

何カ月か前に友人が教えてくれて、あなたのトークを見ていました。痛いところを突かれたように心に突き刺さったのですが、いまこそあなたが言っていたことを行動に移すときだ、と思いました。二、三日の間、どうしようか考えました。そして朝のスタッフミーティングの前に早めに行くことにしました。その日の朝、ツリーハウスに一人でいたのを思い出します。普段はたいてい誰かいるのでめずらしいことでした。自分で選んだ曲をかけて、落ち着いた気持ちになれる服を選んで着て……それから木でできた家のなかですっと背筋を伸ばして立ち、両手を腰にあて、肩を引いて、二分よりもっと長く立っていました。効果がしっかり自分のものになるようにしたかったんです。家を出て町へ向かって歩き出すと、自分がどんどん大きく感じられていきました。長い間、感じたことのなかった感覚です。自分のなかにいる強い自分を体現しながら、こう考えていました。「強い自分でいくんだ。まず何よりも自分のためにやらなきゃいけない。でも同時にほかのみんなのためにもやらなきゃいけない」彼のことは黙って無視する、やめますとメモだけ残して去る、という考えもありますが、答えは決まっていました。ほかの方法でこの状況を抜け出すこともできましたが、自分が立ち上がると決めたことで、自分の持つパワーに手が届いたのです。

店につくとパワーに満ちた気持ちで、思っていたよりも上司が小さく感じられました。頭のなかで思っていたよりも小さく感じたんです。小さく見えました。そして自分のパワーを彼から取り戻しているのを感じました。彼からパワーを奪うのでなく、彼に奪われるままになっていたパワーを自分に取り返す感じです。私は店をやめると伝え、理由を話しました。「あなたが私にしてきたことが間違っているのはわかっていると思います。あなたを愛してくれている娘さんがいるんだからわかるはずです。あなたが私にしたみたいに娘さんを扱われたら許せないはずです」彼を傷つけようとか彼の店をつぶそうとは思っていない、ただその行ないを改めてほしい、もう誰も傷つけないで、心の大きないい人になってほしい、と伝えました。すると彼は「君の言うとおりだ。私が悪かった。なぜこんなことをしたのか自分でもわからない」と言って、何度も謝りました。二人でゆうに二〇分は話していたと思います。大きな寛容の気持ちが心のなかにわいていました。私は強い、そう思えましたが、決して周りを支配したりほかの人の上に立ったりする意味ではありません。強さがあるからこそ情けを持てる、そういう強さです。今の自分の言葉を録音しておけばよかったかな、と思いました。自分ではないみたいでしたから――神の声のようでした。

私はクリスティンにこう返事をしました。「神の声のようだったのは、それがまさにあなただったからよ。最高のあなただったから――一番強くて心の広い、あなた自身だったから」

はじめに述べたように、この本は「目の前の瞬間」についての本です。私たちに大きな挑戦を突きつける「今この瞬間」に、どうすれば自分を発揮できるかを考えてきました。自分で自分自身を前へと促し、思考、感情、生理状態を強く確かなものにしながら、こうした瞬間を乗り越え積み重ねていけると信じることでもあります。その積み重ねがやがて私たちの人生を変えていくのです。

私のＴＥＤでもっとも多く取り上げられたフレーズは「ふりをしてやり過ごすのでなく、ふりをし続けて本物になるまでやる」の部分です。そう、大事なのはそこなのです。少しずつ自分を促して、最高の自分になるのです。自分を試される場面で本当の自分を発揮するのです。望む結果を手に入れるため、周囲に向けてトリックを使ってふりをし続けるのとは違います。ほんの少しだけ自分にトリックを使って、パワーがわいてくるように、本来の自分を発揮できるように仕向けるのです。たどり着くまでに時間がかかったとしても、やり続けるのです。私にメールをくれたモニクという女性がこう書いていました。「今はまだ、本物になるまでふりを続けている途中です。でも、ふりでもやり続けるのは、避けてやらないよりもずっといいと思っています！」私が敬愛するウィリアム・ジェームズも言っていましたよね？「こうありたいという自分になるために、いま、みずからなることができる」と。

そんなあれこれを頭に巡らせながら、偉大な舞踏家で振付師のアグネス・デ＝ミルの言葉を思い出しました。「踊るとは自分の外へ出ることです。もっと大きく、美しく、力強い自分に。これがパワーであり、地上の栄光であり、望むならいつでも手に入れることができるのです」

踊って、プレゼンスを手にしてください。大きく、美しく、力強い自分、自分が愛し信じている自分をつかんでください。そう、望めばいつでも手に入れることができるのですから。

presence

謝辞

本書の謝辞を書くのはなかなか骨が折れる仕事ですが、これはとても幸せなことだと思っています。つまりそれだけ本当に多くの方に支えられ、導かれ、助けられ、刺激を受けたことを意味しているからです。たくさんの時間と知恵を費やし、本書を完成へと導いてくれた数えきれないほど多くのみなさんに、感謝の気持ちでいっぱいです。

謝辞の冒頭にほかの方が書いた謝辞を引用するというのは、普通はあまりしないのだと思います。ですが、スーザン・ケインが著書『内向型人間のすごい力――静かな人が世界を変える』の謝辞に記したよりも的確にリチャード・パインについて書ける自信がありません。スーザンはリチャードを「誰より頭がよく、有能で、一目置かれ、書き手なら誰でも一緒に仕事をしたいと思う文芸エージェント」と記しています。リチャードはじつに明確に、ほかの人が全体を見ないうちから、アイデアとその可能性を見抜きます。そして見抜くと、信念をもって献身的にそのアイデアと著者を支えてくれます。リチャードとインクウェル・マネジメントのみなさんに、この先も変わらない深い感謝を捧げます。

この企画を信じ、ともに形にするためのドリームチームを組んでくれたリトル・ブラウン社のリーガン・アーサーにお礼申し上げます。非常に優れた編集者であるトレーシー・ベアーと仕事ができたのも光栄でした。トレーシーはばらばらだった断片をどうまとめればいいかを的確に把握し、本書に心血を注ぎ、みごとな落ち着きとプレゼンスをもってそれをこなしてくれました。私をここまで導き、何度も自信を失いそうになったときもあきらめずにいてくれてありがとう。才能あふれるリトル・ブラウン社チームのみなさんにも感謝しています。この本への私の情熱をどうほかの人と分かち合っていけばいいのか、手取り足取り導いてくれたニコル・デュイー。言葉を愛し、文章を巧みに練り上げる比類なき策士（という表現は適切でしょうか？）ジーン・ガーネット。すてきなウェブサイトを作ってくれたミリアム・パーカー。そして同じくすばらしいリトル・ブラウンドリームチームのメンバー、マリオ・プリス、ジュリー・アートル、ベッツィー・ユーリグ、ジュヌヴィエーヴ・ニヤマンのみなさんにも感謝しています。そのほか、次のみなさんの力添えをいただけたことも恵まれていました。ストーリーの伝えかたについて高い見識のある外部編集者ビル・トネリ。本書で取り上げた研究について細部までレビューし、疑問があれば呈し、二重三重にチェックしてくれたマシュー・ハットソン。気になる点を鋭く指摘してくれたシェリ・フィンク。クリス・ワーナー、ジェフ・ジャンシェイマー、ジャック・ジャンシェイマーは、私が思い描いた小学生のアイデアレベルだった表紙案を、自分の本としてとても誇りに思える形に仕上げてくれました。三人の根気と洞察力に感謝しています。

ハーバードでも、多くの方のおかげで本書の刊行へこぎつけることができました。みなすばらしく有能なだけでなく、広く温かい心を持つ人ばかりです。研究室のマネジャーだったニコ・ソーンリーは、ばらばらだったいくつもの研究プロジェクトを魔法のようにみごとにまとめてくれました。学部生からなるすばらしいリサーチアシスタントグループの結成からトレーニング、監督までを手がけ、研究の理論、論点、方法を練っていく過程でも重要な助言をくれ、それをすべて難なくこなしてくれました。ケイリー・アナリノは私のワーキングメモリというべき存在で、私の研究生活におけるたくさんの歯車をじつにスマートかつプロフェッショナルにうまく回してくれました。どうしたらそんなふうにできるのかといつも思っています。現在研究室のマネジャーを務めるジャック・シュルツは献身的に動き、研究室のメンバーとたくさんのプロジェクトを効果的にまとめてくれています。外部協力者やリサーチアシスタントとのやりとり、研究室ミーティングやデータ収集、データ分析の取りまとめ、大量の文献のレビューをこなし、難題を前にしてもつねにクリエイティブな解決法を探ってくれるのも彼です。献身的に協力してくれた大勢のリサーチアシスタントのみなさん、長期間にわたって研究を支えてくれた学部生のみなさんにも感謝はつきません。また、この研究を軌道に乗せ進められているのもブライアン・ホールとジョー・ナヴァロのおかげで、感謝しています。優しく頭の切れるハーバード・ビジネス・スクール交渉術・組織・市場（NOM）ユニットに所属する同僚のみなさんと仕事ができるのを光栄に思っています。私が教えてきたMBAの学生、博士課程の学生、企業のエグゼクティブクラスのみなさん、そして世界各国の組織に散らばる生徒のみなさんにもお礼を言いたいと思います。

私はこれまで、たくさんの女性の恩師とメンターに恵まれ、育ててもらいました。それぞれが私に水をやり、養分を与え、太陽の光を注ぎ、次のステージで新たな師のもとへ移るまで見守ってくれました。始まりはペンシルベニアの小さな町にある小学校、コンラッド・ワイザーです。三年生のときの先生、エルサ・ワーツは私の自信を引き出し、考えるのはいいことだと背中を押してくれました（彼女は聡明な二人の娘、アニーとメアリーにも同じように接し、二人は私の研究にもかかわっています）。高校で英語を教えてくれたキャシー・モーンは、書かずにいられないといってもいい、書くことへの情熱を育ててくれました。歴史と社会学の先生だったバーバラ・オコナーは、勇気とユーモアをもって現状に疑問を見いだすとはどういうことかを示してくれました。コロラド大学の学部生時代、ベルナデット・パーク教授と当時博士課程にいたジェニファー・オーヴァーベックの二人は、社会心理学の世界への扉を開いてくれ、私が重要だと思ったテーマについて卒業論文を書くよう導き、私を信じて、大学院の指導教官であるスーザン・フィスクに託してくれました。スーザンの存在は勲章に値するくらいです。大学院へ進んだときの私には、楽観的な気持ちと怖いもの知らずの自信がわずかにあるだけでした。スーザンほど献身的で深い思いやりに満ちた博士課程のアドバイザーには、会ったことがありません。本当にそうとしか言いようがありません。彼女がなぜ私を受け入れてくれたのかはわかりませんが、そのことに生涯消えることのない感謝の思いを抱いています。ハーバードで准教授の職についてからも、何人もの女性たちが私を励まし、支え、刺激を与えてくれました。キャスリーン・マクギン、ロビン・エリー、テレサ・アマビル、ジャン・ハモンド、ユンミ・ムーン、フランシス・フレイ、ローザベス・モス・カンター、みなさんのおかげで、今の私があります。この先、自分も同じことを、水と養分と光を必要としている若い女性たちに（男性たちにも）していくつもりです。

一連の研究がなければ、本に書けることはずっと少なかったに違いありません。この研究に寄与してくれた優れた科学者のみなさんの名を挙げれば、間違いなく長いリストになります。その筆頭として、大きな感謝をこの先も変わらずに捧げたいのがダナ・カーニーです。つねに細部まで気を配り、熱意ある科学者である彼女は、本書で紹介した研究の多くでブレーンとして重要な役割を果たしています。研究をともにするなかで、あなたから学んだことは計り知れません。アンディ・ヤップは深い思考をもってインスピレーションを与えてくれ、共同研究者として仕事ができたのは大きな喜びです。スーザン・フィスクとピーター・グリックの二人と共同で行なってきた研究は本書の中心になるテーマではありませんでしたが、それが私の社会心理学における考えかたの基礎になっています。一五年以上にわたり、私を研究メンバーに迎え、ともに取り組ませてもらえたことに感謝します。リジー・ベイリー・ウルフは優秀な共同研究者であるとともに、数々のアイデアを掘り下げて考える際に力になってくれました。そのほか、この研究に多大な貢献をしてくださった以下のみなさんにお礼を申し上げます。マーティン・ボス、ジェームズ・グロス、ケリー・ホフマン、エリーズ・ホランド、クリスティーナ・カリツァンチ、ジュリア・リー、ジェニファー・ラーナー、クリスティン・ルーザー、ブライアン・ルーカス、クリス・オヴェイス、ジョナサン・ランション、ジャック・シュルツ、ゲイリー・シャーマン、ニコ・ソーンリー、ニコ・トロヤ、アビー・ワツラウェック、アニー・ワーツ、キャロライン・ウィルマス。

直接、共同で研究をしていなくても、私がプレゼンス、パワー、身体と心のつながりを考えるにあたって重要な道しるべとなった、すばらしい研究に取り組んだ研究者が大勢います。すべては挙げきれませんが、ここに一部のお名前を挙げておきます。ジェシカ・トレーシー、パメラ・スミス、ジョー・マギー、アダム・ガリンスキー、デブ・グルエンフェルド、ヴァネッサ・ボーンズ、リー・フアン、スコット・ウィルターマス、ボブ・ジョセフズ、プランジ・ミータ、ラクシュミー・バラチャンドラ、リアン・テン゠ブリンク、ナンシー・エトコフ、ダン・ケーブル、アリソン・ウッド・ブルックス、フランチェスカ・ジーノ、アリソン・レントン、ローラ・モーガン・ロバーツ、クロード・スティール、ジョフ・コーエン、デイヴィッド・シャーマン、ロバート・サポルスキー、ベッセル・ヴァンダーコーク。以上を含め、多くのアイデアと研究でこの分野に寄与された研究者のみなさんにお礼申し上げます。

私の大切なコミュニティである作家・著者のみなさんは、私が困って電話をかければ耳を傾け、ぴったりくる言葉を探す私に根気強く手を差し伸べてくれました。私にとって特別な存在である以下のみなさんにたくさんの感謝を捧げます。スーザン・ケイン、アダム・グラント、ニール・ゲイマン、アマンダ・パーマー、サイモン・シネック、アダム・オルター、ビル・ユーリー、ブレネー・ブラウン。みなさんは私がまさに必要としていた、心を落ち着けてくれる楽観的思考を示してくれました。

同じ分野にたずさわる友人の支えと励ましは何にも代えがたい宝物です。以下のみなさんに心からの感謝を。ケンワーシー・ビルツ、モリー・クロケット、リズ・ダン、エリ・フィンケル、ジューン・グルーバー、エリザベス・ヘインズ、リリー・ジャンポル、マイケル・モリス、キャシー・フィリップス、ジェニファー・リッチェソン、ミンディ・ロック、トッド・ローズ。

多くの友人、支援者のみなさんが、さまざまな形で本書の執筆前から執筆中にわたって私を助け、励ましてくれました。以下にお名前を挙げます。マイケル・ウィーラー、シャンタル・ブレ、ミシェル・ブレ、マリナ・ミッチェル、モニカ・ルインスキー、ガイ・ラズ、ジョアンナ・コールズ、ミカ・ブルゼジンスキー、ジェイン・マクゴニガル、ケリー・マクゴニガル、ケン・ケイン、デイヴィッド・ホックマン、アイリーン・ロレイン、クリスティン・ヴェルガラ、ケンドラ・ローレン「アスペンの長」グロス、ペギー・フィッツシモンズ、ジェイソン・ウェブリー、ウェンディ・ベリー・メンデス、イン・パイク、トニ・シュメイダー、デイヴィッド・ジャーガン、パイパー・カーマン、サム・ソマーズ、ケイティ・スチュワート・シグラー、ブレット・シグラー、ヴェラ・サンドストローム、オルガ・デミドフ、セルゲイ・デミドフ、アレックス・マイルズ、エイミー・マイルズ、エイプリル・リン、ローリー・カッセルベリー、ジョシュ・カッセルベリー、パット・カッセルベリー、ジャック・カッセルベリー、クリスティン・ゲットマン、マック・マクギル、ウィン・グエン、そしてヤング・グローバル・リーダーズからなるコミュニティの多数のメンバーのみなさん。

声を上げて話すことを私に教えてくれたみなさんには、特別な感謝の思いがあります。みなさんの存在がなければ、本を通じて言葉で声を上げることもかなわなかったかもしれません。リズ・ダンは二〇一〇年のポップテック会議に私を招いてくれ、幅広い聴衆を対象にどうすれば心理学についての有意義な講演ができるかを教えてくれました。アンドリュー・ゾリ、エリック・ハーズマン、そしてポップテックのみなさん、二〇一一年のポップテック会議にスピーカーとして招いてくださってありがとう。二〇一二年のTEDグローバルで話す機会をくれたブルーノ・ジュッサニとクリス・アンダーソンにも感謝を。ジューン・コーエン、ベン・リリーをはじめ、そのほかのTEDのみなさんにお礼申し上げます。

本書のために多くの時間を割き、広い心（とプレゼンス）をもってインタビューに答えてくださった以下のみなさんにも感謝はつきません。みなさんのストーリーと視点はこの本になくてはならない大切な要素です。ジェフリー・ブラウン牧師、ポリーヌ・ローズ・クランス、ウィル・カディ、ニール・ゲイマン、ジャミニ・クォン、ジュリアン・ムーア、ミッコ・ニッシネン、カリダ・ガルシア・ロールズ、エマ・セッパラ、キャシー・シエラのみなさん。

本書で意見や体験を紹介させてくださり、ここではお名前を挙げられないそのほか大勢のみなさん。みなさんにこの先もずっと私が敬意と感謝を抱いていることをどうか覚えていてください。みなさん一人ひとりから本当に多くのことを学びました。みなさんの体験からきっと得るものがあるであろうほかのみなさんのために、本書で分かち合う機会を得たことを光栄に思います。

そして、勇気をもって自分のストーリーを私と共有してくださったすべてのみなさん。不思議に思えるかもしれませんが、私が研究室で研究してきたテーマについて、まさにみなさん一人ひとりが教えてくれました。みなさんが科学に生命を吹き込んでくれました。いま、私が追求しているテーマや論点は、みなさんが形づくってくれたのです。みなさん一人ひとりがこの本の一ページ一ページにいます。人間に対する前向きな気持ち、楽観的な気持ちを日々絶えず抱かせてくれるのはみなさんであり、私が前へ歩き続ける力になっているのはまさにこの気持ちです。みなさんに心からの深い感謝を捧げます。本書のなかで、みなさんへの敬意を十分に伝えられていますように。

そして最後に。こうして本を書き終えたいま、著者の多くがなぜ家族に感謝の気持ちを述べるのか、真の意味でわかった気がします。本を書くということは、突然新しい家族をもう一人迎えて、昼夜を問わず手をかけ気にかけることに少し似ているから、ではないでしょうか。執筆作業をしていないときは執筆について考えています。執筆について考えていないときは、本当は執筆について考えていなきゃいけないのに、と考えているのです。家族の話を聞きながらも、自分の本のテーマとどう関連するか考えています。こうした過程にある著者を全面的に支える家族には、抱えきれないほどの大きな愛と忍耐が必要です。夫ポール・コスターと息子ジョナ・カディがくれた愛情と忍耐、全面的な献身と私への信頼にも勲章をさずけていいくらいです。自分は同じだけのことができただろうかと思います。ジョナ、あなたは賢く優しい心の持ち主で、プレゼンスを備えていると思う。ときどき、驚きと敬意の気持ちに圧倒されるくらい。私はなんて恵まれているんでしょう？　ポール、あなたは私と一緒になるために地球を半周し、私にアドベンチャーと純粋な愛をくれました。まったく、あなたがあの青いパンツをはいていてくれて本当によかった！　というわけで、ポールとジョナに、心の底からありがとう。

訳者あとがき

本書は、二〇一五年一二月にアメリカで刊行された*Presence: Bringing Your Boldest Self to Your Biggest Challenges*（Little, Brown）の邦訳です。著者のエイミー・カディは、社会心理学を専門にするハーバード・ビジネス・スクールの准教授として、人間関係におけるパワーとボディランゲージの関連をはじめとする非言語コミュニケーションを中心に研究しています。本書は初の一般向けの著作です。原書はニューヨーク・タイムズ紙をはじめとする主要メディアでベストセラーリストに載り、各国で翻訳版が相次いで刊行されています。

本書のなかでもふれられていますが、彼女を一躍有名にしたのが二〇一二年のＴＥＤグローバルで行なったトーク「Your body language shapes who you are（ボディランゲージが人を作る）」でした。ＴＥＤは「広める価値のあるアイデア」をスローガンに、さまざまな専門分野のスピーカーが集まり、優れたアイデアを発表するプレゼンテーションのイベントです。

トークのテーマは「どんな姿勢をとるか、どんな身ぶりをするかというボディランゲージは、人に与える自分の印象を左右するだけでなく、自分が自分をどう見るかにも影響する」というものでした。そのなかで伝授しているのが、胸を張って腕を上に伸ばしたり腰にあてたりして身体を広げた姿勢、名づけて「パワーポーズ」の科学です。この姿勢を面接など大事な場面の前で二分間とると、ホルモンレベルに変化が起き、自信をもって自分を表現できる、という研究結果を紹介したのです。インターネットで公開されているトークは現在、再生回数が約三五〇〇万回に達し、歴代のＴＥＤのなかでも二番目を記録しています。そのほかの著名な著者では、『スタンフォードの自分を変える教室』のケリー・マクゴニガルによる「How to make stress your friend（ストレスと友達になる方法）」が一一三六万回、『リーン・イン』のシェリル・サンドバーグ「Why we have too few women leaders（何故女性のリーダーは少ないのか）」が六二六万回などですから、際立っているのがわかります。

このトークは二〇一五年四月、NHK・Eテレの「スーパープレゼンテーション」でも紹介され、日本では就職活動で面接を受ける機会の多い学生や、仕事でプレゼンや会議に臨む社会人などを中心に知られています。「面接前にやってみよう」「心を動かされた」という声が多く聞かれます。

なぜそれだけ多くの人を惹きつけたのでしょうか。もちろん、「姿勢や身体の動きが気持ちをつくり、自分のとらえかたを変える」というアプローチと、パワーポーズで自信が生まれるという研究結果が広く人々の興味を引いたのは間違いありません。ですが、第11章で著者も述べているように、著者自身が——いま、この場で大勢の聴衆を前に「自信を持った自分になれる方法」を説いている彼女自身が——事故で脳に損傷を負うという困難に見舞われ、多くの苦労を経て前に進みながらもなかなか自分に自信を持てずにいたこと、そして長い時間をかけてそれを（ほぼ）克服して今があることを、率直に語りかけたことが大きいといえそうです。

本書では、このTEDで注目を集めた「パワーポーズ」を軸に、身体が心にどう影響するかを、著者自身によるものを含む最新の研究事例を多数ひきながら解き明かしていきます。普段の姿勢や歩きかた、話しかたを意識することで——身体から心にはたらきかける手法で——ホルモンレベルに変化が起き、自分のなかのパワーを引き出すことを裏付ける例が段階を追って紹介されていきます。

TEDで一躍「時の人」になった著者ですが、そのとまどいと、世界中の人から寄せられた感謝や気づきの声に対する真摯な思いを、本書のなかで何度もつづっています。また、TED同様、本書でもみずからの体験をたびたび例に挙げています。大事な学会で自分の研究についてうまく話せず落ち込んだこと。大学院に進んだ直後、大勢の前での発表が怖くて逃げだしたくなったこと。博士課程に進んでも「自分はここにふさわしい人間ではない」と長い間インポスター症候群にとらわれていたこと。「今年こそは走る」と新年の抱負をかかげては挫折を繰り返したこと。状況は違っても、多くの人が共感できそうなエピソードです。

本書の原題にある「プレゼンス」とは、自分の本当の気持ち、考え、自分が持っている力を信じ、ありのままの自分を発揮できている状態です。本書は、この私たちがめざすべき「プレゼンス」とは何かの考察を出発点に、自分で自分を信じることの大切さや、パワーが人にもたらす力を考察しながら、身体がどう心に影響するのか、身体を通じてどうプレゼンスへ導けるのかを多面的にみていきます。

プレゼンスの本質は「目の前の今に向き合い、大事な場面で本来の自分を十分に発揮すること」です。それが必要になるのは、面接やオーディションのような特別な場に限りません。抱えている大事な仕事を無事やりとげられるだろうかと不安になる。家庭や職場で大事な話をうまく切り出す勇気がない。教室や会議室で、自分の意見を発する自信がない。私たちが日々直面するこうしたチャレンジにも、身体から心にはたらきかける手法が生かせることを、本書で紹介されている多くの研究例と体験談が教えてくれます。

本書を訳出する長い道のりのなかで、私自身も試してみました。手で首にふれ、うつむいて考え込んでいるのに気づいたら、前を向いて肩を開いてみる。机を離れ外へ出て、背筋を伸ばし大きく手を振って歩いてみる。「私はできる」と言い聞かせるよりも、「身体が心に影響する」のを感じられた気がします。

著者はフェイスブックやツイッターなどのソーシャルメディアでも積極的に発信しています。自身の講演や、本書の刊行を受けてのメディアへの出演をはじめ、ほかの研究者が発信する心理学の知見も進んで紹介しています。その投稿に対しては、世界中のさまざまな人々から「勇気づけられた」「試してみたら自信をもって大事な場面に臨めた」と感謝や称賛、共感が日々寄せられているのがわかります。

　幼いころ、あまり人に好かれないような小さな生きものを愛し、もともと偏見や差別の研究者としてスタートしたという著者は、「自身の関心はつねに疎外されていると感じている人々にある」といいます。自信がなく自分を場違いだと感じている人、困難な状況にあってパワーをなくしている人に向けるまなざしが、本書の言葉の端々に感じられます。ＴＥＤのなかでも、社会的な力を持たない人にこそ、自分で自分のパワーを引き出せるパワーポーズの科学を活用してほしいと呼びかけています。

　本書には「身体が心をつくる」ことを示す知見が詰まっているのと同時に、勇気づけられるメッセージがこめられています。姿勢を変える、しぐさを変えるという小さな変化を実践して自分を誘導し、大事なときに最高の自分を引き出すためのツールはあなた自身のなかにある、というメッセージです。誰でもときに自信とパワーと失うことはありますが、すべての人に、自分の持つ力を信じ、それを発揮していきいきと日々の挑戦に臨んでほしいと願う著者の声が、多くの方に届きますように。

　なお、本文中の引用文は、引用元を明示したもの以外は訳者の訳であることを付記しておきます。

　翻訳にあたっては、早川書房の三村純さん、校正者の谷内麻恵さんに折に触れて的確な助言や提案をいただきました。心よりお礼申し上げます。

二〇一六年六月

原　注

第1章　プレゼンスとは何か

1. 実際は5階だったかもしれません。どちらにしても1000階くらいに感じました。
2. Diderot, D. (1830). *Paradoxe sur le comédien: Ouvrage posthume*. Paris: A. Sautelet, 37.（ディドロ『逆説・俳優について』小場瀬卓三訳、未來社、1976）
3. アラン・ワッツは『不安であることの知恵（*The Wisdom of Insecurity*）』で次のように書いています。「私たちが未来についてわかることは、すべて抽象的で論理的な要素——推論、推測、演繹——から成り立っている。だから、味わうこともふれることも、匂いをかぎ、目で見、耳で聞き、楽しむこともできない。それを追い求めるのはつねに消えていく幻を追い求めるのと同じで、すばやく追いかけるほどすばやく消えてゆく」Watts, A. (2011). *The wisdom of insecurity: A message for an age of anxiety.* New York: Vintage (original work published 1951), 60.
4. Ibid., 87.
5. Ibid., 61.
6. 以下を参照。Balachandra, L. (2015). *Keep calm and pitch on: Balancing and moderating affect in the entrepreneur's pitch.* Manuscript submitted for publication.
7. 面接応募者が口頭で述べたことが、面接官による応募者の評価と採用に値するかどうかの最終判断に与える影響を考察した研究で、アンジェラ・ヤングとミシェル・カクマーは次のように結論づけています。「熱意、自分への自信、人を引きつけて動かす力という、人との関係において表れるその人の特徴は、応募者の全体的な資質に対する面接官の評価と最終的な採用決定に重要な影響を示した」(Young, A. M., & Kacmar, C. M. [1998]. ABCs of the interview: The role of affective, behavioral, and cognitive responses by applicants in the employment interview. *International Journal of Selection and Assessment, 6,* 211–221.)
8. 起業家の熱意が起業家自身と仕事上起業家にかかわる人の双方にもたらす影響を考察した研究について、以下の論文に優れたまとめがあります。Cardon, M. S., Wincent, J., Singh, J., & Drnovsek, M. (2009). The nature and experience of entrepreneurial passion. *Academy of Management Review, 34,* 511–532. また Cardon, M. S., Gregoire, D. A., Stevens, C. E., & Patel, P. C. (2013). Measuring entrepreneurial passion: Conceptual foundations and scale validation. *Journal of Business Venturing, 28,* 373–396.
9. Levine, S. P., & Feldman, R. S. (2002). Women and men's nonverbal behavior and self-monitoring in a job interview setting. *Applied HRM Research, 7,* 1–14; Gudykunst, W. B., & Nishida, T. (2001). Anxiety, uncertainty, and perceived effectiveness of communication across relationships and cultures. *International Journal of Intercultural Relations, 25,* 55–71; McCarthy, J., & Goffin, R. (2004). Measuring job interview anxiety: Beyond weak knees and sweaty palms. *Personnel Psychology, 57,* 607–637.
10. DeGroot, T., & Motowidlo, S. J. (1999). Why visual and vocal interview cues can affect interviewers' judgments and predict job performance. *Journal of Applied Psychology, 84,* 986–993; McGovern, T. V., & Tinsley, H. E. (1978). Interviewer evaluations of interviewee nonverbal behavior. *Journal of Vocational Behavior, 13,* 163–171.
11. Baron, R. A. (1986). Self-presentation in job interviews: When there can be "too much of a good thing." *Journal of Applied Social Psychology, 16,* 16–28.
12. ステレオタイプ、偏見、差別に関する私の研究については以下を参照。Cuddy, A. J., Fiske, S. T., & Glick, P. (2008). Warmth and competence as universal dimensions of social perception: The stereotype content model and the BIAS map. In M. P. Zanna (Ed.), *Advances in experimental social psychology,* Vol. 40 (pp. 61–149). Waltham, MA: Academic Press; Cuddy, A. J. C., Glick, P., & Beninger, A. (2011). The dynamics

of warmth and competence judgments, and their outcomes in organizations. *Research in Organizational Behavior, 31*, 73–98.
13. プライバシーに配慮し、本書に登場する方の名前は一部仮名としています。
14. Popova, M. (2014, January 6). An antidote to the age of anxiety. http://www.brainpickings.org/2014/01/06/alan-watts-wisdom-of-insecurity-1/.
15. Haigh, J. (1994). Fear, truth and reality in making presentations. *Management Decision, 32*, 58–60.
16.「本物になるまでふりをする」と表現している方法ですが、これについてはあとの章で詳しく取り上げます。基本的な考えかたは「私たちはときに自分にトリックを使って、自分自身を見つめ、自分にはこれだけの力があるのだと知る必要がある」ということです。他人をだますのではありません。私にそんな力があるはずがない、と自分以外の他者が決めつける理由はないからです。自分で自分の行く手をさえぎってしまっているとき、ふりをして自分を仕向けることも必要なのです。
17. Cuddy, A. J. C., Wilmuth, C. A., & Thornley, N. Nonverbal presence signals believability in job interviews. Working manuscript.
18. 内向性についてもっと知りたい方は、スーザン・ケインによるベストセラー *Quiet: The Power of Introverts in a World That Can't Stop Talking*. New York: Crown（『内向型人間のすごい力——静かな人が世界を変える』古草秀子訳、講談社+α文庫、2015）を強くおすすめします。本文の引用は以下の記事より。August 24, 2015, *Wall Street Journal* article by Elizabeth Bernstein, "Why Introverts Make Great Entrepreneurs" : http://www.wsj.com/articles/why-introverts -make-great-entrepreneurs-1440381699.
19. 印象操作が採用面接の結果にどう影響するかを詳しく知りたい方は以下を参照。Barrick, M. R., Shaffer, J. A., & DeGrassi, S. W. (2009). What you see may not be what you get: Relationships among self-presentation tactics and ratings of interview and job performance. *Journal of Applied Psychology, 94*, 1394–1411; Tsai, W. C., Chen, C. C., & Chiu, S. F. (2005). Exploring boundaries of the effects of applicant impression management tactics in job interviews. *Journal of Management, 31*, 108–125; Gilmore, D. C., & Ferris, G. R. (1989). The effects of applicant impression management tactics on interviewer judgments. *Journal of Management, 15*, 557–564; Stevens, C. K., & Kristof, A. L. (1995). Making the right impression: A field study of applicant impression management during job interviews. *Journal of Applied Psychology, 80*, 587–606; Howard, J. L., & Ferris, G. R. (1996). The employment interview context: Social and situational influences on interviewer decisions. *Journal of Applied Social Psychology, 26*, 112–136; Baron, R. A. (1986). Self-presentation in job interviews: When there can be "too much of a good thing." *Journal of Applied Social Psychology, 16*, 16–28; Baron, R. A. (1989). Impression management by applicants during employment interviews: The "too much of a good thing effect." In R. W. Eder & G. R. Ferris (Eds.), *The employment interview: Theory, research, and practice*. Newbury Park, CA: Sage Publications.
20. Marr, J. C., & Cable, D. M. (2014). Do interviewers sell themselves short? The effects of selling orientation on interviewers' judgments. *Academy of Management Journal, 57*, 624–651.
21. Kernis, M. H. (2003). Toward a conceptualization of optimal self-esteem. *Psychological Inquiry, 14*, 1–26. を参照。
22. Perkins, A. M., & Corr, P. J. (2014). Anxiety as an adaptive emotion. In G. Parrott (Ed.), *The positive side of negative emotions*. New York: Guilford Press. を参照。
23. Todd, A. R., Forstmann, M., Burgmer, P., Brooks, A. W., & Galinsky, A. D. (2015). Anxious and egocentric: How specific emotions influence perspective taking. *Journal of Experimental Psychology: General, 144*, 374–391.
24. Jung, C. G. (1962). *An analysis of a prelude to a case of schizophrenia*. Vol. 2 of *Symbols of transformation*. (R. F. C. Hull, Trans.). New York: Harper & Brothers.
25. うそをつく人に関するステレオタイプについては以下を参照。Hartwig, M., & Bond, C. F., Jr. (2011). Why do lie-catchers fail? A lens model meta-analysis of human lie judgments. *Psychological Bulletin, 137*, 643–659.
26. Henig, R. M. (2006, February 5). Looking for the lie. *The New York Times Magazine*, 47–53.

27. ただ、グラナダ大学の研究グループがサーモグラフィーを使って調べたところ、うそをつくと鼻の周辺の温度が上がることを示す結果が得られたそうです。ただしこれは裸眼で見ても確認できないため、本当の意味での「ピノキオ効果」とはいえません。以下を参照してください。University of Granada. (2012, December 3). Researchers confirm the "Pinocchio Effect" : When you lie, your nose temperature raises. http://canalugr.es/index.php/social-economic-and-legal-sciences/item/61182-researchers-confirm-the-"pinocchio-effect"-when-you-lie-your-nose -temperature-raises.
28. Darwin, C. (1872). *The expression of the emotions in man and animals*. Chicago: University of Chicago Press.（ダーウィン『人及び動物の表情について』、浜中浜太郎訳、岩波文庫、1991）（引用は以下から。ten Brinke, Leanne; MacDonald, Sarah; Porter, Stephen; O'Connor, Brian. [2012]. Crocodile tears: Facial, verbal and body language behaviours associated with genuine and fabricated remorse. *Law and Human Behavior, 36*, 51–59.）
29. Ormerod, T. C., & Dando, C. J. (2014). Finding a needle in a haystack: Toward a psychologically informed method for aviation security screening. *Journal of Experimental Psychology: General 144*, 76–84.
30. Ten Brinke et al., Crocodile tears, 52.
31. Ekman, P. (2009). *Telling lies: Clues to deceit in the marketplace, politics, and marriage* (Revised ed.). New York: W. W. Norton & Company.（P・エクマン『暴かれる嘘――虚偽を見破る対人学』、工藤力訳編、誠信書房、1992〔邦訳はオリジナル版より〕）
32. Ten Brinke et al., Crocodile tears, 51.
33. チャールズ・ボンドとベラ・デパウロが約2万5000人の実験参加者の反応を分析した結果、うそを正しく見抜いた人は54パーセントだったと報告しています。これはコインを投げて裏表を当てる確率をわずかに上回る程度にすぎません。この数値は過去に行なわれた多数の研究結果と一致しています。以下の論文を参照。Bond, C. F., & DePaulo, B. M. (2006). Accuracy of deception judgments. *Personality and Social Psychology Review, 10*, 214–234.
34. Etcoff, N. L., Ekman, P., Magee, J. J., & Frank, M. G. (2000). Lie detection and language comprehension. *Nature, 405*, 139.
35. Ten Brinke, L., Stimson, D., & Carney, D. R. (2014). Some evidence for unconscious lie detection. *Psychological Science, 25*, 1098–1105.
36. Repp, B. H., & Su, Y. H. (2013). Sensorimotor synchronization: A review of recent research (2006–2012). *Psychonomic Bulletin & Review, 20*, 403–452.

第2章　自分のストーリーを信じ、受けとめる

1. 自己の心理学についてもっと知りたい方には次の本を強くすすめます。Deci, E. L. (with Flaste, R.) (1995). *Why we do what we do: The dynamics of personal autonomy*. New York: Putnam.（エドワード・L・デシ、リチャード・フラスト『人を伸ばす力――内発と自律のすすめ』桜井茂男監訳、新曜社、1999）
2. 本当の自分、その人の本来の姿という概念に関する学術的な理論について少しふれておきます。カーニスとゴールドマンは自分に忠実な人が備えているものとして以下を挙げています。自身の目標、感情、自分への信頼を、たとえ相容れない場合でも認識し、知ろうとする意欲を持っていること。自身の特質、情動、経験、知識を先入観なく処理できること。自身のニーズ、希望、価値観に従って行動できること。他者に対して誠実でオープンであろうとする態度。また、ウッドは、自分に忠実であるために必要な要素として、その人の行動が自分で認識している個人的な価値観、選好、信条、モチベーションに沿っていることを挙げています。Maslow, A. H. (1965). Some basic propositions of a growth and self-actualization psychology. In G. Lindzey and L. Hall (Eds.), *Theories of personality: Primary sources and research* (pp. 307–316). New York: John Wiley; Rogers, C. R. (1963). The concept of the fully functioning person. *Psychotherapy: Theory, Research & Practice, 1*, 17–23; Kernis, M. H., & Goldman, B. M. (2006). A multicomponent conceptualization of authenticity: Theory and research. In M. P. Zanna (Ed.), *Advances in experimental social psychology,* Vol. 38 (pp. 283–357). Waltham, MA: Academic Press; Wood, A. M., Linley, P.

A., Maltby, J., Baliousis, M., & Joseph, S. (2008). The authentic personality: A theoretical and empirical conceptualization and the development of the Authenticity Scale. *Journal of Counseling Psychology, 55*, 385–399. Cable, D. M., Gino, F., & Staats, B. R. (2013). Breaking them in or eliciting their best? Reframing socialization around newcomers' authentic self-expression. *Administrative Science Quarterly, 58*, 1–36.
3. Lenton, A. P., Bruder, M., Slabu, L., & Sedikides, C. (2013). How does "being real" feel? The experience of state authenticity. *Journal of Personality, 81*, 276–289.
4. Lenton, A. (n.d.) Social Psychology Network profile. http://lenton.socialpsychology.org.
5. Sherman, D. K., & Cohen, G. L. (2006). The psychology of self-defense: Self-affirmation theory. In M. P. Zanna (Ed.), *Advances in experimental social psychology*, Vol. 38 (pp. 183–242). Waltham, MA: Academic Press.
6. Roberts, L. M., Dutton, J. E., Spreitzer, G. M., Heaphy, E. D., & Quinn, R. E. (2005). Composing the reflected best-self portrait: Building pathways for becoming extraordinary in work organizations. *Academy of Management Review, 30*, 712–736.
7. Roberts, L. M. (2010, September 30). *Your reflected best self.* http://positiveorgs.bus.umich.edu/news/your-reflected-best-self/.
8. Roberts et al., Composing the reflected best-self portrait.
9. Cohen, G. L., & Sherman, D. K. (2014). The psychology of change: Self-affirmation and social psychological intervention. *Annual Review of Psychology, 65*, 333–371.　また根拠として以下を引用しています。Steele, C. M. (1988). The psychology of self-affirmation: Sustaining the integrity of the self. *Advances in Experimental Social Psychology, 21*, 261–302.
10. Cohen & Sherman, The psychology of change. 本論文はこの理論に関する膨大な文献を広く網羅しわかりやすくまとめています。この手法と応用法について関心がある方には一読をおすすめします。
11. Creswell, J. D., Welch, W. T., Taylor, S. E., Sherman, D. K., Gruenewald, T. L., & Mann, T. (2005). Affirmation of personal values buffers neuroendocrine and psychological stress responses. *Psychological Science, 16*, 846–851.
12. Kirschbaum, C., Pirke, K. M., & Hellhammer, D. H. (1993). The Trier Social Stress Test — a tool for investigating psychobiological stress responses in a laboratory setting. *Neuropsychobiology, 28*, 76–81.
13. 急性ストレッサーがコルチゾール分泌反応にもたらす影響と、それが心理的幸福感において持つ意味については以下を参照。Dickerson, S. S., & Kemeny, M. E. (2004). Acute stressors and cortisol responses: a theoretical integration and synthesis of laboratory research. *Psychological Bulletin, 130*, 355–391.
14. Sherman, D. K., Bunyan, D. P., Creswell, J. D., & Jaremka, L. M. (2009). Psychological vulnerability and stress: The effects of self-affirmation on sympathetic nervous system responses to naturalistic stressors. *Health Psychology, 28*, 554–562.
15. Cohen & Sherman, The psychology of change. Kang, S.; Galinsky, A.; Kray, L.; and Shirako, A. (2015). Power affects performance when the pressure is on: Evidence for low-power threat and high-power lift. *Personality and Social Psychology Bulletin, 41*, 726– 735.
16. Creswell, J. D., Dutcher, J. M., Klein, W. M., Harris, P. R., & Levine, J. M. (2013). Self-affirmation improves problem-solving under stress. *PLoS ONE, 8*, e62593.
17. Schlegel, R. J., Hicks, J. A., Arndt, J., & King, L. A. (2009). Thine own self: True self-concept accessibility and meaning in life. *Journal of Personality and Social Psychology, 96*, 473–490.
18. すべての相関研究にいえることですが、変数間の因果の向きを確実に特定することはできません。相関関係があるといえるだけです。ただし、本研究のよく練られた理論的な根拠と入念な統計分析を鑑みると、語ったストーリーの性格が語り手のメンタルヘルスの動向に影響したと推察してさしつかえないといえそうです（そのうえで心の状態がストーリーの性格を補強していたり、ほかにも影響力のある要素が存在するとしても）。以下の論文を参照。Adler, J. M., Turner, A. F., Brookshier, K. M., Monahan, C., Walder-Biesanz, I., Harmeling, L. H., Albaugh, M., McAdams, D. P., & Oltmans, T. F. (2015). Variation in narrative identity is associated with trajectories of mental health over several years. *Journal of Personality and Social Psychology, 108*, 476–496.

19. Kahn, W. A. (1992). To be fully there: Psychological presence at work. *Human Relations, 45*, 321–349.
20. Ibid., 322.
21. Ibid., 325.
22. Cable, D. M., Gino, F., & Staats, B. R. (2013). Breaking them in or eliciting their best? Reframing socialization around newcomers' authentic self-expression. *Administrative Science Quarterly, 58*, 1–36.
23. 好きな著名人が感じの悪い人だとひどくがっかりするものです。その人を深みがあって細やかで聡明な人なのだろうと思っていた場合、またその人が生み出す曲や文章、映画の役柄などが自分にとって大切な意味のある場合はとくにそうです。そうしたものが自分にとって大切だからこそ、それを生み出した人にとっても大切な意味があってほしいと思いますが、その人が人間的に嫌な人だとそれが崩れてしまうのです。これが逆だったらどうでしょう。あなたの好きな著名人が、普通に思い描いていたよりもっと深く、細やかで聡明な人だとわかったら。一緒にいてごく自然に感じられて――垣根を感じさせずに気持ちを通わせ、快く受け入れてくれて――、たとえば1年前にサマーキャンプで出会って以来の親友だった気がしてくるような人だったら。そして自分だけでなく、その人と話をした人みんなが同じように感じていたのだと気づいたら。ジュリアン・ムーアはまさにそんな人でした。
24. Corliss, R. (2014, December 12). Review: Still Alice: Julianne Moore reveals Alzheimer's from the inside. *Time*. http://time.com/3628020/still-alice-julianne-moore-movie-review/.
25. Waterman, L. (n.d.). The most honest actress in Hollywood. *DuJour.* http://dujour.com/news/julianne-moore-interview-carrie-movie/.
26. Wurtz, J. (Producer). (2002, December 22). *Inside the actors studio* [Television broadcast]. New York: Bravo.
27. Dillon, K. (2015, August 28). What you should (and shouldn't) focus on before a job interview. *Harvard Business Review*. https://hbr.org/2015/08/what-you-should-and-shouldnt-focus-on-before-a-job-interview.

第3章　説教をやめ、耳を傾けよう――プレゼンスがプレゼンスを呼ぶ

1. 私たちとそのほかの研究者による、温かさと有能さに関する研究については以下を参照。 Cuddy, A. J. C., Fiske, S. T., & Glick, P. (2008). Warmth and competence as universal dimensions of social perception: The Stereotype Content Model and the BIAS Map. In M. P. Zanna (Ed.), *Advances in experimental social psychology*, Vol. 40 (pp. 61–149). Waltham, MA: Academic Press; Cuddy, A. J. C., Fiske, S. T., & Glick, P. (2007). The BIAS Map: Behaviors from intergroup affect and stereotypes. *Journal of Personality and Social Psychology, 92*, 631–648; Cuddy, A. J. C., Glick, P., & Beninger, A. (2011). The dynamics of warmth and competence judgments, and their outcomes in organizations. *Research in Organizational Behavior, 31*, 73–98; Fiske, S. T.,Cuddy, A. J. C., & Glick, P. (2007). Universal dimensions of social cognition: Warmth, then competence. *Trends in Cognitive Sciences, 11*, 77–83.
2. Casciaro, T., & Lobo, M. S. (2005). Competent jerks, lovable fools, and the formation of social networks. *Harvard Business Review, 83*, 92–99.
3. Ybarra, O., Chan, E., & Park, D. (2001). Young and old adults' concerns about morality and competence. *Motivation and Emotion, 25*, 85–100.
4. 関連する研究は次の論文を参照。 Wojciszke, B., Baryla, W., Parzuchowski, M., Szymkow, A., & Abele, A. E. (2011). Self-esteem is dominated by agentic over communal information. *European Journal of Social Psychology, 41*, 617–627.
5. Cuddy, A. J., Kohut, M., & Neffinger, J. (2013). Connect, then lead. *Harvard Business Review, 91*, 54–61.（「求められる2つの資質 温かいリーダーか、強いリーダーか」『ハーバード・ビジネス・レビュー』2014年1月号）
6. Zenger, J., & Folkman, J. (2013, May 2). I'm the boss! Why should I care if you like me? *Harvard Business Review*. https://hbr.org/2013/05/im-the-boss-why-should-i-care.
7. Lombardo, M. M., & McCall, M. W. J. (1984). *Coping with an intolerable boss.* Greensboro, NC: Center for Creative Leadership.

8. Ury, W. L. (2015). *Getting to yes with yourself: And other worthy opponents.* New York: HarperOne, 90–93.（ウィリアム・ユーリー『ハーバード流　最後までブレない交渉術——自分を見失わず、本当の望みをかなえる』中川治子訳、日本経済新聞出版社、2015）より引用。
9. 目的を共有すると集団内の衝突がどう減らせるかについては、以下を参照。Gaertner, S. L., Dovidio, J. F., Anastasio, P. A., Bachman, B. A., & Rust, M. C. (1993). The common ingroup identity model: Recategorization and the reduction of intergroup bias. *European Review of Social Psychology, 4,* 1–26.
10. 手続き的公正についてより深く知るには、とくに以下の論文を参照。Tyler, T. R., & Blader, S. L. (2003). The group engagement model: Procedural justice, social identity, and cooperative behavior. *Personality and Social Psychology Review,* 7(4), 349–361, and Bagdadli, S., Roberson, Q., & Paoletti, F. (2006). The mediating role of procedural justice in responses to promotion decisions. *Journal of Business and Psychology, 21,* 83–102.
11. Lloyd, K. J., Boer, D., Kluger, A. N., & Voelpel, S. C. (2015). Building trust and feeling well: Examining intraindividual and interpersonal outcomes and underlying mechanisms of listening. *International Journal of Listening* 29(1), 12–29.
12. この事例は対照実験ではないため、若者による暴力が減った背景にほかの要素が関連している可能性は排除できません。おそらく、ほかの要素も貢献していると考えていいでしょう。それでも、元ハーバード大学ケネディ行政大学院（ケネディ・スクール）所属のアンソニー・A・ブラガと同僚らが詳細に分析した結果、ボストン10項目連合の活動は、変化をもたらした要因として多大なかつユニークな影響力があったと明確に結論づけています。以下の論文を参照。Braga, A. A., Kennedy, D. M.,Waring, E. J., & Piehl, A. M. (2001). Problem-oriented policing, deterrence, and youth violence: An evaluation of Boston's Operation Ceasefire. *Journal of Research in Crime and Delinquency,* 38(3), 195–225.

第4章　私はここにいるべき人間じゃない

1. Clance, P. R., & Imes, S. A. (1978). The imposter phenomenon in high achieving women: Dynamics and therapeutic intervention. *Psychotherapy: Theory, Research & Practice, 15,* 241–247.
2. Izadi, E. (2015, May 28). At Harvard, Natalie Portman acknowledges what many of us feel: Impostor syndrome. *The Washington Post.* http://www.washingtonpost.com/news/grade-point/wp/2015/05/28/natalie-portmans-harvard-speech-reminds-us-how-we-all-can-feel-we-arent-smart-enough/.
3. Clance, P. R. (1985). *The impostor phenomenon: When success makes you feel like a fake.* New York: Bantam Books, 20–22.（ポリーヌ・R・クランス『インポスター現象』小此木啓吾、大野裕訳、筑摩書房、1988）測定尺度は以下で見ることができます。http://paulineroseclance.com/pdf/IPTestandscoring.pdf.
4. Clance & Imes, The imposter phenomenon in high achieving women, 241.
5. Ibid.
6. Ibid., 242.
7. これを裏付ける山ほどの研究報告についてここで取り上げることはできないため、よくまとめられた（そして悩ましい結果を示している）研究の一例を以下に挙げておきます。Moss-Racusin, C. A., Dovidio, J. F., Brescoll, V. L., Graham, M. J., & Handelsman, J. (2012). Science faculty's subtle gender biases favor male students. *Proceedings of the National Academy of Sciences, 109,* 16474–16479.
8. Langford, J., & Clance, P. R. (1993). The imposter phenomenon: Recent research findings regarding dynamics, personality and family patterns and their implications for treatment. *Psychotherapy: Theory, Research, Practice, Training, 30,* 495–501; Castro, D. M., Jones, R. A., & Mirsalimi, H. (2004). Parentification and the impostor phenomenon: An empirical investigation. *The American Journal of Family Therapy, 32,* 205–216; Vergauwe, J., Wille, B., Feys, M., De Fruyt, F., & Anseel, F. (2015). Fear of being exposed: The trait-relatedness of the impostor phenomenon and its relevance in the work context. *Journal of Business and Psychology,* 30(3), 565– 581.
9. McGregor, L. N., Gee, D. E., & Posey, K. E. (2008). I feel like a fraud and it depresses me: The relation between the imposter phenomenon and depression. *Social Behavior and Personality: An International*

Journal, 36, 43–48; Jöstl, G., Bergsmann, E., Lüftenegger, M., Schober, B., & Spiel, C. (2012). When will they blow my cover? The impostor phenomenon among Austrian doctoral students. *Zeitschrift für Psychologie, 220*, 109–120.

10. Rudman, L. A., & Fairchild, K. (2004). Reactions to counterstereotypic behavior: The role of backlash in cultural stereotype maintenance. *Journal of Personality and Social Psychology, 87*, 157–176.

11. ステレオタイプから逸脱した女性に対するバックラッシュについての優れた考察は、以下の論文を参照。Rudman, L. A., & Phelan, J. E. (2008). Backlash effects for disconfirming gender stereotypes in organizations. *Research in organizational behavior, 28*, 61–79.

12. ここに挙げた属性を含むインポスター現象に関する研究例については、ポリーヌ・ローズ・クランスが集めた参考文献のリストで見ることができます。 http://paulineroseclance.com/pdf/IP%20Ref%20List-MOST%20RECENT-8-2-13.doc.

13. Matthews, G., & Clance, P. R. (1985). Treatment of the impostor phenomenon in psychotherapy clients. *Psychotherapy in Private Practice, 3*, 71–81.

14. Friedman, A. (2013, October 22). Not qualified for your job? Wait, you probably are. *Pacific Standard*. http://www.psmag.com/business-economics/qualified-job-wait-probably-imposter-syndrome-psychology-68700.

15. Bernard, N. S., Dollinger, S. J., & Ramaniah, N. V. (2002). Applying the big five personality factors to the impostor phenomenon. *Journal of Personality Assessment, 78*, 321–333; Castro et al., Parentification and the impostor phenomenon; Clance & Imes, The imposter phenomenon in high achieving women.

16. 実際、多くの性格特性とインポスター現象に相関関係がみられることを心理学者が指摘しています。たとえば、完璧主義でパフォーマンス不安がある（Thompson, T., Foreman, P., & Martin, F. [2000]. Impostor fears and perfectionistic concern over mistakes. *Personality and Individual Differences, 29*, 629–647)、自己受容が低く、置かれた環境を自分でコントロールできている感覚に乏しい（September, A. N., McCarrey, M., Baranowsky, A., Parent, C., & Schindler, D. [2001]. The relation between well-being, impostor feelings, and gender role orientation among Canadian university students. *The Journal of Social Psychology, 141*, 218–232)、神経質な傾向が強い一方で誠実性が低い (Bernard et al., Applying the big five personality factors to the impostor phenomenon)、自尊心が低い (Cozzarelli, C., & Major, B. [1990]. Exploring the validity of the impostor phenomenon. *Journal of Social and Clinical Psychology, 9*, 401–417)、内向的な性格 (Lawler, N. K. [1985]. The impostor phenomenon in high achieving persons and Jungian personality variables. [Doctoral dissertation, Georgia State University, 1984]. *Dissertation Abstracts International, 45*, 86; Prince, T. J. [1989]. The impostor phenomenon revisited: A validity study of Clance's IP Scale. Unpublished master's thesis, Georgia State University, Atlanta) などが挙げられています。インポスター現象と相関性のある特性のパターンや傾向があるのは確かです。ですが、多くの場合、そうした特性とインポスター現象との関連については、どちらがどちらを引き出しているのかがはっきりとはわかりません。そうした特性がインポスター現象を引き起こしているのか、インポスター現象のせいでそうした特性が表れているのか明確ではないのです。インポスター現象とこれらの特性は互いに影響しあっていて、問題を複雑で深刻にしていると考えてよさそうです。インポスター現象は性格的特性の産物であると同時に、与えられた環境がもたらす産物でもあるのです。(McElwee, R., & Yurak, T. J. [2010]. The phenomenology of the Impostor Phenomenon. *Individual Differences Research, 8*, 184–197).

17. Kumar, S., & Jagacinski, C. M. (2006). Imposters have goals too: The imposter phenomenon and its relationship to achievement goal theory. *Personality and Individual Differences, 40*, 147–157; September et al., The relation between well-being, impostor feelings, and gender role orientation among Canadian university students; Clance & Imes, The imposter phenomenon in high achieving women.

18. Thompson, T., Davis, H., & Davidson, J. (1998). Attributional and affective responses of impostors to academic success and failure outcomes. *Personality and Individual Differences, 25*, 381–396.

19. メールをくれた方のプライバシー保護のため、名前、場所、そのほかの情報を一部変更しています。

20. Thompson, T., Foreman, P., & Martin, F. (2000). Impostor fears and perfectionistic concern over mistakes. *Personality and Individual Differences, 29*, 629–647.

21. Cozzarelli & Major, Exploring the validity of the impostor phenomenon; Thompson et al., Impostor fears and perfectionistic concern over mistakes.
22. Kim, Y. H., Chiu, C. Y., & Zou, Z. (2010). Know thyself: Misperceptions of actual performance undermine achievement motivation, future performance, and subjective well-being. *Journal of Personality and Social Psychology, 99*, 395–409.
23. Schmader, T., Johns, M., & Forbes, C. (2008). An integrated process model of stereotype threat effects on performance. *Psychological Review*, 115, 336–356.
24. O'Reilly, J., Robinson, S. L., Berdahl, J. L., & Banki, S. (2014). Is negative attention better than no attention? The comparative effects of ostracism and harassment at work. *Organization Science, 26*, 776–793.
25. Eisenberger, N. I., Lieberman, M. D., & Williams, K. D. (2003). Does rejection hurt? An fMRI study of social exclusion. *Science, 302*, 290–292.
26. Sanford, A. A., Ross, E. M., Blake, S. J., & Cambiano, R. L. (2015). Finding courage and confirmation: Resisting impostor feelings through relationships with mentors, romantic partners, and other women in leadership. *Advancing Women in Leadership, 35*, 33–43.

第5章　パワーのなさは足かせになり、パワーは自由をさずけてくれる

1. メールをくれた方のプライバシー保護のため、名前とそのほかの情報を一部変更しています。
2. Keltner, D., Gruenfeld, D. H., & Anderson, C. (2003). Power, approach, and inhibition. *Psychological Review, 110*, 265–284.
3. Ibid., 268.
4. E・トーリー・ヒギンズが提唱したこの理論は制御焦点理論（regulatory focus theory）と呼ばれ、現代心理学の中でもとくに注目されている理論の一つです。文献にあたってみると、じつに多くの研究者がさまざまな領域で取り入れ、研究を行なっているのがわかると思います。手始めとして推薦するのは Brockner, J., & Higgins, E. T. (2001). Regulatory focus theory: Implications for the study of emotions at work. *Organizational Behavior and Human Decision Processes, 86*, 35–66. です。著者らは次のように説明しています。

> 従来の理論と研究は、人が自己制御する際の焦点には二種類あることを示している。促進に焦点を当てた人は、進歩や発展を志向して動き、現実の自己（自身の行動と自己概念）を理想の自己（こうなりたいという希望と目標意識にもとづく自己基準）に近づけようとする。予防に焦点を当てた人は、安全欲求に反応して動き、現実の自己を義務的な自己（自身が感じる義務と責任にもとづく自己基準）に合わせようとする。戦略上、促進焦点の人は、熱意やポジティブな結果の獲得が優勢な状態、一方予防焦点の人は、警戒やネガティブな結果の回避が優勢な状態である。制御焦点はその人の感情経験のありかたに影響する。促進焦点型の人の感情は喜びか落胆かの次元で生じ、予防焦点型の人の感情は安堵か動揺かの次元で生じる。

5. Thurman, H. (1953). *Meditations of the heart*. Boston: Beacon Press.
6. 社会的なパワーにまつわる——とりわけいつどのようにそれを行使するかにまつわる——幅広い考察を行なった非常に興味深い一冊として、この分野における二人の第一人者、コロンビア・ビジネス・スクール教授アダム・ガリンスキーとウォートン・スクール教授モーリス・シュバイツァーによる *Friend and foe: When to cooperate, when to compete, and how to succeed at both* (New York: Crown) を挙げておきます。
7. Magee, J. C., & Galinsky, A. D. (2008). Social hierarchy: The self-reinforcing nature of power and status. *The Academy of Management Annals, 2*, 351–398, 351.
8. Smith, P. K., & Galinsky, A. D. (2010). The nonconscious nature of power: Cues and consequences. *Social and Personality Psychology Compass, 4*, 918–938.

9. 本章で紹介する研究例のほとんどが社会的なパワーに関するものですが、多くが個人的なパワーにもあてはまると思います。どちらのパワーもコントロール感をもたらすからです。
10. Tomaka, J., Blascovich, J., Kelsey, R. M., & Leitten, C. L. (1993). Subjective, physiological, and behavioral effects of threat and challenge appraisal. *Journal of Personality and Social Psychology, 65(2)*, 248.
11. Qin, S., Hermans, E. J., van Marle, H. J., Luo, J., & Fernández, G. (2009). Acute psychological stress reduces working memory-related activity in the dorsolateral prefrontal cortex. *Biological Psychiatry, 66*, 25–32; Liston, C., McEwen, B. S., & Casey, B. J. (2009). Psychosocial stress reversibly disrupts prefrontal processing and attentional control. *Proceedings of the National Academy of Sciences, 106*, 912–917.
12. Derakshan, N., & Eysenck, M. W. (2009). Anxiety, processing efficiency, and cognitive performance: New developments from attentional control theory. *European Psychologist, 14*, 168–176.
13. Smith, P. K., Jostmann, N. B., Galinsky, A. D., & van Dijk, W. W. (2008). Lacking power impairs executive functions. *Psychological Science, 19*, 441–447.
14. Stroop, J. R. (1935). Studies of interference in serial verbal reactions. *Journal of Experimental Psychology 18(6)*, 643–662.
15. Todd, A. R., Forstmann, M., Burgmer, P., Brooks, A. W., & Galinsky, A. D. (2015). Anxious and egocentric: How specific emotions influence perspective taking. *Journal of Experimental Psychology: General, 144*, 374–391.
16. Mor, N., & Winquist, J. (2002). Self-focused attention and negative affect: A meta-analysis. *Psychological Bulletin, 128*, 638–662.
17. Gendolla, G. E., Abele, A. E., Andrei, A., Spurk, D., & Richter, M. (2005). Negative mood, self-focused attention, and the experience of physical symptoms: The joint impact hypothesis. *Emotion, 5*, 131–144.
18. Gilovich, T., Medvec, V. H., & Savitsky, K. (2000). The spotlight effect in social judgment: An egocentric bias in estimates of the salience of one's own actions and appearance. *Journal of Personality and Social Psychology, 78*, 211–222.
19. Gaydukevych, D., & Kocovski, N. L. (2012). Effect of self-focused attention on post-event processing in social anxiety. *Behaviour Research and Therapy, 50*, 47–55.
20. Kuehn, M. M., Chen, S., & Gordon, A. M. (2015). Having a thicker skin: Social power buffers the negative effects of social rejection. *Social Psychological and Personality Science, 6*, 701–709.
21. Carney, D. R., Yap, A. J., Lucas, B. J., Mehta, P. H., McGee, J., & Wilmuth, C. (working paper). Power buffers stress — for better and for worse. http://faculty.haas.berkeley.edu/dana_carney/vita.html.
22. Schmid Mast, M., Jonas, K., & Hall, J. A. (2009). Give a person power and he or she will show interpersonal sensitivity: The phenomenon and its why and when. *Journal of Personality and Social Psychology, 97*, 835–850.
23. Karremans, J. C., & Smith, P. K. (2010). Having the power to forgive: When the experience of power increases interpersonal forgiveness. *Personality and Social Psychology Bulletin, 36*, 1010–1023.
24. Shepherd, S. V., Deaner, R. O., & Platt, M. L. (2006). Social status gates social attention in monkeys. *Current Biology, 16*, R119–R120.
25. Anderson, C., & Berdahl, J. L. (2002). The experience of power: Examining the effects of power on approach and inhibition tendencies. *Journal of Personality and Social Psychology, 83*, 1362–1377.
26. Goodstadt, B. E., & Hjelle, L. A. (1973). Power to the powerless: Locus of control and the use of power. *Journal of Personality and Social Psychology, 27*, 190–196.
27. Fast, N. J., Burris, E. R., & Bartel, C. A. (2014). Managing to stay in the dark: Managerial self-efficacy, ego defensiveness, and the aversion to employee voice. *Academy of Management Journal, 57*, 1013–1034.
28. Smith, P. K., Dijksterhuis, A., & Wigboldus, D. H. (2008). Powerful people make good decisions even when they consciously think. *Psychological Science, 19*, 1258–1259, 1258.
29. Galinsky, A. D., Magee, J. C., Gruenfeld, D. H., Whitson, J., & Liljenquist, K. A. (2008). Power reduces the press of the situation: Implications for creativity, conformity, and dissonance. *Journal of Personality and Social Psychology, 95*, 1450–1466.

30. Hecht, M. A., & LaFrance, M. (1998). License or obligation to smile: The effect of power and sex on amount and type of smiling. *Personality and Social Psychology Bulletin, 24*, 1332–1342.
31. Keltner, D., Gruenfeld, D. H., & Anderson, C. (2003). Power, approach, and inhibition. *Psychological Review, 110*, 265–284.
32. Galinsky, A. D., Gruenfeld, D. H., & Magee, J. C. (2003). From power to action. *Journal of Personality and Social Psychology, 85*, 453–466.
33. Magee, J. C., Galinsky, A. D., & Gruenfeld, D. H. (2007). Power, propensity to negotiate, and moving first in competitive interactions. *Personality and Social Psychology Bulletin, 33*, 200–212.
34. Ibid.
35. Guinote, A. (2007). Power and goal pursuit. *Personality and Social Psychology Bulletin, 33*, 1076–1087.
36. Van der Toorn, J., Feinberg, M., Jost, J. T., Kay, A. C., Tyler, T. R., Willer, R., & Wilmuth, C. (2015). A sense of powerlessness fosters system justification: Implications for the legitimation of authority, hierarchy, and government. *Political Psychology, 36*, 93–110.
37. Kang, S. K., Galinsky, A. D., Kray, L. J., & Shirako, A. (2015). Power affects performance when the pressure is on: Evidence for low-power threat and high-power lift. *Personality and Social Psychology Bulletin, 41*, 726–735.
38. Nickols, R.A. (2013) *The relationship between self-confidence and interpretation of competitive anxiety before and after competition* (Doctoral dissertation). Retrieved from ProQuest. (Dissertation number 3560269.)
39. Stajkovic, A. D., & Luthans, F. (1998). Self-efficacy and work-related performance: A meta-analysis. *Psychological Bulletin, 124*, 240–261.
40. 少し補足を。テストステロンのレベルは男性が女性より約７～８倍高いですが、男性にも女性にも同じように作用します。少量ですがテストステロンは副腎皮質からも分泌されます。
41. さまざまな種におけるテストステロンとコルチゾールに関連性のある行動については、以下を参照。Mehta, P. H., & Josephs, R. A. (2010). Testosterone and cortisol jointly regulate dominance: Evidence for a dual-hormone hypothesis. *Hormones and Behavior, 58(5)*, 898–906.
42. Sapolsky, R. M. (1991). Testicular function, social rank and personality among wild baboons. *Psychoneuroendocrinology, 16(4)*, 281–293.
43. 詳しくは以下を参照。 Hamilton, L. D., Carré, J. M., Mehta, P. H., Olmstead, N., & Whitaker, J. D. (2015). Social neuroendocrinology of status: A review and future directions. *Adaptive Human Behavior and Physiology, 1(2)*, 202–230; Mehta & Josephs, Testosterone and cortisol jointly regulate dominance.
44. Sherman, G. D., Lee, J. J., Cuddy, A. J. C., Renshon, J., Oveis, C., Gross, J. J., & Lerner, J. S. (2012). Leadership is associated with lower levels of stress. *Proceedings of the National Academy of Sciences, 109*, 17903–17907.
45. これについての概観と、ストレスとパフォーマンスに関するそのほかの研究の概観については以下を参照。LeBlanc, V. R. (2009). The effects of acute stress on performance: Implications for health professions education. *Academic Medicine, 84(10)*, S25–S33.
46. Mehta & Josephs, Testosterone and cortisol jointly regulate dominance.
47. Sherman, G. D., Lerner, J. S., Josephs, R. A., Renshon, J., & Gross, J. J. (2015). The interaction of testosterone and cortisol is associated with attained status in male executives. *Journal of Personality and Social Psychology*. http://scholar.harvard.edu/files/jenniferlerner/files/sherman_lerner_et_al._in_press_testosterone_cortisol_and_attained_status_jpsp.pdf.
48. Mehta, P. H., & Prasad, S. (2015). The dual-hormone hypothesis: A brief review and future research agenda. *Current Opinion in Behavioral Sciences, 3*, 163–168.
49. Jiménez, M., Aguilar, R., & Alvero-Cruz, J. R. (2012). Effects of victory and defeat on testosterone and cortisol response to competition: Evidence for same response patterns in men and women. *Psychoneuroendocrinology, 37*, 1577–1581.
50. Edwards, D. A., & Casto, K. V. (2015). Baseline cortisol moderates testosterone reactivity to women's

intercollegiate athletic competition. *Physiology & Behavior, 142*, 48–51.
51. Edwards, D. A., & Casto, K. V. (2013). Women's intercollegiate athletic competition: Cortisol, testosterone, and the dual-hormone hypothesis as it relates to status among teammates. *Hormones and Behavior, 64*, 153–160.
52. Lee, J. J., Gino, F., Jin, E. S., Rice, L. K., & Josephs, R. A. (2015). Hormones and ethics: Understanding the biological basis of unethical conduct. *Journal of Experimental Psychology: General*, doi: 10.1037/xge0000099; *Science Daily* (2015, July 28). Hormones influence ethical behavior, experts say. http://www.sciencedaily.com/releases/ 2015/07/150728110809.htm.
53. Fiske, S. T. (1993). Controlling other people: The impact of power on stereotyping. *American Psychologist, 48*, 621–628.
54. Ibid.
55. Goodwin, S. A., Gubin, A., Fiske, S. T., & Yzerbyt, V. Y. (2000). Power can bias impression processes: Stereotyping subordinates by default and by design. *Group Processes & Intergroup Relations, 3*, 227–256.
56. Overbeck, J. R., & Park, B. (2006). Powerful perceivers, powerless objects: Flexibility of powerholders' social attention. *Organizational Behavior and Human Decision Processes, 99*, 227–243; Fiske, S. T. (1993). Controlling other people: The impact of power on stereotyping. *American Psychologist, 48*, 621–628; Goodwin et al., Power can bias impression processes.
57. Azzam, T. I., Beaulieu, D. A., & Bugental, D. B. (2007). Anxiety and hostility to an "outsider," as moderated by low perceived power. *Emotion, 7*, 660–667.
58. McGreal, C. (2012, June 9). Robert Caro: A life with LBJ and the pursuit of power. *The Guardian*. http://www.theguardian.com/world/2012/jun/10/lyndon-b-johnson-robert-caro-biography.

第6章　身をかがめる、塔をつくる——伝える身体

1. オールブラックスはこれまでテストマッチ（ナショナルチーム同士の国際試合）の76パーセントで勝利を挙げ、2015年にはワールドカップ優勝、同年の年間最優秀チーム（チーム・オブ・ザ・イヤー）に選ばれています。2003年にランキング制度が導入されて以来、ニュージーランドはほかの国が1位だった期間をすべて合わせたよりも長く世界ランク1位の座についています。また、テストマッチ通算400勝を世界で最初に達成したほか、2005年以降、8回にわたって年間最優秀チームに選出されています。以下を参照（2015年7月7日現在）。New Zealand national rugby union team. (n.d.) In Wikipedia. https://en.wikipedia.org/wiki/New_Zealand_national_rugby_union_team.
2. 以下、アジア系、太平洋島嶼国系、そのほか中東、ラテンアメリカ、アフリカ系など。ニュージーランド統計局（Statistics New Zealand Tatauranga Aotearoa）2013年国勢調査データ参照。(2014, April 15). *2013 Census QuickStats about culture and identity*. http://www.stats.govt.nz/Census/2013-census/profile-and-summary-reports/quickstats-culture-identity/ethnic-groups-NZ.aspx.
3. カ・マテの歌詞は以下を参照（2015年7月17日現在）。Haka (sports) (n.d.) in Wikipedia. https://en.wikipedia.org/wiki/Haka (sports); All Blacks. (n.d.); The Haka. http://allblacks.com/Teams/Haka; Wikipedia, New Zealand national rugby union team. ウィキペディアの記事ですが、どちらも信頼性の高い外部ソースへのリンクが多数含まれています。
4. Lewis, P. (2006, July 15). NZRU spin puts the 'ha' into new haka. *The New Zealand Herald*. http://www.nzherald.co.nz/opinion/news/article.cfm?c_id=466&objectid=10391465.
5. おすすめはこちら。https://www.youtube.com/watch?v=HcMO2NqntHA.
6. American International Group (2014, October 6). Haka: History. https://www.youtube.com/watch?v=AnlFocaA64M.
7. De Waal, F. (2008). *The ape and the sushi master: Reflections of a primatologist*. New York: Basic Books, 310.（フランス・ドゥ・ヴァール『サルとすし職人——〈文化〉と動物の行動学』西田利貞、藤井留美訳、原書房、2002）

8. 霊長類のボディランゲージについては以下を参照。de Waal, F. (2007). *Chimpanzee politics: Power and sex among apes* (25th anniversary ed.). Baltimore: Johns Hopkins University Press.（フランス・ドゥ・ヴァール『チンパンジーの政治学――サルの権力と性』西田利貞訳、産経新聞出版、2006）
9. Carney, D. R., Hall, J. A., & LeBeau, L. S. (2005). Beliefs about the nonverbal expression of social power. *Journal of Nonverbal Behavior, 29*, 105–123.
10. ジョー・ナヴァロからの私信（2015年7月9日）。より詳しくは以下を参照。Navarro, J., & Karlins, M. (2008). *What every body is saying.* New York: HarperCollins.（ジョー・ナヴァロ、マーヴィン・カーリンズ『FBI捜査官が教える「しぐさ」の心理学』西田美緒子訳、河出文庫、2012）
11. 力のある状態またはない状態に誘導するため、実験1では想起してもらう方法（参加者に、自分がパワーを有する側だったとき、またはパワーを持たない側だったときを思い出して記述してもらう）、実験2では役割を設定する方法（リーダーシップに関するうそのテストを行なったうえで、参加者に力を行使する役割か行使される役割のいずれかを無作為で与える）を用いています。Yap, A. J., Mason, M. F., & Ames, D. R. (2013). The powerful size others down: The link between power and estimates of others' size. *Journal of Experimental Social Psychology, 49*, 591–594. Https://www.researchgate.net/publication/256752593_The_powerful_size_others_down_The_link_between_power_and_estimates_of_others%27_size.
12. Charles Darwin (1872). *The expression of the emotions in man and animals.* London: John Murray.（ダーウィン『人及び動物の表情について』、浜中浜太郎訳、岩波文庫、1991）
13. Martens, J. P., Tracy, J. L., & Shariff, A. F. (2012). Status signals: Adaptive benefits of displaying and observing the nonverbal expressions of pride and shame. *Cognition & Emotion, 26*, 390–406, 391.
14. Tracy, J. L., & Robins, R. W. (2004). Show your pride: Evidence for a discrete emotion expression. *Psychological Science, 15*, 194–197.
15. Tracy, J. L., & Matsumoto, D. (2008). The spontaneous expression of pride and shame: Evidence for biologically innate nonverbal displays. *Proceedings of the National Academy of Sciences, 105*, 11655–11660.
16. Ibid.
17. Martens, Tracy, & Shariff, Status signals.
18. Martens, J. P., & Tracy, J. L. (2013). The emotional origins of a social learning bias: Does the pride expression cue copying? *Social Psychological and Personality Science*, *4*, 492–499.
19. Shariff, A. F., Tracy, J. L., & Markusoff, J. L. (2012). (Implicitly) judging a book by its cover: The power of pride and shame expressions in shaping judgments of social status. *Personality and Social Psychology Bulletin, 38*, 1178–1193.
20. 動作データの取得に用いた技術は、人の動きをとらえてアニメーションに応用する際に映画制作の現場で使われているのと同じ高度な技術です。簡単なマーカーを人の関節（および頭、手、足などの主な部分）に取り付け、カメラでとらえた動画データをソフトウェアに取り込んで各マーカーの三次元位置情報を取得します。このデータをアニメーションとして再現したり分析したりして使用します。
21. Cuddy, A. J. C., Troje, N., & Schultz, S. (2015). Kinematics of powerful versus powerless movement: Do the powerful walk with a swagger? Working manuscript. 実験の参加者が見て感じた歩く像の力の有無と、動きから判断した歩く像の性別のとらえかたには強い相関性がありました（すなわち、歩きかたの腕の振り、頭の動き、歩幅などを男性らしいと感じたときほど、参加者はその像を力強いと判断しました。歩く像の大きさや構造はどれも同じで、各点は動きだけを示しています）。実験の最終分析の段階では、性別と動きを結びつける情報は除きました。どの特徴が力の有無に関連しているかを明確にするためと、性的に中立の歩く像を今後の研究に向けて作成したかったためです。ここで示した像は直接の生データをもとに作成したものです（性別を示す情報を除いていない状態）。
22. こちらのリンクを参照。http://www.biomotionlab.ca/walking.php.
23. Stel, M., van Dijk, E., Smith, P. K., van Dijk, W. W., & Djalal, F. M. (2012). Lowering the pitch of your voice makes you feel more powerful and think more abstractly. *Social Psychological and Personality Science, 3*, 497–502; Puts, D. A., Hodges, C. R., Cárdenas, R. A., & Gaulin, S. J. (2007). Men's voices as dominance signals:

Vocal fundamental and formant frequencies influence dominance attributions among men. *Evolution and Human Behavior, 28*, 340–344; Puts, D. A., Gaulin, S. J., & Verdolini, K. (2006). Dominance and the evolution of sexual dimorphism in human voice pitch. *Evolution and Human Behavior, 27*, 283–296.

24. Ellyson, S. L., & Dovidio, J. F. (Eds.). (1985). *Power, dominance, and nonverbal behavior*. New York: Springer-Verlag; Holtgraves, T., & Lasky, B. (1999). Linguistic power and persuasion. *Journal of Language and Social Psychology, 18*, 196–205; Hosman, L. A. (1989). The evaluative consequences of hedges, hesitations and intensifiers. *Human Communication Research, 1*, 383–406; Keltner, D., & Harker, L. A. (1998). The forms and functions of the nonverbal display of shame. In P. Gilbert & B. Andrews (Eds.), *Interpersonal approaches to shame* (pp. 78– 98). Oxford: Oxford University Press.
25. Elizabeth Baily Wolf, unpublished manuscript.
26. Leaper, C., & Ayres, M. M. (2007). A meta-analytic review of gender variations in adults' language use: Talkativeness, affiliative speech, and assertive speech. *Personality and Social Psychology Review, 11*, 328–363.
27. La France, M., & Mayo, C. (1979). A review of nonverbal behaviors of women and men. *Western Journal of Communication, 43*, 96–107.
28. Cuddy et al., Kinematics of powerful versus powerless movement.
29. この研究の優れた考察が以下の本にあります。Adam Galinsky and Maurice Schweitzer's 2015 book, *Friend and foe: When to cooperate, when to compete, and how to succeed at both* (New York: Crown).
30. Holland, E., Baily Wolf, E., Looser, C., Cuddy, A. J. C. (2015). Visual attention to powerful postures: People reflexively avert their gaze from nonverbal dominance displays. Working manuscript.
31. Q&A with Jessica Tracy: *New York Times*. (2009, April 6). *Questioning pride*. http://consults.blogs.nytimes.com/2009/04/06/questioning-pride/.
誇りを示す動作に関するジェシカ・トレーシーの研究の簡単な概観は以下の論文を参照。Tracy, J. L., Randles, D., & Steckler, C. M. (2015). The nonverbal communication of emotions. *Current Opinion in Behavioral Sciences, 3*, 25– 30. http://www.sciencedirect.com/science/journal/23521546/3.
32. Tiedens, L. Z., & Fragale, A. R. (2003). Power moves: Complementarity in dominant and submissive nonverbal behavior. *Journal of Personality and Social Psychology, 84*, 558–568.
33. Barrick, M. R., Shaffer, J. A., & DeGrassi, S. W. (2009). What you see may not be what you get: Relationships among self-presentation tactics and ratings of interview and job performance. *Journal of Applied Psychology, 94*, 1394–1411. さまざまな印象操作の方法について考察がされており、口頭による操作には有意な効果がみられたものもありますが（ポジティブな言葉を使って自分を描写する、成功した体験談を話すなど）、非言語による操作（頻繁なアイコンタクトや笑顔など）では確認されていません（以下を参照。Gilmore, D. C., & Ferris, G. R. [1989]. The effects of applicant impression management tactics on interviewer judgments. *Journal of Management, 15*, 557–564; Stevens, C. K., & Kristof, A. L. [1995]. Making the right impression: A field study of applicant impression management during job interviews. *Journal of Applied Psychology, 80*, 587–606）。ただしその効果も以下のような場合はうすれるかあるいは消えてしまいます。面接に時間をかけた場合（Tsai, W. C., Chen, C. C., & Chiu, S. F. [2005]. Exploring boundaries of the effects of applicant impression management tactics in job interviews. *Journal of Management, 31*, 108–125 参照）、面接がよく練って系統立てられた、あるいは規格化された形式の場合（Barrick, M. R., Shaffer, J. A., & DeGrassi, S. W. [2009]. What you see may not be what you get: Relationships among self-presentation tactics and ratings of interview and job performance. *Journal of Applied Psychology, 94*, 1394–1411 参照）、そして面接官がよく訓練を受けている場合（Howard, J. L., & Ferris, G. R. [1996]. The employment interview context: Social and situational influences on interviewer decisions. *Journal of Applied Social Psychology, 26*, 112–136 参照）です。印象操作が採用決定につながるかつながらないかを左右する要因はほかにも多くあり、例として面接官と被面接者の性別（以下を参照。Baron, R. A. [1986]. Self-presentation in job interviews: When there can be "too much of a good thing." *Journal of Applied Social Psychology, 16*, 16–28; Rudman, L. A. [1998]. Self-promotion as a risk factor for women: The costs and benefits of counterstereotypical impression management. *Journal of Personality and Social Psychology, 74*, 629–645;

Von Baeyer, C. L., Sherk, D. L., & Zanna, M. P. [1981]. Impression management in the job interview when the female applicant meets the male (chauvinist) interviewer. *Personality and Social Psychology Bulletin, 7*, 45–51)、面接官の感情価（Baron, R. A. [1987]. Interviewer's moods and reactions to job applicants: The influence of affective states on applied social judgments. *Journal of Applied Social Psychology, 17*, 911–926 参照)、被面接者の面接官との類似性（Judge, T. A., Cable, D. M., & Higgins, C. A. [2001]. The employment interview: A review of recent research and recommendations for future research. *Human Resource Management Review, 10*, 383–406 参照）などが挙げられます。そしておそらくさらに重要なのが、被面接者が非言語行動で印象操作を試みるほど、面接官は相手が操作しようとしていると感じて誠実さに欠ける印象を抱き、その結果マイナス評価になり採用に至らない点です（Baron, Self-presentation in job interviews を参照)。

34. Semnani-Azad, Z., & Adair, W. L. (2011). The display of "dominant" nonverbal cues in negotiation: The role of culture and gender. *International Negotiation, 16*, 451–479.
35. American International Group, Haka: History.

第 7 章　幸せへの鍵「笑うから楽しい」

1. Fairbanks, E. (2015, February 25). How surfing taught me to make choices. *The Washington Post*. http://www.washingtonpost.com/posteverything/wp/2015/02/25/ how-surfing-taught -me-to-make-choices/.
2. Brower, V. (2006). Mind-body research moves towards the mainstream. *EMBO Reports, 7*, 358–361 より引用。
3. James, W. (1884). What is an emotion? *Mind, 9*, 188–205, 194.
4. 同じころ、デンマークの生理学者カール・ランゲも、身体の変化に反応して感情が生じるとする同様の説を独自に提唱しました。そのため、「非言語による表出は感情が喚起された結果ではなく感情が起きる原因である」とする説をジェームズ＝ランゲ説と呼ぶ場合が多くなっています。
5. James, What is an emotion?, 190.
6. Critchley, H. D., Mathias, C. J., & Dolan, R. J. (2001). Neuroanatomical basis for first-and second-order representations of bodily states. *Nature Neuroscience, 4*, 207–212; Critchley, H. D., Mathias, C. J., & Dolan, R. J. (2002). Fear conditioning in humans: The influence of awareness and autonomic arousal on functional neuroanatomy, *Neuron, 33*, 653–663.
7. Laird, J. D. (1974). Self-attribution of emotion: The effects of expressive behavior on the quality of emotional experience. *Journal of Personality and Social Psychology, 29*, 475–486.
8. Strack, F., Martin, L. L., & Stepper, S. (1988). Inhibiting and facilitating conditions of the human smile: A nonobtrusive test of the facial feedback hypothesis. *Journal of Personality and Social Psychology, 54*, 768–777. この研究は 1974 年にレアードがマンガを評価させる形で行なった実験（注 7 参照）と類似しています。
9. Dzokoto, V., Wallace, D. S., Peters, L., & Bentsi-Enchill, E. (2014). Attention to emotion and non-western faces: Revisiting the facial feedback hypothesis. *The Journal of General Psychology, 141*, 151–168; Mori, K., & Mori, H. (2009). Another test of the passive facial feedback hypothesis: When your face smiles, you feel happy. *Perceptual and Motor Skills, 109*, 76–78.
10. Ito, T. A., Chiao, K. W., Devine, P. G., Lorig, T. S., & Cacioppo, J. T. (2006). The influence of facial feedback on race bias. *Psychological Science*, 17, 256–261.
11. Mori, H., & Mori, K. (2007). A test of the passive facial feedback hypothesis: We feel sorry because we cry. *Perceptual and Motor Skills, 105*, 1242–1244.
12. Mori, K., & Mori, H. (2010). Examination of the passive facial feedback hypothesis using an implicit measure: With a furrowed brow, neutral objects with pleasant primes look less appealing. *Perceptual and Motor Skills, 111*, 785–789; Larsen, R. J., Kasimatis, M., & Frey, K. (1992). Facilitating the furrowed brow: An unobtrusive test of the facial feedback hypothesis applied to unpleasant affect. *Cognition & Emotion*, 6, 321–338; Duclos, S. E., & Laird, J. D. (2001). The deliberate control of emotional experience through control of expressions. *Cognition & Emotion, 15*, 27–56.

13. Lewis, M. B., & Bowler, P. J. (2009). Botulinum toxin cosmetic therapy correlates with a more positive mood. *Journal of Cosmetic Dermatology, 8*, 24–26.
14. Wollmer, M. A., de Boer, C., Kalak, N., Beck, J., Götz, T., Schmidt, T., . . . & Kruger, T. H. (2012). Facing depression with botulinum toxin: A randomized controlled trial. *Journal of Psychiatric Research, 46*, 574–581.
15. Neal, D. T., & Chartrand, T. L. (2011). Embodied emotion perception amplifying and dampening facial feedback modulates emotion perception accuracy. *Social Psychological and Personality Science, 2*, 673–678.
16. Dimberg, U., Thunberg, M., & Elmehed, K. (2000). Unconscious facial reactions to emotional facial expressions. *Psychological Science, 11*, 86–89.
17. North-Hager, E. (2011, April 22). Botox impairs ability to understand emotions of others. https:// pressroom .usc.edu/botox-impairs-ability-to-understand-emotions-of-others/.
18. Ibid.
19. Laird, J. D., & Lacasse, K. (2014). Bodily influences on emotional feelings: Accumulating evidence and extensions of William James's theory of emotion. *Emotion Review, 6*, 27–34, 31–32. 表情フィードバックに関する研究の全体的な概観については以下の本を参照。Laird, J. D. (2006). *Feelings: The perception of self.* Oxford: Oxford University Press.
20. PTSD（心的外傷後ストレス障害）の「D」を外し、disorder（障害）という言葉が持つ否定的なイメージを払拭しようという考えかたがあります。以下の記事を参照。Thompson, M. (2011, June 5). *The disappearing "disorder": Why PTSD is becoming PTS.* http://nation.time.com/2011/06/05/the-disappearing-disorder-why-ptsd-is-becoming-pts/.
21. Van der Kolk, B. A. (2014). *The body keeps the score*. New York: Viking, 213.（2016 年に紀伊國屋書店より邦訳刊行予定）
22. Interlandi, J. (2014, May 22). A revolutionary approach to treating PTSD. *The New York Times Magazine*. http://www.nytimes.com/2014/05/25/magazine/a-revolutionary-approach-to-treating-ptsd.html.
23. Seppälä, E. M., Nitschke, J. B., Tudorascu, D. L., Hayes, A., Goldstein, M. R., Nguyen, D. T. H., Perlman, D., & Davidson, R. J. (2014). Breathing-based meditation decreases posttraumatic stress disorder symptoms in U.S. military veterans: A randomized controlled longitudinal study. *Journal of Traumatic Stress, 27*, 397–405.
24. 同論文からの引用。
25. McGonigal, K. (2009). *Yoga for pain relief: Simple practices to calm your mind and heal your chronic pain.* Oakland, CA: New Harbinger Publications.（ケリー・マクゴニガル『ケリー・マクゴニガルの痛みを癒すヨーガ』駒野宏人監修、瓜本美穂訳、ガイアブックス、2014）
26. Van der Kolk, *The body keeps the score*, 214.
27. Ibid., 208. 本書では呼吸と動きに絞って取り上げていますが、リズムや歌う行為もプレゼンスを導く助けになります。ヴァンダーコークの著作を参照。
28. Van der Kolk, B. A., Stone, L., West, J., Rhodes, A., Emerson, D., Suvak, M., & Spinazzola, J. (2014). Yoga as an adjunctive treatment for posttraumatic stress disorder: A randomized controlled trial. *The Journal of Clinical Psychiatry, 75*, 559–565.
29. Melville, G. W., Chang, D., Colagiuri, B., Marshall, P. W., & Cheema, B. S. (2012). Fifteen minutes of chair-based yoga postures or guided meditation performed in the office can elicit a relaxation response. *Evidence-Based Complementary and Alternative Medicine, 2012.*
30. 最近の概説は以下を参照。 Muhtadie, L., Koslov, K., Akinola, M., & Mendes, W. B. (2015). Vagal flexibility: A physiological predictor of social sensitivity. *Journal of Personality and Social Psychology, 109*, 106–120.
31. Van der Kolk, *The body keeps the score*, 201.
32. Seppälä et al., Breathing-based meditation; Bhasin, M. K., Dusek, J. A., Chang, B. H., Joseph, M. G., Denninger, J. W., Fricchione, G. L., Benson, H., & Libermann, T. A. (2013). Relaxation response induces temporal transcriptome changes in energy metabolism, insulin secretion and inflammatory pathways. *PLoS ONE, 8*, e62817–e62825; Peters, R. K., Benson, H., & Porter, D. (1977). Daily relaxation response breaks in a working population: I. Effects on self-reported measures of health, performance, and well-being. *American Journal of Public Health, 67*, 946–953; Benson, H., Wilcher, M., Greenberg, B., Huggins, E., Ennis, M.,

Zuttermeister, P. C., Myers, P., & Friedman, R. (2000). Academic performance among middle school students after exposure to a relaxation response curriculum. *Journal of Research and Development in Education, 33*, 156–165; Tyson, P. D. (1998). Physiological arousal, reactive aggression, and the induction of an incompatible relaxation response. *Aggression and Violent Behavior, 3*, 143–158; Marchand, W. R. (2013). Mindfulness meditation practices as adjunctive treatments for psychiatric disorders. *Psychiatric Clinics of North America, 36*, 141–152; Marchand, W. R. (2012). Mindfulness-based stress reduction, mindfulness-based cognitive therapy, and Zen meditation for depression, anxiety, pain, and psychological distress. *Journal of Psychiatric Practice, 18*, 233–252.

33. Philippot, P., Chapelle, G., & Blairy, S. (2002). Respiratory feedback in the generation of emotion. *Cognition & Emotion, 16*, 605–627.
34. Terathongkum, S., & Pickler, R. H. (2004). Relationships among heart rate variability, hypertension, and relaxation techniques. *Journal of Vascular Nursing, 22*, 78–82; Bhasin et al., Relaxation response induces temporal transcriptome changes; West, J., Otte, C., Geher, K., Johnson, J., & Mohr, D. C. (2004). Effects of Hatha yoga and African dance on perceived stress, affect, and salivary cortisol. *Annals of Behavioral Medicine, 28*, 114–118; Kim, S. H., Schneider, S. M., Bevans, M., Kravitz, L., Mermier, C., Qualls, C., & Burge, M. R. (2013). PTSD symptom reduction with mindfulness-based stretching and deep breathing exercise: Randomized controlled clinical trial of efficacy. *The Journal of Clinical Endocrinology & Metabolism, 98*, 2984–2992; Nater, U. M., & Rohleder, N. (2009). Salivary alpha-amylase as a non-invasive biomarker for the sympathetic nervous system: Current state of research. *Psychoneuroendocrinology, 34*, 486–496.
35. Fairbanks, How surfing taught me to make choices.

第 8 章　身体が心をつくる――「ヒトデになる方法」を見つけよう

1. 私が幼稚園に入り、両親の故郷であるペンシルベニア州へ家族で戻るまでの間、父はワシントン州の州立公園でパークレンジャーをしていました。ここに書いたのはワシントン州バンテージの「ギンコ・ペトリファイド・フォレスト州立公園」という公園です。2000 年にはバンテージの人口は 70 人にまで減りましたが、小さな石の家は今も公園の中にひっそりと立っています。
2. Carney, D., Cuddy, A. J. C., & Yap, A. (2010). Power posing: Brief nonverbal displays affect neuroendocrine levels and risk tolerance. *Psychological Science, 21*, 1363–1368. 論文の中では、この最初の実験と 2 度目の実験の両方について言及しています。しかし、審査段階での意見により最初の実験の方法論については大部分を削除することになりました。論文の「考察」の項を見ていただくと 1 パラグラフにまとめています。本章ではこの部分についてより詳しく紹介しています。
3. Minvaleev, R. S., Nozdrachev, A. D., Kir'yanova, V. V., & Ivanov, A. I. (2004). Postural influences on the hormone level in healthy subjects: I. The cobra posture and steroid hormones. *Human Physiology, 30*, 452–456.
4. この実験ではデヒドロエピアンドロステロン（DHEA）とアルドステロン（血圧の調節で中心的な役割を果たす）というホルモンも測定していますが、結果はまちまちで、被験者によって変化がみられた場合とそうでない場合がありました。
5. 一番シンプルな形のヨガでも、多くのポーズはそれなりに複雑です。身体の部位を何カ所も動かしますし、すべてが正しい位置関係になくてはなりません。各ポーズはある程度の時間保持し、その間、呼吸やマインドフルネスの要素に気を配ることも必要です。こうした点を考えると、大半の人にとって、また大半の状況で、すぐに効果が出る実践的な方法としては、ヨガは取り入れやすい選択肢とはいえないかもしれません。
6. ホルモンレベルを測定する場合、一般的なのは血液か唾液を採取する方法です。血液で測定するほうがより精度が高いとも考えられますが、社会心理学者が血液サンプルを採取することは非常にまれで、唾液サンプルを使用するのが標準的です。パワーポーズをとるなどの刺激に対して唾液中のテストステロンおよびコルチゾールのレベルがどう変化するかを正確に測定するには、次の 3 点が求められま

す。（1）実験そのものとサンプルの採取を午後に実施する（日中、自然に起こるホルモンレベルの変化を考慮）、（2）被験者が実験室に到着後、10分以上経過してから1回目の唾液サンプルを採取する（平常時のホルモンレベルに戻るのを待つ）、（3）刺激を与えた後15～20分待ってから2回目の唾液サンプルを採取する。

7. Riskind, J. H., & Gotay, C. C. (1982). Physical posture: Could it have regulatory or feedback effects on motivation and emotion? *Motivation and Emotion, 6*, 273–298; Riskind, J. H. (1984). They stoop to conquer: Guiding and self-regulatory functions of physical posture after success and failure. *Journal of Personality and Social Psychology, 47*, 479–493.

8. Stepper, S., & Strack, F. (1993). Proprioceptive determinants of emotional and nonemotional feelings. *Journal of Personality and Social Psychology, 64*, 211–220.

9.「記憶に焼きつくアイデア」というのは非常に興味深い概念で、マーケティングにあてはめるととりわけそうでしょう。なぜ記憶に焼きつくアイデアとそうでないアイデアがあるのかについてより深く知るには、以下の本を参照。Heath, C., & Heath, D. (2007). Made to stick. New York: Random House.（チップ・ハース、ダン・ハース『アイデアのちから』飯岡美紀訳、日経BP社、2008）

10. 多数の実験結果をまとめた要約は次の論文を参照。Carney, D. R., Cuddy, A. J., & Yap, A. J. (2015). Review and summary of research on the embodied effects of expansive (vs. contractive) nonverbal displays. *Psychological Science, 26*, 657–663.

11. Huang, L., Galinsky, A. D., Gruenfeld, D. H., & Guillory, L. E. (2011). Powerful postures versus powerful roles: Which is the proximate correlate of thought and behavior? *Psychological Science, 22*, 95–102.

12. Thein, S. M. (2013). *Embodied foundations of the self: Food, grooming, and cultural pathways of human development in Burma-Myanmar and the United States* (UCLA: psychology dissertation 0780). https://escholarship.org/uc/item/6n09v64m.

13. Park, L. E., Streamer, L., Huang, L., & Galinsky, A. D. (2013). Stand tall, but don't put your feet up: Universal and culturally-specific effects of expansive postures on power. *Journal of Experimental Social Psychology, 49*, 965–971.

14. Riskind, They stoop to conquer.

15. Nair, S., Sagar, M., Sollers III, J., Consedine, N., & Broadbent, E. (2015). Do slumped and upright postures affect stress responses? A randomized trial. *Health Psychology, 34*, 632–641.

16. Kacewicz, E., Pennebaker, J. W., Davis, M., Jeon, M., & Graesser, A. C. (2014). Pronoun use reflects standings in social hierarchies. *Journal of Language and Social Psychology, 33(2)*, 125–143; Bernstein, E. (2013, October 7). A tiny pronoun says a lot about you: How often you say "I" says a lot more than you realize. *Wall Street Journal*. http://www.wsj.com/articles/SB10001424052702304626104579121371885556170.

17. Michalak, J., Mischnat, J., & Teismann, T. (2014). Sitting posture makes a difference — Embodiment effects on depressive memory bias. *Clinical Psychology & Psychotherapy, 21*, 519–524.

18. Michalak, J., Rohde, K., & Troje, N. F. (2015). How we walk affects what we remember: Gait modifications through biofeedback change negative affective memory bias. *Journal of Behavior Therapy and Experimental Psychiatry, 46*, 121–125.

19. Guillory, L. E., & Gruenfeld, D. H. (2010). Fake it till you make it: How acting powerful leads to feeling empowered. Manuscript in preparation.

20. Kwon, J., & Kim, S. Y. (2015). The effect of posture on stress and self-esteem: Comparing contractive and neutral postures. Unpublished manuscript.

21. Wilson, V. E., & Peper, E. (2004). The effects of upright and slumped postures on the recall of positive and negative thoughts. *Applied Psychophysiology and Biofeedback, 29*, 189–195.

22. Briñol, P., Petty, R. E., & Wagner, B. (2009). Body posture effects on self-evaluation: A self-validation approach. *European Journal of Social Psychology, 39*, 1053–1064.

23. Arnette, S. L., & Pettijohn II, T. F. (2012). The effects of posture on self-perceived leadership. *International*

Journal of Business and Social Science, 3, 8–13.
24. Noda, W., & Tanaka-Matsumi, J. (2009). Effect of a classroom-based behavioral intervention package on the improvement of children's sitting posture in Japan. *Behavior Modification, 33*, 263–273.
25. Peper, E., & Lin, I. M. (2012). Increase or decrease depression: How body postures influence your energy level. *Biofeedback, 40*, 125–130.
26. Allen, J., Gervais, S. J., & Smith, J. (2013). Sit big to eat big: The interaction of body posture and body concern on restrained eating. *Psychology of Women Quarterly, 37*, 325–336.
27. Lee, E. H., & Schnall, S. (2014). The influence of social power on weight perception. *Journal of Experimental Psychology: General, 143*, 1719–1725.
28. Jordet, G., & Hartman, E. (2008). Avoidance motivation and choking under pressure in soccer penalty shootouts. *Journal of Sport and Exercise Psychology, 30(4)*, 450–457.
29. Bohns, V. K., & Wiltermuth, S. S. (2012). It hurts when I do this (or you do that): Posture and pain tolerance. *Journal of Experimental Social Psychology, 48*, 341–345.
30. Cuddy, A. C., Wilmuth, C. A., Yap, A. J., & Carney, D. R. (2015). Preparatory power posing affects nonverbal presence and job interview performance. *Journal of Applied Psychology, 100*, 1286–1295.
31. 詳しくは以下を参照。Fejer, R., Kyvik, K. O., & Hartvigsen, J. (2006). The prevalence of neck pain in the world population: A systematic critical review of the literature. *European Spine Journal, 15*, 834–848.
32. スティーブ・オーガストからの私信。
33. スティーブ・オーガストからのメールによる説明は次のように続きます。

ごく簡単にまとめると、次のような流れです。
(1) 首を曲げてうつむいた姿勢を続けると、やがて、この姿勢で負担がかかる背中の上部の関節が曲がった状態で固まってしまう。すると固定化された関節の周辺で脊椎を取り囲む丈夫なコラーゲン線維の厚みが減る。これが進むと関節を自力で伸ばすことができなくなり、外から力をかける必要が生じる。てこの原理と同じ。
(2) 頭を支える際、普通に前を向いたり小さな画面を見たりするだけでも、首の後ろの筋肉に数倍の負荷がかかる。この筋肉が緊張した状態になり、緊張をゆるめるために筋肉の瘢痕化（癒着、線維化）が起こり、瘢痕化によって収縮する。
(3) 首の前側の筋肉のはたらきが弱くなって筋力が衰え、あごが前に出る。
(4) 前かがみになってあごが前に出た姿勢により、首の全関節に負荷がかかり、やがて首の関節の動きが悪くなり、首痛や関連痛、頭痛などが生じる。

現在、少なく見積もっても、端末を使う生活をしている成人の 6 人に 1 人が、背中や首の痛み、首に原因のある頭痛を抱えているといわれています。欧州で 6000 万人、アメリカで 4500 万人、オーストラリアで 330 万人にあたります。この数字はすでにもう古いかもしれません。René Fejer、Kirsten Ohm Kyvik、Jan Hartvigsen による以下の論文で概説がつかめます。The prevalence of neck pain in the world population: A systematic critical review of the literature（2006 年 6 月 *European Spine Journal* に掲載）(15[6], 834–848 頁)。

34. Bos, M. W., & Cuddy, A. J. (2013). iPosture: The size of electronic consumer devices affects our behavior. Harvard Business School working paper. 100 人を対象にした別の研究で、端末が小さくなるほど使う人は身体を小さく縮めた姿勢をとることが確認されました。両手の位置が近くなり、肩はうなだれ、全体的に小さく閉じた姿勢になります。
35. Sharma, N., & Baron, J. C. (2013). Does motor imagery share neural networks with executed movement: A multivariate fMRI analysis. *Frontiers in Human Neuroscience, 7*, 564; Nyberg, L., Eriksson, J., Larsson, A., & Marklund, P. (2006). Learning by doing versus learning by thinking: An fMRI study of motor and mental training. *Neuropsychologia, 44*, 711–717; Jeannerod, M., & Frak, V. (1999). Mental imaging of motor activity

in humans. *Current Opinion in Neurobiology, 9*, 735–739.
36. Boly, M., Coleman, M. R., Davis, M. H., Hampshire, A., Bor, D., Moonen, G., Maquet, P. A., Pickard, J. D., Laureys, S., & Owen, A. M. (2007). When thoughts become action: An fMRI paradigm to study volitional brain activity in non-communicative brain injured patients. *NeuroImage, 36*, 979–992.
37. Cyranoski, D. (2012, June 13). Neuroscience: The mind reader. *Nature*. http://www.nature.com/news/neuroscience-the-mind-reader-1.10816.（「植物状態の『意識』を探る」、『*Nature* ダイジェスト』Vol. 9 No. 9 p14-17）
38. Aflalo, T., Kellis, S., Klaes, C., Lee, B., Shi, Y., Pejsa, K., Shanfield, K., Hayes-Jackson, S., Aisen, M. Heck, C., Liu, C., & Andersen, R. A. (2015). Decoding motor imagery from the posterior parietal cortex of a tetraplegic human. *Science, 348*, 906–910.
39. Cuddy, A. J. C., & Thornley, N. The body in the brain: Imagining oneself in a powerful posture increases confidence and decreases social threat. Working manuscript.
40. Lanier, J. (2001). Virtually there. *Scientific American, 284*, 66–75; Slater, M., Spanlang, B., Sanchez-Vives, M. V., Blanke, O. (2010). First person experience of body transfer in virtual reality. *PLoS ONE, 5*, e10564; Kilteni, K., Normand, J.-M., Sanchez-Vives, M. V., Slater, M. (2012). Extending body space in immersive virtual reality: A very long arm illusion. *PLoS ONE 7*, e40867.
41. Yee, N., & Bailenson, J. (2007). The Proteus effect: The effect of transformed self-representation on behavior. *Human Communication Research, 33*, 271–290.
42. Rosenberg, R. S., Baughman, S. L., & Bailenson, J. N. (2013). Virtual superheroes: Using superpowers in virtual reality to encourage prosocial behavior. *PLoS ONE, 8*, e55003.
43. Yap, A. J., Wazlawek, A. S., Lucas, B. J., Cuddy, A. C., & Carney, D. R. (2013). The ergonomics of dishonesty: The effect of incidental posture on stealing, cheating, and traffic violations. *Psychological Science, 24*, 2281–2289.
44. どんな心理学的現象でもそうですが、身体を広げる姿勢についても、効果を高める要素や弱める要素が存在します。一番重要なのが「どんな状況で行なうか」です。ある研究では、警官にボディチェックされている場面を被験者に想像してもらったところ、身体を広げる姿勢をとってもリスクに対する耐性は高くならなかったと報告しています。社会的な要素のある課題、たとえば顔写真を見るなどの場合にパワーポーズをとると効果が高まるようです。これは、パワーが社会的構成概念ととらえられる場合が多いことと関係しているといえそうです。もう一つ、さらに検証が必要な要素が、ポーズをとる時間の長さです。TED では 2 種類のポーズを計 2 分間とってもらう実験を紹介したため、TED のトークや研究内容がメディアなどを通じて広まった際、「2 分間」という数字が魔法のレシピのような印象になって伝わりました。確かにこの実験では 2 分間で効果が確認できました。ですが、身体を広げる姿勢がもたらす効果を調べた 50 を超えるほかの実験では、ポーズをとってもらった時間は 30 秒から 5 分以上までの幅があります。またヨガ教室では、1 時間かそれ以上にわたってさまざまなポーズをとります。2 分間というのは厳格なきまりではないのです。むしろ、ある一つのポーズを 1、2 分以上とっていると（ヨガ教室では別ですが）だんだん不自然で落ち着かない気分になり、自分への意識が過剰にはたらいて、パワーポーズの効果を損なう可能性が考えられます。私たちが子どもを対象に行なった予備実験では、同じポーズを 20 秒以上続けると落ち着かなくなる様子が観察されました。効果を左右する可能性のある要因についてさらに詳しく知るには、次の論文を参照してください。Carney, D. R., Cuddy, A. J., & Yap, A. J. (2015). Review and summary of research on the embodied effects of expansive (vs. contractive) nonverbal displays. *Psychological Science, 26(5)*, 657–663.

第 9 章　パワーポーズを実践する

1. Finkel, E. J., & Eastwick, P. W. (2009). Arbitrary social norms influence sex differences in romantic selectivity. *Psychological Science, 20*, 1290–1295.
2. プレゼンテーションの際に効果的なボディランゲージについては、以下の本に役立つヒントがありま

す。Neffinger, J., & Kohut, M. (2014). *Compelling People*. New York: Plume.
3. Ibid.
4. Merchant, N. Sitting is the new smoking of our generation (January 14, 2013). *Harvard Business Review*. https://hbr.org/2013/01/sitting-is-the-smoking-of-our-generation/.（「『座りっぱなし』は喫煙と同じ？散歩会議のすすめ」『ハーバード・ビジネス・レビュー』、2014年4月25日）
5. ウォーキング会議についてはニロファー・マーチャントのTED "Got a meeting? Take a walk," https://www.ted.com/talks/nilofer_merchant_got_a_meeting_take_a_walk.（日本語版「ミーティングは歩きながら」https://www.ted.com/talks/nilofer_merchant_got_a_meeting_take_a_walk?language=ja）を参照。次の記事も、歩きながら会議をすることの利点を科学的に検証した結果にふれています。Economy, P. (2015, April 6). 7 powerful reasons to take your next meeting for a walk. *Inc.* http://www.inc.com/peter-economy/7-powerful-reasons-to-take-your-next-meeting-for-a-walk.html.

第10章　セルフナッジ――小さな変化を大きな違いに

1. Bos, M. & Cuddy, A. (2011, May 16). A counter-intuitive approach to making complex decisions. *Harvard Business Review*. https://hbr.org/2011/05/a-counter-intuitive-approach-t/.
2. Lamott, A. (1995). *Bird by bird: Some instructions on writing and life* (p. 28). New York: Anchor.（アン・ラモット『ひとつずつ、ひとつずつ――「書く」ことで人は癒される』森尚子訳、パンローリング、2014）
3. 外傷性脳損傷を負ったあと完全に元通りに回復している人というのは、私の知る限りではいないように思います。どの人も何らかの変化を背負っているのです。私の場合、情報処理のしかたが変わりましたし、生命に影響はないもののやっかいな後遺症、たとえば視野の問題などが今もあります。
4. Jachimowicz, J. M., & McNerney, S. (2015, August 13). Should governments nudge us to make good choices? *Scientific American*. http://www.scientificamerican.com/article/should-governments -nudge-us-to-make-good-choices/.
5. オーパワー社について詳しくは以下を参照。Cuddy, A. J. C., Doherty, K., & Bos, M. W. OPOWER: Increasing energy efficiency through normative influence (A). Harvard Business School Case 911-016 (2010, Revised 2011); Bos, M. W., Cuddy, A. J. C., & Doherty, K. OPOWER: Increasing energy efficiency through normative influence (B). Harvard Business School Case 911-061 (2011); Navigant Consulting. Evaluation Report: OPOWER SMUD pilot year2. (February 20, 2011). http://viget.opower.com/company/library/verification-reports?year=2011; Allcott, H. (2011). Social norms and energy conservation. *Journal of Public Economics, 95*, 1082–1095; Ayres, I., Raseman, S., & Shih, I. (2009). Evidence from two large field experiments that peer comparison feedback can reduce residential energy usage. (July 16, 2009). Fifth Annual Conference on Empirical Legal Studies Paper. http://papers.ssrn.com/sol3/papers.cfm?abstract_id=1434950.
6. Singal, J. (2013, April 26). Daniel Kahneman's gripe with behavioral economics. *The Daily Beast*. http://www.thedailybeast.com/articles/2013/04/26/daniel-kahneman-s-gripe-with-behavioral-economics.html.
7. Thaler, R. H., Sunstein, C. R., & Balz, J. P. (2012). Choice architecture. In E. Shafir (Ed.), *The behavioral foundations of public policy* (pp. 245–263). Princeton, NJ: Princeton University Press.
8. パワーポーズを含め、人が自分を変えるために自分でできるちょっとした方法の多くに、典型的なナッジの根底にある原則の2つか3つの要素が含まれていることに気がつくようになりました。そこで「セルフナッジ」という言葉を提唱し、性格・社会心理学会の年次集会でこれをテーマにしたシンポジウムを共同で主催しました。
9. Dweck, C. (2014, December). The power of believing that you can improve. TED. https://www.ted.com/talks/carol_dweck_the_power_of_believing_that_you_can_improve/transcript.（日本語版　キャロル・ドゥエック「必ずできる！　未来を信じる『脳の力』」https://www.ted.com/talks/carol_dweck_the_power_of_believing_that_you_can_improve?language=ja）
10. Miu, A. S., & Yeager, D. S. (2015). Preventing symptoms of depression by teaching adolescents that people

can change: Effects of a brief incremental theory of personality intervention at 9-month follow-up. *Clinical Psychological Science*. DOI: 10.1177/2167702614548317.
11. Rosenthal, R., & Jacobson, L. (1968). Pygmalion in the classroom. *The Urban Review, 3*, 16–20.
12. Word, C. O., Zanna, M. P., & Cooper, J. (1974). The nonverbal mediation of self-fulfilling prophecies in interracial interaction. *Journal of Experimental Social Psychology, 10*, 109–120.
13. 例として次の論文を参照。 Lepper, M. P., Greene, D., & Nisbett, R. E. (1973). Undermining children's intrinsic interest with extrinsic reward: A test of the "overjustification" hypothesis. *Journal of Personality and Social Psychology, 28*, 129–137.
14. Cuddy, A. J. C., & Brooks, A. W. (Chairs). (2014). Self-nudges: How intrapersonal tweaks change cognition, feelings, and behavior. シンポジウムは、テキサス州オースティンで行なわれた第 15 回性格・社会心理学会年次集会で開催。
15. Brooks, A. W. (2014). Get excited: Reappraising pre-performance anxiety as excitement. *Journal of Experimental Psychology: General, 143*, 1144–1158.
16. Baer, D. (2013, November 26). Feeling anxious? Why trying to "keep calm" is a terrible idea. *Fast Company*. http://www.fastcompany.com/3022177/leadership-now/feeling-anxious-why-trying-to-keep-calm-is-a-terrible-idea.
17. Hershfield, H. (2014, September 9). How can we help our future selves? (TEDxEast talk). *YouTube*. https://www.youtube.com/watch?v=tJotBbd7MwQ.
18. Kogut, T., & Ritov, I. (2005). The "identified victim" effect: An identified group, or just a single individual? *Journal of Behavioral Decision Making, 18*, 157–167; Loewenstein, G., Small, D., & Strnad, J. (2006). Statistical, identifiable, and iconic victims. In E. J. McCaffery & J. Slemrod (Eds.), *Behavioral public finance* (pp. 32–46). New York: Russell Sage Foundation.
19. Ersner-Hershfield, H., Wimmer, G. E., & Knutson, B. (2009). Saving for the future self: Neural measures of future self-continuity predict temporal discounting. *Social Cognitive and Affective Neuroscience, 4*, 85–92.
20. Hershfield, H. E., Goldstein, D. G., Sharpe, W. F., Fox, J., Yeykelis, L., Carstensen, L. L., & Bailenson, J. N. (2011). Increasing saving behavior through age-progressed renderings of the future self. *Journal of Marketing Research, 48*, S23–S37.
21. エイジ・プログレッション（経年人相画）技術については次のサイトを参照。http://www.modiface.com/news.php?story=210.
22. Adam, H., & Galinsky, A. D. (2012). Enclothed cognition. *Journal of Experimental Social Psychology, 48*, 918–925.

第 11 章　本物になるまでふりをし続ける

1. ヴァフィの動画は https://www.youtube.com/watch?v=1Kzftoa2WAE. ドレイムルの動画は https://vimeo.com/104160336.
2. 人と馬だけではありません。これは犬にもあてはまります。とりわけドッグ・パークのような社会的な場に置かれた際にいえるようです。背を丸めて体勢を低くしている犬に、コルチゾールレベルの上昇とストレスがみられることが報告されています。体を伸ばして開いた体勢のときはみられない傾向です。以下の論文を参照。Carrier, L. O., Cyr, A., Anderson, R. E., & Walsh, C. J. (2013). Exploring the dog park: Relationships between social behaviours, personality and cortisol in companion dogs. *Applied Animal Behaviour Science, 146*, 96–106; Beerda, B., Schilder, M. B., van Hooff, J. A., de Vries, H. W., & Mol, J. A. (1998). Behavioural, saliva cortisol and heart rate responses to different types of stimuli in dogs. *Applied Animal Behaviour Science, 58*, 365–381.

〈パワーポーズ〉が最高《さいこう》の自分《じぶん》を創《つく》る

2016年7月20日　初版印刷
2016年7月25日　初版発行

*

著　者　エイミー・カディ
訳　者　石垣賀子《いしがきのりこ》
発行者　早川　浩

*

印刷所　三松堂株式会社
製本所　三松堂株式会社

*

発行所　株式会社　早川書房
東京都千代田区神田多町2－2
電話　03-3252-3111（大代表）
振替　00160-3-47799
http://www.hayakawa-online.co.jp
定価はカバーに表示してあります
ISBN978-4-15-209626-5　C0030
Printed and bound in Japan
乱丁・落丁本は小社制作部宛お送り下さい。
送料小社負担にてお取りかえいたします。